Steuererklärung
für private Vermieter

Steuer-erklärung

für private Vermieter

GABRIELE WALDAU-CHEEMA

2018 / 2019

ausgesondert

verbraucherzentrale

14 Vermietung und Verpachtung –
nur eine der sieben Einkunftsarten

64 Sie sind ernsthafter privater Vermieter?

Inhalt

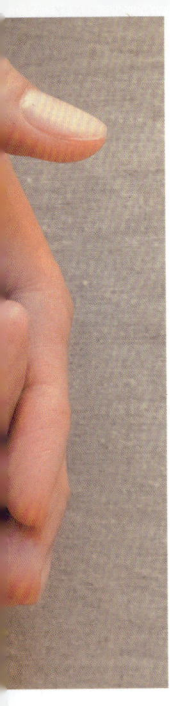

144
Entlastungen der Steuerpflichtigen

170
Außergewöhnliche Belastungen

188
Haushaltsnahe Dienstleistungen und mehr

2018

Über dieses Buch

Als Vermieter müssen Sie, abgesehen von ganz wenigen Ausnahmen, eine Steuererklärung abgeben, so viel steht fest. Und natürlich möchten Sie das ganz Prozedere schnell und korrekt erledigen und dabei möglichst viel Steuern sparen.

Dieser Ratgeber hilft allen privaten Vermietern. Unsere Autorin, Gabriele Waldau-Cheema (oben im Bild), ist Betriebswirtin und Bilanzbuchhalterin. Sie arbeitet seit vielen Jahren für Steuerberater und Lohnsteuerhilfevereine und führt Sie in diesem Ratgeber durch Ihre Steuererklärung als Vermieter 2018.

Zunächst klären wir, welche Einkunftsarten es gibt – „Vermietung und Verpachtung" ist nur eine der sieben Einkunftsarten (→ Seite 15) – und wie Sie Ihr zu versteuerndes Einkommen berechnen. Dabei hilft Ihnen unsere Übersicht auf den Seiten 20/21. Jede der sieben Einkunftsarten hat ihre Besonderheiten und grenzt die Vermietungseinkünfte von den anderen Einkunftsarten ab. Wir zeigen,

worauf es ankommt, geben praktische Tipps und helfen mit praxisnahen Beispielen.

Im Hauptteil (ab Seite 65) zeigen wir dann, wie Sie das für Vermieter wichtige Steuerformular Anlage V Zeile für Zeile richtig ausfüllen (→ Seite 67). Sie erfahren, wie die Abschreibung auf Wirtschaftsgüter funktioniert (Absetzung für Abnutzung, AfA) und wie Sie Ihnen hilft, Steuern zu sparen (→ Seite 84). Ebenso kann eine geschickte Planung Ihrer Ausgaben die Steuerlast reduzieren. Vorsicht bei der Umsatzsteuer: Ob Sie umsatzsteuerpflichtig sind, hängt von verschiedenen Faktoren ab, auf die wir ebenfalls hinweisen (→ Seite 75).

Die für Vermieter wichtige Anlage V finden Sie auf den Seiten 68/69. Auf die Abbildung aller anderen Steuerformulare haben wir bewusst verzichtet, um so mehr Platz für Beispiele und Berechnungen zu haben. Sämtliche Steuerformulare finden Sie im Internet unter **www.formulare-bfinv.de.** Wir wünschen Ihnen gutes Gelingen und viel Erfolg mit Ihrer Steuererklärung 2018.

Die wichtigsten Fragen und Antworten

→ Wer als Vermieter seine Steuererklärung erstellen muss, steht vor vielen Fragen – insbesondere, wenn diese Aufgabe zum ersten Mal auf ihn zukommt. Zehn wichtige Fragen und Antworten haben wir hier knapp zusammengefasst – jeweils mit Seitenangaben, die zu den ausführlichen Erläuterungen im Buch führen.

Alle Fragen stammen aus der Beratungspraxis unserer Autorin Gabriele Waldau-Cheema und wurden ihr schon viele Male in ihrer langjährigen Arbeit sowie bei den Vorträgen der Verbraucherzentrale gestellt. Profitieren auch Sie von ihrer Beratungskompetenz.

Wir wünschen Ihnen viel Erfolg bei der Erstellung Ihrer Steuererklärung.

 GUT ZU WISSEN

Steuerformulare im Netz

Sämtliche im Buch erwähnten Steuerformulare gibt es auch als Download beim Bundesministerium für Finanzen: www.formulare-bfinv.de

Wer kann und sollte die „Vereinfachte Steuererklärung" beim Finanzamt einreichen?

Die vereinfachte Einkommensteuererklärung ist eine verkürzte Version der Steuererklärung, die bei Bedarf mit Formularen wie Anlage Kind, Anlage AV, Anlage Vorsorgeaufwand ergänzt werden muss. Sie entstand einmal aus der Idee, Steuererklärungen auf einem Bierdeckel zu verfassen und kann nur genutzt werden, wenn Sie ausschließlich inländischen Arbeitslohn beziehungsweise Versorgungsbezüge hatten. Sobald aber andere Einkünfte zum Beispiel aus Vermietung (→ ab Seite 64 ff.) und Verpachtung ins Spiel kommen, muss die „Vollversion" abgegeben werden. Unabhängig davon ist in der vereinfachten Version die Angabe von Werbungskosten (→ ab Seite 158 ff.), Sonderausgaben (→ ab Seite 161 ff.), außergewöhnlichen Belastungen (→ ab Seite 171 ff.) und haushaltsnahen Dienstleistungen/Handwerkerleistungen (→ ab Seite 189 ff.) nur sehr beschränkt möglich – denn dafür ist auf einem Bierdeckel kein Platz. Aus diesem Grunde verzichten wir in diesem Ratgeber auf eine ausführliche Darstellung der „vereinfachten Steuererklärung". Dieses Formular und alle anderen Steuerformulare gibt es auch als Download (→ Seite 8).

Wie kann ich meine Steuer beim Fiskus einreichen?

Auch wenn die elektronische Übermittlung immer mehr an Bedeutung gewinnt und vom Finanzamt stark umworben wird, können Sie nach wie vor Ihre Steuererklärung in Papierform einreichen: also den sogenannten Mantelbogen ergänzt durch die entsprechenden Formularanlagen. Allerdings ist seit einigen Jahren u.a. für die Gewinneinkunftsarten (→ ab Seite 26 ff.) und Feststellungserklärungen (→ ab Seite 81) die elektronische Übermittlung zwingend vorgeschrieben. Sie können die elektronische Abgabe mithilfe eines Steuerprogramms Ihrer Wahl oder dem vom Finanzamt kostenlos zur Verfügung gestellten ELSTER-Programm übermitteln. Dazu benötigen Sie auf jeden Fall ein Zertifikat (→ Seite 212) und Sie müssen – je nach Übermittlungsart – auch weiterhin ein ausgedrucktes und unterschriebenes Exemplar nachreichen.
Seit 2018 dürfen Angehörige der steuerberatenden Berufe nur noch elektronisch mit der sogenannten ELSTER II-Version (ohne Papierausdruck und Unterschrift) an das Finanzamt übermitteln.
→ Seite 212

Was bedeutet es, wenn mir vom Finanzamt fehlende Vermietungsabsicht unterstellt wird?

Der Fiskus erkennt Ihre Verluste aus Vermietung und Verpachtung an. Durch diese Verluste mindern Sie Ihr zu versteuerndes Einkommen (kurz: ZVE → ab Seite 19) und letztlich die Steuerschuld. Wenn Sie aber über längere Zeit hinweg keine Mieteinnahmen erzielen, überprüft das Finanzamt Ihre „Vermietungsabsicht". Sie müssen dann darlegen, warum Ihre Immobilie so lange leer steht und erläutern, was Sie alles unternommen haben, um dieses zu ändern. Höchstpersönliche Motive wie etwa Krankheit, keine Zeit oder fehlendes Kapital helfen Ihnen hierbei nicht. Da müssen Sie schon objektive Argumente vortragen und vor allem auch glaubhaft machen, um weiterhin die Anerkennung der Verluste aus Vermietung und Verpachtung zu bekommen.
→ Seite 116 ff.

Wieso kann ich die mir fehlenden Mieten „dank" Mietnomaden nicht als Ausgaben bei der Vermietung ansetzen?

Fehlende Einnahmen fallen juristisch betrachtet in den Bereich Schadensersatz. Steuerrechtlich jedoch werden Mieteinnahmen, die Sie nicht erhalten haben, erst gar nicht erfasst. Selbstverständlich dürfen Sie alle Ausgaben in diesem Zusammenhang wie etwa Müllentsorgung, Reinigung, Renovierung usw. als Werbungskosten geltend machen (→ Seite 84 ff.). Das gilt auch für Nebenkosten (Strom, Gas, Wasser, Abwasser) auf denen Sie als Vermieter hängen bleiben. Ihre eigene Arbeitskraft hingegen dürfen Sie nicht in Euro umrechnen und ansetzen. Werden Sie jedoch durch angemeldete Helfer gegen Entgelt unterstützt, sind dies ebenfalls absetzbare Ausgaben.
→ Seite 64

Weshalb will das Finanzamt von meinen Geschwistern und mir eine Feststellungserklärung für die Erbengemeinschaft haben?

Genau gesagt wird eine „gesonderte und einheitliche Feststellungserklärung" verlangt. Das ist eine Steuererklärung für Einkünfte, die mehreren Personen zuzurechnen sind – einer Personengesellschaft. Die Erben- oder Grundstücksgemeinschaft ist eine solche. Das steuerliche Ergebnis wird zuerst einheitlich für die Erbengemeinschaft insgesamt ermittelt und dann auf die einzelnen Beteiligten verteilt. Die so festgestellten Beträge werden bei der jeweiligen Steuerveranlagung der Einzelpersonen durch die zuständigen Wohnsitz-Finanzämter berücksichtigt. Gegenstand einer gesonderten und einheitlichen Feststellung können grundsätzlich alle Einkunftsarten sein, betreffen aber häufig Einkünfte aus Vermietung und Verpachtung.

→ Seite 81

Warum verlangt das Finanzamt keine Belege mehr von mir?

Seit 2018 verzichtet der Fiskus generell auf die Vorlage von Belegen für Einkommensteuererklärungen ab 2017. Allerdings werden stichprobenartig einzelne Belege und Zahlungsnachweise angefordert. Einige sogenannte **Pflichtbelege** gibt es nach wie vor, etwa die Steuerbescheinigungen zu Kapitalerträgen und der Nachweis der Schwerbehinderung (sofern dieser noch nicht vorgelegen hat). Elektronische Steuerprogramme weisen Sie übrigens auch vor der Datenübermittlung darauf hin. Zusätzlich gibt es in den Finanzämtern regelmäßig wechselnde „Prüffelder", die auch regional durchaus unterschiedlich sein können. Die Vermietungseinkünfte gehören sehr häufig dazu; bei „Erstvermietungen" werden regelmäßig Belege angefordert. Es sollen ja letztlich Sachverhalte beurteilt werden, die langjährige Auswirkungen haben wie beispielsweise die sogenannte AfA-Ermittlung (→ ab Seite 84). Grundsätzlich sollen Sie als Steuerzahler die Belege stets vorhalten, also sorgfältig aufbewahren, bis diese eventuell angefordert werden. Aus der „Belegvorlage" wurde somit die „Belegvorhaltepflicht".

→ Seite 211

Wann muss ich meine Steuererklärung beim Finanzamt einreichen?

Seit dem Veranlagungszeitraum (VZ) 2018 gelten erstmalig die verlängerten Abgabefristen bis 31. Juli des Folgejahres. Fristverlängerungen gewährt das Finanzamt nur in sehr gut begründeten Einzelfällen. Werden Sie von einem Steuerberater oder Lohnsteuerhilfeverein bei der Erstellung Ihrer Einkommenssteuer unterstützt, gilt eine verlängerte Abgabefrist bis Ende Februar des übernächsten Jahres. Zum Beispiel endet dann die Frist für die Steuer 2018 am 29. Februar 2020. Für die „alten" Jahre vor 2018 gelten aber noch immer die Abgabefristen 31. Mai des Folgejahres beziehungsweise 31. Dezember für steuerlich Beratene.

→ Seite 198

Wie viel meiner Mieteinnahmen muss ich dem Finanzamt abgeben?

Es erfolgt keine spezielle Berechnung der Steuer auf Mieteinnahmen beziehungsweise Einkünfte aus Vermietung und Verpachtung. Aber die Berechnung erfolgt so: Zunächst werden die Einkünfte (also Mieteinahmen abzüglich Werbungskosten) ermittelt (→ Seite 64 ff.). Dieses Ergebnis wird dann zu Ihren anderen Einkünften wie beispielsweise Renten hinzugerechnet oder aber – bei Verlusten – abgezogen. Je nach Höhe Ihres ZVE (→ Seite 19) kann es durchaus sein, dass auch Ihre Mieteinnahmen als Zubrot zur Rente steuerfrei bleiben, wenn Sie insgesamt unterhalb des sogenannten Grundfreibetrags bleiben.

Wenn Sie unsicher sind, sollten Sie sich fachkundig beraten lassen. Ihr Steuerberater oder Beratungsstellenleiter vom Lohnsteuerhilfeverein verschafft sich einen Überblick und benötigt zunächst all Ihre Einnahmen. Erst wenn geklärt ist, ob überhaupt eine Steuerpflicht besteht, macht es Sinn, die relevanten Ausgaben zusammenzutragen.

→ Seite 19

Woraus errechnet das Finanzamt meine Steuervorauszahlungen?

Das Finanzamt ermittelt Ihre Vorauszahlungen so genau wie eben möglich anhand der aktuellsten Zahlen, die von Ihnen dort vorliegen. Es wird die jeweils gültige Steuertabelle angewendet.

Diese Vorauszahlungen sind aber keineswegs in Stein gemeißelt. Sie können jederzeit beim Finanzamt einen Antrag auf Anpassung der Vorauszahlungen stellen, wenn sich Ihre Einnahmen oder Ausgaben geändert haben. Sollten Sie also beispielsweise einen Leerstand Ihrer Mietwohnung zur gründlichen Renovierung nutzen, fehlen Ihnen auf der einen Seite die Mieteinnahmen und auf der anderen Seite entstanden Ihnen Ausgaben für die Renovierung. Ihre Vermietungseinkünfte werden in diesem Jahr entsprechend geringer ausfallen. Das sollten Sie dann auch nachvollziehbar Ihrem Finanzamt darlegen. Übrigens: Das Wort Einkommenssteuer**voraus**zahlung ist ein wenig unglücklich gewählt. Denn eigentlich zahlen sie vierteljährlich für das jeweilige Quartal im Nachhinein (10.3., 10.6., 10.9., 10.12.). Die endgültige Abrechnung erfolgt dann mit Ihrer Einkommenssteuererklärung beziehungsweise mit dem Steuerbescheid.
→ Seite 182

Wo trage ich meinen Nebenjob ein?

Ein Minijob muss grundsätzlich gar nicht in der Steuererklärung eingetragen werden, vorausgesetzt er wurde vom Arbeitgeber mit 2 % Pauschalsteuer bereits der Steuer unterworfen. Andererseits können Sie dann auch keine Werbungskosten aus diesem Minijob geltend machen. Sollten Sie über den Minijob in die Rentenversicherung einzahlen, sind diese Beträge als Sonderausgaben (Vorsorgeaufwand) zu erfassen (→ Seite 161 ff.).

Oft verbirgt sich hinter dem vermeintlichen Nebenjob jedoch eine gewerbliche oder freiberufliche Tätigkeit. Die ist dann sehr wohl steuerpflichtig, und zwar auch dann, wenn Sie beispielsweise mit eBay®-Handel, als Tagesmutter oder Musiklehrer monatlich weniger als 450 € einnehmen (→ Seite 26 ff.).

Vermietung und Verpachtung –
nur eine der sieben Einkunftsarten

In diesem ersten Kapitel erläutern wir Grundbegriffe, beispielsweise das „zu versteuernde Einkommen", kurz ZVE. Wir hangeln uns mit Ihnen Schritt für Schritt entlang der sieben Einkunftsarten des deutschen Einkommenssteuerrechts. Und das betrifft Sie – garantiert.

Wenn Sie als Vermieter Einkünfte erzielen, sind Sie auf jeden Fall grundsätzlich zur Abgabe einer jährlichen **Einkommensteuererklärung** verpflichtet. Ob daraus allerdings auch eine Steuerzahlung an das Finanzamt erwächst, ist nicht auf den ersten Blick zu sehen. Jammern hilft nichts – Sie sollten mit uns ein wenig tiefer in das Steuerlabyrinth einsteigen.

Wann wird zur Steuerkasse gebeten?

Im Wesentlichen sind die Grundlagen unserer heutigen Einkommensteuer seit 1891 unverändert. Der preußische Staat entwickelte eine Fünf-Klassen-Besteuerung. Es gab und

gibt einen Grundfreibetrag, sozusagen ein Existenzminimum, bis zu dem keine Steuer anfällt. Lediglich die Höhe dieses Grundfreibetrages wird regelmäßig angepasst und beträgt glatt 9.000 € in 2018, für 2019 wird er auf 9.108 € angehoben. Die Planung für das Jahr 2020 sieht sogar 9.408 € vor.

Diese Grundfreibeträge beziehen sich auf **eine** steuerpflichtige Person. Sollten Sie mit Ihrem Ehepartner gemeinsam zur Steuer veranlagt werden, verdoppelt sich der Betrag.

Für jeden Euro, den Sie mehr „verdienen", der also den Grundfreibetrag übersteigt, ist die Steuerkasse geöffnet. Es wird versteuert – und zwar progressiv. Das bedeutet letztlich: Je höher das Einkommen, desto höher auch der durchschnittliche prozentuale Steuersatz.

 HINTERGRUND

Eheleute und Co.

Wenn wir in diesem Buch von Ehepartnern schreiben, sind damit ebenfalls die eingetragenen Lebenspartner gemeint. Das schließt auch die gesetzliche Regelung „Ehe für alle" ein.

Die Progressionsstufen sind ebenso wie der Grundfreibetrag in § 32a des Einkommensteuergesetzes (EStG) geregelt. Der Steuerpflichtige mit hohem Einkommen soll prozentual stärker belastet werden als der „Kleinverdiener". Der Volksmund redet von Steuerprogression. Es gibt fünf Stufen, die zu einer progressiv ansteigenden Steuerbelastung von 14 % bis zu 45 % führen Das ist der derzeitige Spitzensteuersatz für „Reiche" in Deutschland.

Zu versteuerndes Jahreseinkommen

→ Stufe 1: bis zu 9.000 €
(Grundfreibetrag 2018, steuerfrei)
→ Stufe 2: bis zu 13.996 €
→ Stufe 3: bis zu 54.950 €
→ Stufe 4: bis zu 260.533 €
→ Stufe 5: mehr als 260.533 €

Zugegeben – keine ganz einfache Berechnung. Mathematisch Begabte kennen die Begriffe „Grenzwert" oder „Durchschnittswert" und können mit der Formel im Gesetzestext ihre Steuer exakt berechnen. Wenn Sie weniger mathematisch bewandert sind, hilft Ihnen bei der Berechnung ein elektronisches Berechnungsprogramm. Die meisten PC-Steuerprogramme bieten einen Steuerrechner an. Auch im Internet sind unendlich viele kostenlose Tarifrechner hinterlegt. Sogar das Bundesministerium für Finanzen macht jedem Internetnutzer ohne weitere Anmeldung eine Berechnung möglich:

Die sieben Einkunftsarten (→ Seite 22)

Land- und Forstwirtschaft | Gewerbebetrieb | selbstständige Arbeit | nichtselbstständige Arbeit | Kapitalvermögen | Vermietung und Verpachtung | sonstige Einkünfte | §3 EStG steuerfreie Einnahmen

www.bmf-steuerrechner.de. Wenn es Sie interessiert: Sie können dort sogar die Entwicklung seit 1958 berechnen.

Wer wird zur Kasse gebeten?

In § 1 des Einkommensteuergesetzes (EStG) regelt der Gesetzgeber:

> *„Natürliche Personen, die im Inland einen Wohnsitz oder ihren gewöhnlichen Aufenthalt haben, sind unbeschränkt einkommenssteuerpflichtig."*

Ganz einfach gesagt: **Jeder**, der in Deutschland wohnt, ist hier unbeschränkt steuerpflichtig. Das betrifft also auch Kinder und Senioren – unabhängig von ihrer Staatsangehörigkeit. Selbst wenn Sie beispielsweise mehrere Monate auf Mallorca „überwintern" und Ihren Wohnsitz in Deutschland beibehalten, unterliegen Sie grundsätzlich der deutschen Besteuerung.

Weitere Hinweise darüber, was der Gesetzgeber unter Wohnsitz beziehungsweise gewöhnlichem Aufenthalt versteht, ist ausführlich in der Abgabenordnung, kurz AO genannt, geregelt (→ Seite 198 ff.).

> **GUT ZU WISSEN**
>
> **Einwandern und auswandern**
>
> Für Fälle der Ein- oder Auswanderung gibt es gesonderte Regelungen – die sogenannte Zuzugs- beziehungsweise Wegzugsbesteuerung. Sollten Sie also tatsächlich eine Auswanderung planen, informieren Sie sich rechtzeitig.

Wo wird zur Kasse gebeten?

Im Hinweis H1a zu § 1 des EStG erläutert der Gesetzgeber die unbeschränkte Steuerpflicht:

> *„Die unbeschränkte Einkommensteuer-pflicht erstreckt sich auf sämtliche inländische und ausländische Einkünfte."*

Das bedeutet: Ganz gleichgültig, wo in der Welt Sie Ihre Einkünfte erwirtschaften: Es besteht grundsätzlich zunächst einmal Steuerpflicht in Deutschland mit dem „Welt-einkommen". Ihre kleine Rente aus Österreich gehört zum Beispiel ebenso dazu wie die Vermietung des Ferienhauses in Spanien, des Strandappartements in Goa oder die Zinsen auf dem Schweizer Bankkonto. Der Fiskus verlangt seinen Teil des Kuchens.

Allerdings gibt es mit den meisten Staaten besondere Regelungen. Denn auch alle anderen Staaten haben Steuergesetze und verlangen ihren Obolus. Um eine doppelte Besteuerung zu vermeiden, gibt es das **Doppelbesteuerungsabkommen** – kurz DBA genannt. Dort ist vereinbart, welcher Staat für welche Einkunftsart die Steuern erhebt und wie die Verrechnung erfolgt. Es gibt häufig eine Berechnung als sogenannte Progressionseinkunft oder eine Anrechnung der bereits im Ausland gezahlten Steuer. Bitte prüfen Sie das im Einzelfall.

Bedenken Sie, DBAs sind zwischenstaatliche Verträge und verändern sich! Auch sind die Bemessungsgrundlagen mitunter unterschiedlich.

Nehmen Sie im Zweifel fachmännische Hilfe in Anspruch.

→ **TIPP** DBA – Details im Netz
Das Bundesministerium der Finanzen hat zum Doppelbesteuerungsabkommen ein Schreiben veröffentlicht (Stand: BMF-Schreiben vom 3.5.2018): www.bundesfinanzministerium.de, Rubrik „Service" – „BMF-Schreiben" – dann „Doppelbesteuerungsabkommen 2018" in Maske eingeben.

In Deutschland ist das Steuerjahr in der Regel das Kalenderjahr – also vom 1. Januar bis 31. Dezember eines Jahres – der sogenannte Veranlagungszeitraum (kurz VZ). Fachleute sprechen beispielsweise von Einkommensteuererklärung „VZ 2018" und meinen damit die **V**eranlagung **z**ur Steuer für das Kalenderjahr 2018. Eine vergleichbare einfache Berechnung. Hingegen ist das Steuerjahr in Großbritannien beispielsweise vom 6. April bis zum 5. April des Folgejahres; in Indien wird vom 1. April bis 31. März abgerechnet.

Wie dick wird das Tortenstück für den Fiskus?

Ein Blick ins Gesetz gibt Auskunft. In § 32a Einkommensteuergesetz (EStG) heißt es:

> *„Die tarifliche Einkommensteuer im Veranlagungszeitraum […] bemisst sich nach dem zu versteuernden Einkommen.“*

Die gängige Abkürzung für das **zu versteuernde Einkommen** ist das **ZVE**. Sobald Sie also Ihr persönliches ZVE kennen, können Sie Ihre mögliche Steuernachzahlung – noch besser Steuererstattung – berechnen. Ab sofort dreht sich alles um **Ihr** ZVE. Auf den Seiten 20/21 haben wir dazu ein überschaubares Berechnungsformular abgedruckt. Sie können dort recht einfach Ihre ermittelten Zwischenergebnisse eintragen.

Auch wenn Sie jetzt bereits innerlich jubeln, weil Sie mit Ihren jährlichen Mieteinnahmen vermeintlich unterhalb des Grundfreibetrages liegen: Das Finanzamt rechnet **alle** Ihre Einkünfte zusammen. Bei der steuerlichen Zusammenveranlagung von Ehepartnern wird das gemeinsame ZVE ermittelt. Und jeder Steuerpflichtige kann mehrere steuerpflichtige Einkunftsquellen haben.

Versprochen, es gibt nur die folgenden sieben Einkunftsarten – aber der Teufel steckt wie immer im Detail. In den folgenden Kapiteln lesen Sie Erläuterungen zu jeder Einkunftsart.

Prüfen Sie für sich selbst! § 2 des Einkommensteuergesetzes zählt diese Einkunftsarten auf (→ Seite 22):

Die Berechnung Ihres persönlichen ZVE

Hier können Sie Ihre persönlichen Eintragungen vornehmen:

PERSON A		PERSON B	
1. Land- und Forstwirtschaft – Formular L			
Einnahmen	€	Einnahmen	€
./. Betriebsausgaben	€	./. Betriebsausgaben	€
Gewinn =	€	Gewinn =	€
2. Gewerbebetrieb – Formular G			
Einnahmen	€	Einnahmen	€
./. Betriebsausgaben	€	./. Betriebsausgaben	€
Gewinn =	€	Gewinn =	€
3. selbstständige Arbeit – Formular S			
Einnahmen	€	Einnahmen	€
./. Betriebsausgaben	€	./. Betriebsausgaben	€
Gewinn =	€	Gewinn =	€
4. nichtselbstständige Arbeit – Formular N			
Einnahmen	€	Einnahmen	€
./. Werbungskosten	€	./. Werbungskosten	€
Überschuss =	€	Überschuss =	€
5. Kapitalvermögen – Formular KAP *)			
Einnahmen	€	Einnahmen	€
./. Werbungskosten	€	./. Werbungskosten	€
Überschuss =	€	Überschuss =	€
6. Vermietung und Verpachtung (V + V) – Formular V			
Einnahmen	€	Einnahmen	€
./. Werbungskosten	€	./. Werbungskosten	€
Überschuss =	€	Überschuss =	€

*) nur in Ausnahmefällen

→ Fortsetzung

PERSON A	PERSON B

7. sonstige Einkünfte – Renten Formular R
Unterhaltsleistungen; private Veräußerungsgeschäfte – Formular SO

Einnahmen	€	Einnahmen	€
./. Werbungskosten	€	./. Werbungskosten	€
Überschuss =	€	Überschuss =	€

Summe der Einkünfte (SdE) 1 bis 7:

SdE 1 Person A	€	SdE 2 Person B	€

Person A und B gemeinsam	=	€
./. Altersentlastungsbetrag		€
./. Alleinerziehungsfreibetrag		€
./. Freibetrag für Landwirte		€
Gesamtbetrag der Einkünfte (GdE)		€
./. Sonderausgaben		€
./. außergewöhnliche Belastungen		€
./. Steuerbegünstigungen		€
./. Verlustabzug		€
./. Kinderfreibeträge		€
./. Härteausgleich		€
zu versteuerndes Einkommen (ZvE)	=	€

Notizen:

→ **Einkünfte aus Land- und Forst-wirtschaft** (LuF, ab Seite 27)

→ **Einkünfte aus Gewerbebetrieb** (ab Seite 32)

→ **Einkünfte aus selbstständiger Arbeit** (ab Seite 37)

→ **Einkünfte aus nichtselbstständiger Arbeit** (ab Seite 45)

→ **Einkünfte aus Kapitalvermögen** (ab Seite 55)

→ **Einkünfte aus Vermietung und Verpachtung** (V + V, ab Seite 65)

→ **sonstige Einkünfte** (ab Seite 126)

Die ersten drei Einkunftsarten (Land- und Forstwirtschaft, Gewerbebetrieb, selbststän-dige Arbeit) nennen Steuerfachleute **Ge-winneinkunftsarten**; die verbleibenden vier sind die sogenannten **Überschuss-Ein-kunftsarten** (nichtselbstständige Arbeit, Kapitalvermögen, Vermietung und Verpach-tung, sonstige Einkünfte).

Sprechen Sie Steuerrecht?

Wie in jedem Beruf gibt es auch für Steuer-rechtprofis mehr oder weniger notwendige Fachausdrücke. Meist merken die Profis nicht einmal, wenn sie im Gespräch mit Branchen-fremden diese Wörter benutzen – und so oft für Unverständnis sorgen. Scheuen Sie sich also nicht, einfach nachzufragen. Es ist keine Schande, nicht alles zu wissen. Es ist die Auf-gabe der Fachleute, sei es nun der Steuerbe-rater oder die Sachbearbeiter des Finanzamts, sich allgemeinverständlich auszudrücken. Da werden Sie stets auf Verständnis stoßen.

Noch verwirrender wird es allerdings für den Steuerprofi, wenn Sie als Laie fälschlich gewählte Fachausdrücke verwenden, weil diese eben auch im allgemeinen Sprachge-brauch geläufig sind. Es entstehen Missver-ständnisse, die Sie mit ein paar „Vokabel-kenntnissen" leicht vermeiden können. Nachfolgend ein paar Beispiele:

Der Begriff **Gewinn** ist steuerrechtlich eindeutig definiert: Der Gewinn ist ganz einfach das Ergebnis der Betriebseinnahmen abzüglich der Betriebsausgaben. Die eigentliche Schwierigkeit liegt darin, zu erkennen, was genau zu den Betriebseinnahmen zählt. Häufig und noch viel schwieriger ist die Frage: Was sind meine Betriebsausgaben und wie kann ich sie nachweisen?

Bei den drei Gewinneinkunftsarten gibt es ein sogenanntes **Betriebsvermögen**. Diese Vermögensgegenstände gehören dann nicht mehr der Privatperson, sondern eben dem Betrieb, Ihrem Betrieb. Das hat für die Steuer sehr bedeutende Folgen. Als Betriebsvermögen gelten alle Wirtschaftsgüter, die nach ihrer Art und nach ihrer Funktion in einem betrieblichen Zusammenhang stehen; oder anders formuliert: für den Betrieb benutzt werden.

Steuerrechtlich unterscheiden sich noch **notwendiges** und **gewillkürtes** Betriebsvermögen. Auch hierbei gibt es eine klare, eindeutig definierte Zuordnung, die keineswegs willkürlich ist.

Zum notwendigen Betriebsvermögen gehören alle Wirtschaftsgüter, also zum Beispiel Gegenstände, Maschinen, Rechte, die für Ihre eigenbetrieblichen Zwecke genutzt werden **und** deren betrieblicher Nutzungsanteil mehr als 50 % beträgt. Sie können also **nicht** auswählen, „zwangsweises Betriebsvermögen" würde man vielleicht umgangs-sprachlich sagen. Für Grundstücke und Gebäude gibt es spezielle Bestimmungen.

Zum gewillkürten Betriebsvermögen hingegen können Sie nur solche Wirtschaftsgüter erklären, die in einem Zusammenhang mit dem Betrieb stehen und geeignet sind diesen zu fördern; jedoch immer vorausgesetzt, der betriebliche Nutzungsanteil beträgt mehr als 10 % und höchstens 50 %. Sie allein haben das Wahlrecht zu entscheiden: Betriebsvermögen ja oder nein!

Notwendiges **Privatvermögen** liegt vor, wenn der private Nutzungsanteil mehr als 90 % beträgt.

Bei den letzten vier Einkunftsarten (→ ab Seite 44) wird der **Überschuss** ermittelt. Betriebsvermögen gibt es hier nicht. Die zu bewältigende Rechenaufgabe ist einfach: Einnahmen abzüglich **Werbungskosten** ergeben den jeweiligen Überschuss. Aber auch hier besteht die Herausforderung darin, zu ermitteln, was genau Ihre Werbungskosten sind.

Auch die „Werbungskosten" sind ein solcher Fachbegriff (→ Seite 158), der von Laien häufig falsch benutzt wird. Bitte verwechseln Sie nicht Werb**ung**skosten mit Werb**e**kosten oder Werbung – diese sind meist Betriebsausgaben, weil eben Werbung für den Betrieb gemacht wurde. **Be**werbungskosten sind hingegen häufig Werbungskosten, weil Sie sich für einen Arbeitnehmerjob bewerben und dafür zum Beispiel Portraitfotos, Briefpapier und Briefmarken gekauft haben.

Ihre **Einkünfte** bestehen also aus **Gewinnen** und **Überschüssen**. Alle zusammengerechnet ergeben die **Summe der Einkünfte** (= SdE).

Davon werden mögliche Freibeträge (→ Seite 144) abgezogen und ergeben dann den **Gesamtbetrag der Einkünfte** (= GdE).

Einkünfte müssen nicht immer positiv sein. Es gibt auch negative Einkünfte: Beispielsweise wenn infolge hoher Renovierungskosten die Ausgaben höher sind als die Mieteinnahmen. Es entstehen Verluste aus Vermietung und Verpachtung. Das sind **negative Einkünfte** die zunächst mit den positiven Einkünften derselben Einkunftsart verrechnet werden. Haben Sie also mehrere Vermietungsobjekte, saldieren Sie zunächst die Einkünfte innerhalb dieser einen Einkunftsart. Verbleibt dann noch immer ein Verlust, wird dieser mit der Summe der anderen Einkünfte verrechnet.

Einkommen, Einkünfte und **Einnahmen** sind für Steuerrechtler ebenfalls völlig unterschiedliche Begriffe, die es unbedingt auseinanderzuhalten gilt.

Laut § 8 Einkommensteuergesetz heißt es:

„Einnahmen sind alle Güter, die in Geld oder Geldeswert bestehen und dem Steuerpflichtigen im Rahmen einer der Einkunftsarten des §2 [...] zufließen."

Einfach übersetzt bedeutet das: Alles was Sie aus einer Einkunftsart bekommen – es sind ja sieben an der Zahl –, sei es in Geld oder Naturalien, stellt steuerrechtlich eine **Einnahme** dar. Wenn Sie jetzt vielleicht denken, Zeiten des Tauschhandels sind vorbei, irren Sie. Im aktiven Arbeitsverhältnis gibt es so manche **Sachbezüge** wie etwa die private Nutzung eines Betriebs-Pkw, hohe Personalrabatte der Möbel- und Automobilindustrie, Kost und Logis in der Gastronomie. Beispielsweise kommt es heute noch recht häufig vor, dass sogar ehemalige Betriebsangehörige „Deputate" erhalten. Das sind zum Beispiel Kohlen für Bergleute, Bier für Brauerei-Mitarbeiter oder verbilligter Strom für Mitarbeiter der Stromerzeugerindustrie. Bei Forstwirten würde das selbst genutzte Brennholz für den Kamin genauso dazu zählen wie der „Eigenverbrauch" einer Photovoltaikanlage. Alles wird dann in Euros bewertet und zu den Einnahmen hinzugerechnet.

BEISPIEL

Karl Kasalla vermietet eine ererbte Eigentumswohnung in der Dortmunder Innenstadt. Im Veranlagungszeitraum (VZ) 2018 erwirtschaftet er einen satten Überschuss von rund 6.000 €. Außerdem besitzt er noch ein altes Häuschen in der Eifel. 2018 hat er dort – nachdem der langjährige Mieter im Herbst ausgezogen war – umfangreich renoviert und einen Verlust von rund 12.000 € errechnet.

Gemeinsam mit seiner Frau Kaline gehört ihm noch das Eigenheim in Kurl, in dem die beiden auch selbst wohnen; allerdings haben sie die Einliegerwohnung vermietet. Im VZ 2018 fielen dort keine hohen Ausgaben an und es gibt einen weiteren Überschuss von 4.000 €. Diesen rechnet Karl für sich mit der Hälfte, also 2.000 € an. Die anderen 2.000 € schreibt er seiner Kaline zu.
Dann saldiert er seine eigenen Einkünfte und rechnet

```
+  6.000 € (Objekt Dortmund)
- 12.000 € (Objekt Eifel)
+  2.000 € (Objekt Kurl)
=  4.000 € negative Einkünfte
           aus Vermietung und Verpachtung
```

Kaline Kasalla hat vor Jahren von den Großeltern ein unbebautes Grundstück im Sauerland geerbt und verpachtet dieses an einen Ponyhof. 600 € bekommt sie jährlich hierfür. Nach Abzug der Werbungskosten bleiben noch 500 € steuerpflichtige Einkünfte. Auch Kaline saldiert und rechnet:

```
+ 2.000 € (Objekt Kurl)
+   500 € (Grundstück Sauerland)
= 2.500 € positive Einkünfte
          aus Vermietung und Verpachtung
```

Karl Kasalla trägt die Summe seiner negativen Einkünfte (- 4.000 €) in seinem eigenen ZVE-Blatt unter Punkt 6, „Einnahmen" ein (→ Seite 20). Kaline Kasalla notiert in ihrem ZVE-Blatt unter Punkt 6 ihre positiven Einkünfte von 2.500 €.

Saldiert bleibt den Kasallas ein negatives Einkommen aus Vermietung und Verpachtung von minus 1.500 € zur Verrechnung mit den Einkünften der anderen sechs Einkunftsarten.

Sind Sie ein „Gewinner"?

In diesem Kapitel machen wir Sie mit den drei Gewinn-einkunftsarten bekannt. Wir grenzen Land- und Forst-wirtschaft, Gewerbebetrieb und freiberufliche Tätigkeit voneinander ab. So können Sie prüfen, was Sie betrifft.

Sind Sie Land- und Forstwirt oder Vermieter?

Jeder haupt- oder nebenberuflich tätige Land- und Forstwirt (LuF) wird sich der Steuerpro-blematik bewusst sein. Er ist in der Regel auch steuerlich beraten – häufig von den landwirtschaftlichen Buchstellen – und das ist auch gut so! Land- und Forstwirte haben mehrere Möglichkeiten der Gewinnermitt-lung zur Auswahl. Es gibt viele Spezialvor-schriften und die Inanspruchnahme eines Menschen vom Steuerfach ist sehr zu emp-fehlen. Es ist in ländlichen Gemeinden gar nicht selten, dass Arbeitnehmer im Neben-erwerb Einkünfte aus Land- und Forstwirt-schaft haben.

Weniger bekannt ist, dass auch Nicht-Landwirte, beispielsweise als Erben, zu land-wirtschaftlichen Einnahmen kommen, die steuerrelevant werden können. Landwirt-schaftliche Flächen gehören immer zu einem landwirtschaftlichen Betrieb – auch wenn dieser schon lange nicht mehr aktiv tätig ist. Über Generationen hinweg werden mitun-ter Wohngebäude mit Garten und Nutzflä-chen weitervererbt; von der Familie bewohnt und genutzt. Und im Laufe der Zeit ist von einer landwirtschaftlichen Nutzung selbst ansatzweise gar nichts mehr zu erkennen. Eine Steuer fällt nicht an.

Sollten Sie jedoch einen Teil dieser Flä-chen vermieten – beispielsweise als Grün- oder Weideland – erzielen Sie landwirtschaft-liche Pachteinnahmen. Auch die jährliche Jagdpacht gehört zu den Einkünften aus Land- und Forstwirtschaft (LuF), ebenso wie Ihre Einnahmen für vermietete Scheunen, Stellflächen für landwirtschaftliche Maschi-nen usw. Obwohl wir klassisch von Pacht beziehungsweise Miete sprechen, gehören diese Einnahmen steuerrechtlich **nicht** zu den Vermietungseinkünften (→ Seite 64 ff.), wie man vielleicht meinen könnte.

Die Finanzämter achten akribisch darauf, diese Einkünfte genau zu trennen, denn es gibt eine weitere Steuerfalle. Die lauert, wenn Sie die vermeintlich Ihnen gehörenden Flächen anders nutzen oder gar verkaufen möchten. Denn tatsächlich sind „Ihre" Grundstücke Teile eines landwirtschaftlichen Betriebs. Sie veräußern sozusagen Teile des landwirtschaftlichen Betriebsvermögens (→ Seite 23) und dieser Veräußerungsgewinn ist steuerpflichtig. Das dürfen Sie nicht mit den „privaten Veräußerungsgeschäften" (→ Seite 138 ff.) verwechseln.

Sollte Ihnen eine „Nutzungsänderung" vorschweben, beispielsweise Umbau der Scheune in einen Partyraum, tätigen Sie steuerrechtlich eine „Entnahme". Sie entnehmen sozusagen dem landwirtschaftlichen Betrieb das Vermögen, nämlich die Scheune, für private Zwecke. Wollen Sie die umgebaute Scheune später für Ihren gastronomischen Betrieb nutzen, legen Sie diese eventuell wieder in den gewerblichen Betrieb (Gastronomie) ein.

Wie auch immer – zunächst entsteht ein steuerpflichtiger Veräußerungs- beziehungsweise Entnahme-Gewinn. Die daraus resultierende Steuer lässt sich meist nicht mal eben aus der Portokasse begleichen. Besteuert werden soll die Wertsteigerung, also die Differenz zwischen den ursprünglichen Anschaffungs- beziehungsweise Herstellungskosten und dem heutigen Marktwert. Vom Verkaufserlös werden die Verkaufskosten (zum Beispiel Makler, Notar) und die ursprünglichen Anschaffungskosten abgezogen. Meist hat der Verkäufer aber gar keine Unterlagen mehr über den Landankauf vor mehreren Generationen. In einem solchen Fall setzt das Finanzamt „fiktive Anschaffungskosten" (→ Kasten oben) an. Es soll die Wertsteigerung besteuert werden – und bedenken Sie, wie sehr gerade Grund- und Bodenpreise gestiegen sind.

€ FINANZEN

Musterrechnung

Wenn Sie zum Beispiel ein landwirtschaftliches Grundstück von 800 Quadratmeter zum Preis von 100 € je Quadratmeter verkaufen, der Käufer die Notarkosten trägt, kein Makler involviert war und Sie keinen ursprünglichen Kaufpreis nachweisen können, rechnet das Finanzamt einfach wie folgt:	Einnahmen aus LuF 800 qm x 100 € =	**80.000 €**
	ursprüngliche fiktive Anschaffungskosten 800 qm x 0,50 € =	**400 €**
	ergibt einen Gewinn aus LuF in Höhe von	**79.600 €**

Die fiktiven ursprünglichen Anschaffungskosten sind vom Finanzamt nicht etwa willkürlich festgesetzt oder gar ausgelost, sondern wurden anhand der Vorschriften des Bewertungsgesetzes ermittelt. Es werden unter anderem Anschaffungszeitpunkt, Lage des Grundstücks, Art (zum Beispiel Acker, Grünland) berücksichtigt. Dabei sind Werte von 50 Cent bis 1 Euro durchaus realistisch. Für Sie lohnt es sich daher, unbedingt fachliche Hilfe zu suchen.

Besser noch wäre, rechtzeitig **vor** einer geplanten Veräußerung das Fachgespräch zu führen. Vorbeugen ist immer besser als Heilen. Bedenken Sie aber, dass die meisten Juristen keine Steuerexperten sind. Die Notare weisen in Verträgen fast immer ausdrücklich darauf hin, dass sie nicht steuerlich beraten. Sie tun dieses zur Vermeidung des eigenen Haftungsrisikos. Bei geplanten Nut-

zungsänderungen sollten Sie neben dem Architekten unbedingt auch den Steuerexperten ins Boot holen. Wenn Sie erst zum Steuerberater gehen, nachdem Sie bereits alles unter Dach und Fach haben, dann bleibt kein Raum mehr für die für Sie sehr wichtige Gestaltungsberatung. Es geht um **Ihr** Geld!

 GUT ZU WISSEN

Wer kann helfen?

Eine rechtzeitige Hinzuziehung eines Steuerprofis ermöglicht legale „Gestaltungsberatung". Wer zu spät kommt, kann nur noch „Abwehrberatung" erwarten und bekommen.

Land- und Forstwirte haben Wirtschaftsjahre, die in der Regel vom Kalenderjahr abweichen: meistens vom 1. Juli eines Jahres bis zum 30. Juni des Folgejahres. Sie haben also die Möglichkeit, einen Gewinn auf zwei Steuerjahre zu verteilen und somit die Progression (→ Seite 19) etwas abzufedern. Es gibt unter Umständen auch Steuererleichterungen, sogar Steuerbefreiungen für Sie. Alles in allem eine kniffelige Angelegenheit, für die Sie nun auf jeden Fall sensibilisiert sind.

Falls Sie selbst (noch) nicht Eigentümer des/der landwirtschaftlichen Grundstücke sind, könnte auch der bisherige „Alteigentümer" **seine** eigenen Steuervorteile nutzen und den ohnehin nicht mehr existierenden landwirtschaftlichen Betrieb offiziell steuerlich aufgeben. Oder aber er „entnimmt" die entsprechenden Grundstücke steuerrechtlich. Sie können sich das vorstellen wie einen Quasi-Verkauf vom landwirtschaftlichen Betrieb an den landwirtschaftlichen Privatmann. Er versteuert dann zwar auch den Gewinn, aber meistens zu deutlich besseren Konditionen.

Mitunter ist die Eintragung als landwirtschaftliche Fläche schlicht und einfach falsch. Vielleicht wurde der landwirtschaftliche Betrieb auch steuerlich von Ihrem Vorgänger längst aufgegeben und diese Tatsache in den amtlichen Plänen nicht berichtigt. Sollten Sie derartige Dokumente haben — die sind bares Geld wert.

Schmälern Verluste Ihr ZVE?

Auch wenn Sie ein Waldstück besitzen, sind Sie unter Umständen Forstwirt. Oft hören Sie jahrelang nichts vom Finanzamt. Es fällt mitunter über viele Jahre auch gar keine steuerpflichtige Einnahme an. Denn erst wenn Sie Holz verkaufen, sind Gewinne zu versteuern. Von den Einnahmen dürfen Sie selbstverständlich die Betriebsausgaben abziehen. Das sind zum Bespiel die Kosten der Forstbetriebsgemeinschaft, Neuanpflanzungen usw. Aber haben Sie auch daran gedacht, dass es **negative Gewinne** gibt? In all den Jahren, in denen Ihr Wald wächst, haben Sie keine Einnahmen. Doch entstehen gleichwohl laufende Kosten. Zum Beispiel für Berufsgenossenschaft, Pflege der Wege, Reparatur der Motorsäge und vieles mehr. Dagegen stehen meist nur ganz geringe Einnahmen, etwa aus der Jagdpacht (→ Seite 27). Sie machen also jahrelang Verluste. Diese negativen Gewinne mindern Ihr zu versteuerndes Einkommen. Es ist also klug, auch die Verluste beim Finanzamt geltend zu machen. Anders als bei anderen Einkunftsarten, spricht das Finanzamt auch bei mehrjährigen Verlusten in der Regel nicht so schnell von „Hobby" – steuerrechtlich „Liebhaberei" genannt –, weil der Holzanbau regelmäßig generationenübergreifend angelegt ist.

Bedenken Sie in diesem Zusammenhang, dass auch ein sogenannter **Eigenverbrauch** als steuerpflichtige Einnahme gilt. Sie erinnern sich:

> Paragraph 8 EStG: *„Einnahmen sind alle Güter die in Geld oder Geldeswert[...] zufließen!"*

Holz, das Sie in Ihrem Wald – also in Ihrem forstwirtschaftlichen Betrieb – für Ihren eigenen, privaten Kamin schlagen und aufbereiten, gilt als **entnommen**. Und zwar sobald Sie es in Ihrem häuslichen Schuppen einlagern. Es wird mit dem aktuellen Markt- preis bewertet und **wie** ein Verkauf gesehen. Quasi ein Verkauf Ihres Betriebes an Sie als Privatmann oder Privatfrau.

Sie sollten wissen, dass die Finanzverwaltung eigens Fachleute beschäftigt, die regelmäßig Kontrollen durchführen. Das gilt nicht nur für Weihnachtsbaumkulturen. „Vergessen" könnten Ihnen als Steuerverkürzung ausgelegt werden.

Mitunter müssen Sie ungeplant Ihr Holz verkaufen, zum Beispiel nach einem wütenden Sturm. In 2007 gab es nach dem Orkan Kyrill spezielle Steuererleichterungen. Auch nach Friederike im Januar 2018 soll es Er-

leichterungen auf Länderebene geben. In solchen Fällen ist es unbedingt ratsam, sich fachkundiger Hilfe zu bedienen.

Handeln Sie dagegen nur beispielsweise mit Brennholz oder Weihnachtsbäumen, also kein Verkauf **eigener** Erzeugnisse, haben Sie „gewerbliche Einkünfte" (→ Seite 32).

Die Gewinne der Einkunftsart Land- und Forstwirtschaft (LuF) werden bei der Erstellung der Steuererklärung in dem Steuerformular L eingetragen. Für jeden einzelnen Betrieb müssen Sie ein separates Formular ausfüllen. Ehepaare kreuzen darin auch jeweils an, wem der Betrieb gehört: Ehemann oder Ehefrau beziehungsweise Partner A und Partner B. Die elektronische Übermittlung ans Finanzamt (→ Seite 212) ist zwingend notwendig.

Nicht angemeldet – und doch Gewerbe?

Auch wenn Sie niemals bei der Gemeindeverwaltung einen Gewerbeschein beantragt haben, könnten Sie Einkünfte aus **Gewerbebetrieb** (Einkunftsart 2, → Seite 32) haben.

Wenn Sie zum Beispiel auf Internet-Plattformen wie eBay regelmäßig und in größerem Umfang mit Waren handeln, Schrott einsammeln, Brennholz, Näh- und Strickarbeiten, Pflanzen oder Obst/Gemüse verkaufen, kann die Gewerbsmäßigkeit vermutet werden. Wenn Sie nur einmal im Jahr Ihr eigenes Grundstück, Ihre Garage, Ihren Keller und Dachboden aufräumen und danach den Schrott verkaufen, sind Sie gewiss nicht betroffen. Auch wenn Sie gelegentlich mit Ihrem Vierbeiner in der Öffentlichkeit beispielsweise Dog-Dance präsentieren, Preise einheimsen oder gar eine Gage bekommen, wird sicherlich weder für den Hund noch für das Frauchen „Gewerbsmäßigkeit" vorliegen. Sollten Sie jedoch Ihren Liebling als TV- und Filmstar ausbilden und regelmäßige Engagements anstreben, mag das schon anders aussehen. Betrachtet werden: die Häufigkeit, die eigene Darstellung in der Öffentlichkeit und die Tatsache, ob Sie damit „verdienen" wollen. Die Grenzen sind fließend und es kommt auf den jeweiligen Einzelfall an.

Betreiber von **Photovoltaikanlagen** oder **Blockheizkraftwerden** sind jedoch ebenso Gewerbetreibende wie die Betreiber eines Hotels.

Wenn Sie bei Ihrem Nachbarn während dessen Urlaub einige Male den Rasen mähen und dafür ein kleines Urlaubsmitbringsel bekommen, sind Sie steuerlich betrachtet sicherlich im Bereich der steuerfreien Nachbarschaftshilfe. Sollten Sie allerdings regelmäßig im gesamten Ort und darüber hinaus tätig werden, womöglich sogar Zeitungsanzeigen mit Ihren Hilfsangeboten geschaltet haben, und die „Geschenke" größer ausfallen – melden Sie schnell beim Finanzamt Ihr Gewerbe an und versteuern Sie Ihre Gewinne.

Mitunter werden Ihnen „Hinzuverdienste" im Bereich Marktforschung, Vertrieb, als Handelsvertreter, Kurierfahrer, Pizza-Taxi, Flughafentransfers und ähnliches auf „selbstständiger Basis" angeboten. Prüfen Sie die Vertragsbedingungen genau. Wenn Sie keine Lohnabrechnung erhalten, sondern eine „Gutschrift" oder gar selbst Rechnungen schreiben sollen, liegen sehr wahrscheinlich gewerbliche Einnahmen vor. Auch studentische Hilfstätigkeiten werden häufig als Honorartätigkeiten deklariert und fallen mitunter in den Bereich Gewerbebetrieb.

Vermietung gewerblich – Gewerbesteuer

Die Vermietung von Immobilien kann auch „gewerblich" sein. Damit ist nicht Ihre Vermietung gewerblicher Räume wie beispielsweise die Vermietung eines Ladenlokals gemeint. In diesem Fall ist vermutlich der Mieter der Gewerbetreibende, Sie aber haben weiterhin Einkünfte aus Vermietung und Verpachtung (→ Seite 64).

 GUT ZU WISSEN

Nicht nur für „eilige" Fälle

Gewerbliche Vermietung ist nicht beschränkt auf die kurzfristige Vermietung von möblierten Zimmern (Hotelzimmern) für gewisse schöne Stunden ...

Gewerblich tätig werden Sie, wenn Sie als Vermieter beispielsweise zusätzlich zur Vermietung von Wohnräumen Sonderleistungen erbringen oder die Mieter ganz besonders häufig wechseln: Wenn Sie also Ihr Gebäude zum Beispiel den Behörden zur Unterbringung von Flüchtlingen zur Verfügung stellen; das Amt Ihnen Personen zuweist und Sie diese gegen ein pauschales Entgelt je Person und Tag beherbergen, erzielen Sie Einkünfte aus einem Gewerbebetrieb. Insbesondere wenn

„Das sollten Sie als Vermieter über die Umsatzsteuer wissen."

BIRGIT KÖPKE ist Diplom-Finanzwirtin (FH) und Steuerberaterin.

Warum muss ich mich als Vermieter mit dem Thema Umsatzsteuer auseinandersetzen?

Der Vermieter ist Unternehmer im Sinne des Umsatzsteuergesetzes, und die kurzfristige Vermietung an wechselnde Personen ist dem Grunde nach umsatzsteuerpflichtig.

Wie hoch ist die Umsatzsteuer?

Für derartige Beherbergungsleistungen greift der ermäßigte Steuersatz in Höhe von 7 %. Dies gilt auch für alle im engen Zusammenhang mit der Übernachtung stehenden Nebenleistungen (zum Beispiel gesondert berechnete Endreinigung). Leistungen ohne engen Bezug zur Übernachtung unterliegen jedoch dem vollen Steuersatz in Höhe von 19 %, etwa bei der Vermietung von Fahrrädern usw.

Gibt es Möglichkeiten, die Umsatzsteuer zu vermeiden?

Kleinunternehmer müssen keine Umsatzsteuer zahlen. Dazu gehören Vermieter mit einem Vorjahresumsatz von derzeit nicht mehr als 17.500 € brutto und einem voraussichtlichen Umsatz im laufenden Jahr von nicht mehr als 50.000 € brutto. Diese Umsatzgröße von 17.500 €/50.000 € brutto bezieht sich jedoch auf alle steuerpflichtigen Umsätze eines Jahres, die ein Steuerpflichtiger insgesamt erzielt. Werden also aus weiteren Einkunftsquellen, etwa aus dem Betrieb einer Photovoltaikanlage oder einer Ferienwohnung umsatzsteuerpflichtige Umsätze erzielt, so sind alle Umsätze zusammenzurechnen. Beim Überschreiten der Umsatzgrenze für die Kleinunternehmerregelung werden alle erzielten Umsätze umsatzsteuerpflichtig. Dies gilt auch, wenn der Steuerpflichtige bereits für eine Einkunftsquelle die Umsatzsteuerpflicht gewählt hat (Option zur Regelbesteuerung).

Die Umsatzsteuerpflicht beinhaltet aber auch das Recht zum Vorsteuerabzug, das heißt, die in den Eingangsrechnungen anderer Unternehmen ausgewiesene Umsatzsteuer kann als Vorsteuer abgezogen werden. Dies kann in vielen Fällen einen entscheidenden finanziellen Vorteil bieten. Die Umsatzsteuer ist dem Finanzamt durch monatliche oder vierteljährliche Voranmeldungen und eine Umsatzsteuerjahreserklärung auf elektronischem Weg mitzuteilen und fristgerecht zu zahlen.

Sie auch die Bereitstellung von Bettwäsche und Handtüchern sowie die Reinigung übernehmen.

Während die Beherbergung in Fremdenpensionen stets als ein Gewerbebetrieb anzusehen ist, kommt es bei der Vermietung eines oder mehrerer möblierten Zimmer oder einer Ferienwohnung, sehr darauf an, ob eine **hotelähnliche** Nutzung vorliegt beziehungsweise die Vermietung nach „Art einer Fremdenpension" erfolgt. Kriterien, die für eine Pension sprechen, sind unter anderem Gewährung von Mahlzeiten, zusätzliche Service- und Unterhaltungsangebote — alles eben **wie** in einem Hotel.

Als Inhaber eines Campingplatzes sind Sie in der Regel gewerblich tätig. Und zwar immer dann, wenn Sie, so wie es üblich ist, zusätzlich zur Vermietung der einzelnen Zelt- beziehungsweise Wohnwagenplätze, wesentliche Nebenleistungen erbringen. Dazu gehören beispielsweise das zur Verfügungstellen sanitärer Anlagen und deren Reini-

gung, die Bereitstellung von Trinkwasser und Strom sowie die Abwasser- und Müllbeseitigung. Das gilt auch dann, wenn Sie überwiegend an sogenannte Dauercamper vermieten.

Gewerbliche Einkünfte sind auch bei der Vermietung von Ausstellungsräumen und Sälen bei ständig wechselnden kurzfristigen Vermietungen etwa für Konzerte gegeben.

Wenn Sie Räume Ihrer selbstgenutzten Wohnung an Fremde untervermieten, haben Sie grundsätzlich Vermietungseinkünfte (→ Seite 64 ff.). Aber auch hier sind die Grenzen zur Gewerblichkeit fließend. Wenn für die Vermietungstätigkeit eine unternehmerische Organisation erforderlich wird, die mit einem Hotelbetrieb vergleichbar ist, liegen gewerbliche Einkünfte vor. Das ist beispielsweise der Fall, wenn ein sogenannter Rezeptionsbetrieb mit umfassender – wenn auch nur telefonischer – Erreichbarkeit vom Vermieter eingerichtet wird und so die Räume rund um die Uhr ohne langfristige Reservierung, sozusagen spontan, angemietet werden können. Auch die Gewährung von vermietungsunüblichen Sonderleistungen, wie etwa die tägliche Zimmerreinigung, jederzeit ansprechbare Mitarbeiter und ein Frühstücksangebot, sprechen für die Gewerblichkeit. Dem entgegen werden das Bereitstellen von Bettwäsche und Handtüchern, der Gepäcktransport, die Endreinigung und das Bereitstellen von Informationsmaterial über Ausflugsziele und Routenempfehlungen als auch bei Vermietung übliche Serviceleistungen angesehen.

Gewinne aus gewerblicher Tätigkeit werden bei der Steuererklärung in Anlage G eingetragen. Wie bei allen Gewinneinkunftsarten füllen Sie je Unternehmen pro Person ein Formblatt aus, also für Ehemann und Ehefrau oder Person A und Person B. Die elektronische Übermittlung an das Finanzamt (→ Seite 212) ist zwingend vorgeschrieben.

Und die Gewerbesteuer?

Vielleicht fragen Sie sich: Wenn sowieso bei der Ermittlung des ZVE alles zusammengerechnet wird, warum dann die penible Aufteilung in Einkünfte aus Vermietung und Verpachtung beziehungsweise Gewerbebetrieb?

Nun, die Antwort darauf ist recht einfach. Zum einen hat ein Gewerbebetrieb „Betriebsvermögen" (→ Seite 23). Zum anderen haben wir bislang immer nur von der „Einkommensteuer" und „Auswirkungen bei der Besteu-

erung" geschrieben. Aber es gibt noch weitere relevante Steuerarten. Eine davon ist die **Gewerbesteuer**. Wer Einkünfte aus Gewerbebetrieb hat, wird zusätzlich zur Einkommenssteuer auch noch zur Gewerbesteuer herangezogen. Allerdings entsteht in den beschriebenen Fällen häufig keine Gewerbe-Steuerschuld, denn es gibt einen gewerbesteuerlichen Freibetrag von 24.500 € pro Jahr auf den Gewinn, ermittelt nach dem Steuergesetzt. Dieser ist jedoch nicht zwingend identisch mit dem Gewinn nach dem Einkommensteuergesetz (EStG).

→ **TIPP Zimmer frei**
Wenn Sie als **Wohnungsmieter** gelegentlich Zimmer Ihrer Privatwohnung untervermieten, müssen Sie nicht sofort mit gewerbesteuerlichen Konsequenzen rechnen – selbst dann nicht, wenn der Fiskus Ihre Einnahmen als Einkünfte aus Gewerbebetrieb eingestuft hat, beispielsweise wegen sogenannter unüblicher Sonderleistungen – denn Sie haben den jährlichen Gewerbesteuerfreibetrag von 24.500 € Gewinn. Bei einer gelegentlichen Vermietung sind derartig hohe Gewinne wohl kaum zu erreichen.

Selbstständige Arbeit

Auch die korrekte Abgrenzung Einkünfte aus Gewerbebetrieb zur selbstständigen Arbeit ist hauptsächlich wegen der Gewerbesteuerpflicht zu treffen. Denn die selbstständig Tätigen und Freiberufler unterliegen nicht der Gewerbesteuer. Außerdem dürfen sie ihre Tätigkeit auch in reinen Wohngebieten ausüben und benötigen eben **keine** Gewerbeanmeldung.

Betriebsvermögen haben Selbstständige, Gewerbetreibende und Land- und Forstwirte gleichermaßen (→ ab Seite 26).

Genau wie die „richtigen" Land- und Forstwirte oder Gewerbetreibenden ihre Gewinne im Auge behalten, tun dieses sicher auch diejenigen, die bewusst ihre selbstständige Tätigkeit ausüben. Hier kommt wieder ein steuerlicher Fachausdruck **selbstständig** ins Spiel, der sich vom umgangssprachlichen Gebrauch deutlich unterscheidet. *Paragraph 18 des EStG* zählt die Berufe auf, die eine selbstständige Arbeit ausüben und grenzt diese sozusagen von den „Gewerbetreibenden" (→ Seite 32) ab. Erste Voraussetzung ist, dass die Tätigkeit selbstständig (also eben **nicht** im Angestelltenverhältnis) ausgeübt wird. Aufgezählt werden

„wissenschaftliche, künstlerische, schriftstellerische, unterrichtende oder erzieherische Tätigkeiten."

Auch die sogenannten **Freiberufler** gehören zu dieser Gruppe:

„Ärzte, Zahnärzte, Tierärzte, Rechtsanwälte, Notare, Patentanwälte, Vermessungsingenieure, Ingenieure, Architekten, Handelschemiker, Wirtschaftsprüfer, Steuerberater, beratende Volks- und Betriebswirte, vereidigte Buchprüfer, Steuerbevollmächtigte, Heilpraktiker, Dentisten, Krankengymnasten, Journalisten, Bildberichterstatter, Dolmetscher, Übersetzer, Lotsen und ähnliche Berufe."

Zu den ähnlichen Berufen gehören zum Beispiel Lektoren.

Egal ob Sie beispielsweise Fachartikel schreiben, Ihre selbst gemalten Bilder verkaufen, Übersetzungen fertigen, für den Lokalteil der Zeitung Fotos machen, Sportkurse, Klavierstunden oder Konzerte geben: Sobald Sie Einnahmen daraus erzielen, haben Sie Einnahmen aus selbstständiger Tätigkeit. Auch Aufsichtsratsvergütungen zählen hierzu. Die Berechnungsmethode kennen Sie nun schon: Einnahmen aus der selbständigen Tätigkeit abzüglich Betriebsausgaben (wie zum Beispiel PC-Hardware, Software, Reisekosten, Kamera, Raummieten, Materialien, Telefon- und Internetkosten) ergeben den steuerlichen Gewinn aus der dritten Einkunftsart. Sollte sich über mehrere Jahre hinweg ein

Verlust ergeben, wird das Finanzamt prüfen, ob es sich um „Liebhaberei" handelt und dann gegebenenfalls den Verlustabzug versagen.

→ **TIPP Nicht schludern**

Selbst bei festgestellter „Liebhaberei" empfiehlt es sich auch weiterhin, ordentlich Bücher darüber zu führen. Denn nur so können Sie erkennen, ob Sie mit Ihrer Tätigkeit doch die Gewinnzone erreichen und somit womöglich wieder steuerpflichtig werden. Mitunter verlangt sogar das Finanzamt die Vorlage einer Gewinnermittlung trotz Liebhaberei. Eventuell können sogar die zurückliegenden Verluste doch noch geltend gemacht werden. Auf jeden Fall sollten Sie sachkundigen Rat einholen.

Eine weitere, aber so richtig böse Falle lauert, wenn Sie in Ihrem eigenen privaten Gebäude für Ihre selbstständige Tätigkeit Büro-, Lager-, Archiv-, Geschäftsräume oder auch nur ein Arbeitszimmer ausgewiesen haben. **Bevor** Sie dem Finanzamt die Ausgaben für diese Räume in Ihrem Eigenheim präsentieren, bedenken Sie: Teile Ihres Eigenheims werden automatisch zu Betriebsvermögen, sogenanntem notwendigen Betriebsvermögen; und zwar allein durch die ausschließlich betriebliche Nutzung – wie Sie ja selbst dem Finanzamt mitteilen. Wenn Sie irgendwann Ihre selbstständige Tätigkeit aufgeben, kommt es zu fatalen Folgen. Das Finanzamt besteuert dann nämlich den Wertzuwachs der betrieblich genutzten Räumlichkeiten. Das kann sehr teuer werden, wie wir ja schon bei der Land- und Forstwirtschaft (→ Seite 27 ff.) dargestellt haben.

Auch die Zuordnung des **häuslichen Arbeitszimmers** im Eigenheim zum Betriebsvermögen passiert automatisch und trifft die meisten Steuerpflichtigen bei der Aufgabe beziehungsweise Veräußerung ihres Betriebs völlig überraschend. Sobald Sie als Selbstständiger in Ihrer Gewinnermittlung eine Abschreibung für betriebliche Räume im Eigenheim als **Betriebsausgaben** ausweisen, ist das Finanzamt bereits im Bilde über die dem Betriebsvermögen zuzurechnenden Räumlichkeiten. Es reicht allein die ausschließlich betriebliche Nutzung, sofern sie nicht von untergeordneter Bedeutung ist, und Ihre Räume werden zu notwendigem Betriebsvermögen. Groteskerweise kann ein von einem Freiberufler genutztes Arbeitszimmer zum Betriebsvermögen gehören, obwohl die Aufwendungen überhaupt nicht als Betriebsausgaben berücksichtigt werden. Das heißt: Auch in diesem Fall muss ein möglicher Aufgabebeziehungsweise Veräußerungsgewinn versteuert werden. Haben Sie aber die entsprechenden Ausgaben von Ihren Einnahmen abgezogen, können Sie später kaum mit Erfolg

einwenden, die Räume seien weniger als 50 % betrieblich genutzt. Nutzen Sie die für betriebliche Zwecke vorgesehenen Räume zu mindestens 50 % auch privat, beispielsweise durch die Archivierung privater Akten, Lagerung privater Gegenstände, gelegentliche Übernachtungen der Familie, liegt kein „notwendiges" Betriebsvermögen vor!

Allein eine kleine Ausnahme gibt laut EstDV (Einkommenssteuer-Durchführungsverordnung): Wenn der anteilige Marktwert nicht mehr als 20.500 € beträgt **und** nicht höher ist als 20 % des Gesamtwertes der Immobilie einschließlich Grund und Boden.

Mitunter ist es auch klug zu überlegen, **wer wo** seine Büroräume einrichtet. Nur die eigene Immobilie des Freiberuflers kann das Finanzamt zu Betriebsvermögen erklären – mit allen beschriebenen Steuerfolgen. Gehört die Immobilie aber einem Dritten, beispielsweise dem Ehepartner, geht das

selbstverständlich nicht. Selbst wenn sie keine Miete an den Partner zahlen, so können doch die getragenen Nebenkosten (Strom, Gas, Wasser, Abwasser usw.) als Betriebsausgaben einsetzen. Gehört die Immobilie beiden Ehegatten gemeinsam, bleibt die beschriebene Steuerproblematik – allerdings eben nur zur Hälfte.

Bei der Steuererklärung tragen Sie die Angaben hierzu auf der **Anlage S** ein. Sie füllen für jede selbständige Tätigkeit jeweils ein Formblatt aus und markieren, welcher Ehepartner die Einkünfte erzielt hat. Die elektronische Übermittlung ist zwingend notwendig (→ Seite 212).

Fazit: Wenn Sie nun die Erkenntnis gewonnen haben, dass Sie steuerlich Gewinne aus den ersten drei Einkunftsarten machen, berechnen Sie diese am einfachsten in einer separaten „Nebenrechnung" und tragen Sie

Ihre persönlichen Ergebnisse – getrennt für beide Ehepartner – in Ihrer ZVE-Berechnung auf Seite 20/21 zur Ermittlung Ihres ZVE ein. Die negativen Gewinne, also Verluste, mit Minus. Sollten Sie mehrere Betriebe einer Einkunftsart haben, können Sie die Ergebnisse saldieren.

 GUT ZU WISSEN

Betriebsvermögen verhindern

Vermeiden Sie, wenn es irgendwie möglich ist, dass ein Wohnungs- oder Grundstücksteil zum notwendigen Betriebsvermögen wird. Dies sollten Sie unbedingt bedenken, bevor Sie das erste Mal Aufwendungen für einen selbstständig oder freiberuflich genutzten Teil Ihres Hauses oder Ihrer Eigentumswohnung steuerlich geltend machen. Eine Zuordnung seitens des Finanzamtes kann nur erfolgen, wenn die Nutzung überwiegend betrieblich ist. Das gilt auch für die anderen Gewinneinkunftsarten (→ Seite 27 ff.) .

BEISPIEL: Fridolin und Frieda Förster sind verheiratet und wollen eine gemeinsame Steuererklärung 2018 machen. Fridolin besitzt einen Wald und hat daraus leider nur einen Verlust in Höhe von 1.200 € erwirtschaftet. Diesen Verlust konnte er zum Glück mit dem Gewinn von 1.800 € aus der Verpachtung seiner Ackerflächen auffangen. (Er saldiert: minus 1.200 plus 1.800 = 600.) Außerdem hat er mehrere Fachartikel geschrieben und hieraus einen satten Gewinn von 2.800 € erzielt. Frieda war als Schmuckberaterin tätig und hat ihren Gewinn mit stolzen 3.700 € berechnet. Außerdem schlagen noch ihre Gewinne aus Klavierstunden mit 900 € zu Buche. In ihr persönliches Berechnungsblatt zur Berechnung ihres ZVE tragen die beiden ein:

ZVE	FRIDOLIN	FRIEDA
LuF	600 €	0 €
Gewerbebetrieb	0 €	3.700 €
Selbstständige Arbeit	2.800 €	900 €

 GUT ZU WISSEN

Achtung: Änderungen bei Todesfall

Durch den Tod eines Angehörigen können sich die Eigentumsverhältnisse plötzlich ändern. Sie können von jetzt auf gleich „Miteigentümer" aufgrund einer Erbengemeinschaft werden. Wenn Sie bislang Nutzer oder Mieter waren, betreffen Sie nun auch die zuvor beschriebenen Steuerfolgen als (Teil-)Eigentümer.

GUT ZU WISSEN

Veräußerung: Arbeitszimmer eventuell steuerfrei?

Wer Einkünfte aus nichtselbstständiger Tätigkeit (→ Seiten 44 ff.) hat (Lohn- oder Gehaltsempfänger), kann kein Betriebsvermögen haben; denn das gibt es ja nur bei den drei Gewinneinkunftsarten – und eben nicht bei den vier Überschusseinkunftsarten. Gleichwohl kann bei Verkauf der Immobilie ein steuerpflichtiger Veräußerungsgewinn (→ Seite 138) entstehen, nur weil Sie früher Aufwendungen für ein häusliches Arbeitszimmer als Werbungskosten geltend gemacht haben. Anders urteilte am 20.3.2018 das Finanzgericht Köln (Az. 8 K 1160/15). Allerdings wurde die Revision beim Bundesfinanzhof (BFH IX R 11/18) zugelassen. Sollte also Ihr Finanzamt das häusliche Arbeitszimmer mit einem Veräußerungsgewinn besteuern wollen – legen Sie Einspruch ein und beantragen Sie Verfahrensruhe.

BEISPIEL 1

Hertha Hilflos ist Heilpraktikerin. Sie hat ein kleines Häuschen mit Anbau und nutzt einen Teil ihres Hauses seit über 20 Jahren für ihre Heilpraktikertätigkeit. Ihr Steuerberater Harry Larifari hat für sie alljährlich in der Steuererklärung die angefallenen Kosten einschließlich Abschreibungen als Betriebsausgaben abgezogen. Nun will Hertha ihre Praxis aufgeben und vielleicht einen Halbtagsjob annehmen. Harry Larifari ermittelt den Anteil des betrieblich ge-nutzten Gebäudes mit einem Gewinn von 50.000 €. Diesen Betrag muss Hertha nun zusätzlich zu dem normal üblichen Jahresgewinn versteuern. Herr Larifari erklärt ihr, das seien die „stillen Reserven", die in den vergangen Jahren entstanden sind. Also die Wertsteigerung der Immobilie – ihrer privaten Immobilie. Hertha ist geschockt. – So hatte sie sich das nicht vorgestellt. Sie bespricht sich mit Ihrem Bekannten Rudolf Raff-Zahn.

▶ BEISPIEL 2

Rudolf Raff-Zahn ist selbstständiger Immobilienmakler. Er ist mit Rita verheiratet und die beiden besitzen mehrere eigene Immobilien. Die Raff-Zahns pflegen einen engen Kontakt zu ihrer langjährigen Steuerberaterin Viola Männertreu. Sie besprechen sich mit ihr immer, bevor sie wesentliche Geschäfte wie zum Beispiel Immobilienkäufe tätigen. Zugegeben – anfangs haben die beiden auch die Beratungskosten gescheut, aber inzwischen wissen sie: Guter Rat muss nicht immer teuer sein. Auf Anraten von Steuerberaterin Viola gehört die eigenbewohnte Eigentumswohnung nur Rita allein, die als angestellte Industriekauffrau arbeitet. In dieser etwa 80 Quadratmeter großen Penthouse-Wohnung hat Rudolf seit Jahren sein Büro (etwa 20 Quadratmeter). Von dort aus betreibt er seine Tätigkeit als Immobilienmakler. Die anteiligen Nebenkosten der Wohnung hat er stets als Betriebsausgaben steuerlich geltend gemacht.

Nun hat sich Nachwuchs angekündigt und die Raff-Zahns brauchen das Büro als Kinderzimmer. Die beiden haben sich bereits bei Viola Männertreu erkundigt – es ist nichts zu befürchten. Das Büro ist kein Betriebsvermögen; eine Besteuerung der möglichen Wertsteigerung fällt nicht an. Rudolf überlegt, ob er in einer der anderen Immobilien seiner Frau Rita ein Büro einrichtet oder sich aber kleiner setzt, wie ihm Viola geraten hatte. Sie hatte ihm den Gestaltungstipp gegeben, dass er auch dann kein Betriebsvermögen begründet, wenn er mit dem anteiligen Immobilienwert unter 20.500 € beziehungsweise 20 % des Gesamt-Immobilienwertes bleibt – für den Fall, dass er in einer seiner eigenen Immobilien fündig wird. Ihm kommt die Idee, eventuell Lager und Archiv auszulagern. Dann braucht er ja ohnehin weniger Platz.

Sie sind in Ihrer Arbeit
an Weisungen gebunden?

In diesem Kapitel reißen wir die nichtselbstständige Tätigkeit an. Dazu gehören Beamtenbezüge, Lohn und Gehalt, aber auch Pensionen und Betriebsrenten.

Wenn Sie bei einem Arbeitgeber oder Dienstherrn in Lohn und Brot stehen, haben Sie steuerrechtlich Einkünfte aus „Nichtselbstständiger Arbeit" wie es in § 19 EStG beschrieben steht. Übrigens machen Sie bei einer Steuererklärung in Papierform alle Angaben in **Anlage N** jeweils getrennt für beide Ehepartner.

> „Zu den Einkünften aus nichtselbständiger Tätigkeit gehören:
> 1. Gehälter, Löhne, [....] für eine Beschäftigung im öffentlichen oder privaten Dienst.
> 2. Wartegelder, Ruhegelder, Witwen- und Waisengelder und andere Bezüge und Vorteile aus früheren Dienstleistungen [...]
> 3. laufende Beiträge und laufende Zuwendungen des Arbeitgebers aus einem bestehenden Dienstverhältnis an einen

> Pensionsfonds [...] für eine betriebliche Altersversorgung. Zu den Einkünften aus nichtselbständiger Arbeit gehören auch Sonderzahlungen, die der Arbeitgeber [...] an eine solche Versorgungseinrichtung leistet [...]."

Kurz, alles, was Sie von Ihrem Arbeitgeber oder Dienstherrn – wie die Beamten sagen – bekommen, gehört zu dieser vierten Einkunftsart „Nichtselbständiger Arbeit". Dabei ist es zunächst unerheblich, ob Sie noch im aktiven Erwerbsleben stehen oder schon Ihren Ruhestand genießen. Sowohl Ihre Betriebsrenten und Pensionen als auch die Hinterbliebenenrenten/-pensionen gehören dazu. Ausschlaggebend ist der enge Zusammenhang Ihrer beruflichen Tätigkeit bei dem jeweiligen Arbeitgeber und der Zahlung der Betriebsrente, die Ihr Arbeitgeber an Sie zahlt. Ausführliche Informationen lesen Sie in unserem Ratgeber „Steuererklärung für Rentner und Pensionäre". Mehr dazu unter www.ratgeber-verbraucherzentrale.de.

ETIN-ELSTAM statt Steuerkarten

Die Berechnung der Einkünfte aus nichtselbständiger Arbeit ist recht einfach, denn Sie bekommen alle Jahre wieder im Februar/März von Ihrem Arbeitgeber beziehungsweise Dienstherren eine Bescheinigung über Ihr Jahreseinkommen – häufig im Volksmund nicht ganz korrekt eTIN genannt.

eTin ist die offizielle Abkürzung für „elektronische Transfer Identifikations Nummer". Sie hat seit der Einführung der persönlichen Steueridentifikationsnummer (kurz Steuer-ID) ihre Bedeutung verloren. Seit 2010 soll grundsätzlich nur noch die Steuer-ID für elektronische Übermittlungen verwendet werden. Diese Steuer-ID wurde Ihnen vom Bundesministerium für Finanzen seit 2003 einmalig zugeschickt und gilt ein Leben lang. Selbst Neugeborenen wird kurz nach der Anmeldung beim Standesamt eine solche ID-Nummer zugewiesen. Sie brauchen diese Nummer künftig zunehmend häufiger.

 GUT ZU WISSEN

Verbummelt, vergessen, verloren?

Wenn Sie Ihre Steuer-ID nicht (mehr) wissen, können Sie diese beim Bundeszentralamt für Steuern (BZSt.) kostenlos online erfragen: www.bzst.de. Die ID-Nummer wird Ihnen dann per Post an Ihre Meldeadresse geschickt.

Telefonisch erhalten Sie keine Auskunft.

Ihr Einwohnermeldeamt kennt ebenfalls Ihre Steuer-ID – berechnet aber mitunter Gebühren für eine schriftliche Auskunft.

Ihre Steuer-ID steht auch
• auf jedem Einkommensteuerbescheid,
• auf jeder jährlichen eTIN,
• meist auch auf Ihrer monatlichen Lohnabrechnung.

Dieser „Ausdruck der elektronischen Lohnsteuerbescheinigung" ersetzt im Grunde genommen die altbekannte Lohnsteuerkarte, die zuletzt für 2010 in Papierform ausgegeben wurde.

Mit der technischen Umstellung auf ELSTAM (**E**lektronische **L**ohn**st**euer**a**bzugs**m**erkmale) sollten ab 2011 die persönlichen Steuerabzugsmerkmale über eine elektronische Datenbank abgewickelt werden. Nach diversen Anlaufschwierigkeiten konnte das System erst ab 2013 angewendet werden. So wurde einfach die Gültigkeit der Steuerkarte 2010 für die Jahre 2011 und 2012 verlängert.

Im Prinzip hat sich durch die endgültige Umstellung nichts für Sie geändert. Mit EL-STAM werden Ihre persönlichen Daten, also Familienstand, Anzahl der Kinder, Konfession einschließlich aller Änderungen von den Meldebehörden elektronisch eingespeist und von Ihrem Arbeitgeber allmonatlich automatisch abgerufen. Freibeträge und eventuelle Änderungen der Steuerklassen (→ Seite 185) beantragen Sie beim Finanzamt. Diese stets aktuellen Daten werden dann über die EL-STAM-Datenbank wie eine elektronische Steuerkarte an den Arbeitgeber/Dienstherrn übermittelt.

Wie zu Zeiten der alten Papier-Lohnsteuerkarte, können Sie auch heute noch auf Ihrer Lohn- und Gehaltsabrechnung beziehungsweise der Bezügemitteilung ersehen, welche Angaben von Ihrem Arbeitgeber berücksichtigt wurden.

Wenn Sie Ihren „Ausdruck der elektronischen Lohnsteuerbescheinigung für 2018" zur Hand nehmen, sehen Sie alle Daten, die Ihr Arbeitgeber oder Ihr Dienstherr bereits an das Finanzamt übermittelt hat auf einen Blick. Ob der Arbeitgeber tatsächlich an das Finanzamt übermittelt hat, erkennen Sie am Transferticket.

Der Arbeitgeber trägt in Zeile 1 Lohnsteuerbescheinigung (→ Seite 48) und die Dauer des Dienstverhältnisses ein, also Beginn und Ende Ihrer Tätigkeit. Wenn Sie das ganze Jahr 2018 dort gearbeitet oder auch bloß Betriebsrente bezogen haben, steht dort 1.1.–31.12. Sind Sie zum Beispiel ab 1. Oktober 2018 arbeitslos geworden, steht dort 1.1.–30.9. Bitte beachten Sie, dass Sie zusätzliche Lohnsteuerbescheinigungen etwa aus weiteren Arbeitsverhältnissen haben könnten. Das ist häufig der Fall, wenn Sie eine steuerpflichtige Nebentätigkeit ausüben oder Leistungen aus einer Urlaubskasse (beispielweise im Baugewerbe üblich) ausgezahlt wurden. Diese werden in der Regel mit der Steuerklasse 6 versteuert. Die Eintragung erfolgt auf dem Steuerformular **Anlage** N **Zeile 6** rechte Spalte.

Ausdruck der elektronischen Lohnsteuerbescheinigung für 2018

Nachstehende Daten wurden maschinell an die Finanzverwaltung übermittelt.

1. Bescheinigungszeitraum		vom - bis		
		01.01.-31.12.		
2. Zeiträume ohne Anspruch auf Arbeitslohn		Anzahl "U"		
Großbuchstaben (S, M, F, FR)				
		EUR		Ct
3. Bruttoarbeitslohn einschl. Sachbezüge ohne 9. und 10.		40.76484		
4. Einbehaltene Lohnsteuer von 3.		10.64392		
5. Einbehaltener Solidaritätszuschlag von 3.				58541
6. Einbehaltene Kirchensteuer des Arbeitnehmers von 3.				95793
7. Einbehaltene Kirchensteuer des Ehegatten/Lebenspartners von 3. (nur bei Konfessionsverschiedenheit)				
8. In 3. enthaltene Versorgungsbezüge				
9. Ermäßigt besteuerte Versorgungsbezüge für mehrere Kalenderjahre				
10. Ermäßigt besteuerter Arbeitslohn für mehrere Kalenderjahre (ohne 9.) und ermäßigt besteuerte Entschädigungen				
11. Einbehaltene Lohnsteuer von 9. und 10.				
12. Einbehaltener Solidaritätszuschlag von 9. und 10.				
13. Einbehaltene Kirchensteuer des Arbeitnehmers von 9. und 10.				
14. Einbehaltene Kirchensteuer des Ehegatten/Lebenspartners von 9. und 10. (nur bei Konfessionsverschiedenheit)				
15. (Saison-)Kurzarbeitergeld, Zuschuss zum Mutterschaftsgeld, Verdienstausfallentschädigung (Infektionsschutzgesetz), Aufstockungsbetrag und Altersteilzeitzuschlag				
16. Steuerfreier Arbeitslohn nach	a) Doppelbesteuerungsabkommen (DBA)			
	b) Auslandstätigkeitserlass			
17. Steuerfreie Arbeitgeberleistungen für Fahrten zwischen Wohnung und erster Tätigkeitsstätte				
18. Pauschalbesteuerte Arbeitgeberleistungen für Fahrten zwischen Wohnung und erster Tätigkeitsstätte				
19. Steuerpflichtige Entschädigungen und Arbeitslohn für mehrere Kalenderjahre, die nicht ermäßigt besteuert wurden - in 3. enthalten				
20. Steuerfreie Verpflegungszuschüsse bei Auswärtstätigkeit				
21. Steuerfreie Arbeitgeberleistungen bei doppelter Haushaltsführung				
22. Arbeitgeberanteil/-zuschuss	a) zur gesetzlichen Rentenversicherung	3.79116		
	b) an berufsständische Versorgungseinrichtungen			
23. Arbeitnehmeranteil	a) zur gesetzlichen Rentenversicherung	3.79116		
	b) an berufsständische Versorgungseinrichtungen			
24. Steuerfreie Arbeitgeberzuschüsse	a) zur gesetzlichen Krankenversicherung			
	b) zur privaten Krankenversicherung			
	c) zur gesetzlichen Pflegeversicherung			
25. Arbeitnehmerbeiträge zur gesetzlichen Krankenversicherung		3.34260		
26. Arbeitnehmerbeiträge zur sozialen Pflegeversicherung				51972
27. Arbeitnehmerbeiträge zur Arbeitslosenversicherung				61152
28. Beiträge zur privaten Kranken- und Pflege-Pflichtversicherung oder Mindestvorsorgepauschale				
29. Bemessungsgrundlage für den Versorgungsfreibetrag zu 8.				
30. Maßgebendes Kalenderjahr des Versorgungsbeginns zu 8. und/oder 9.				
31. Zu 8. bei unterjähriger Zahlung: Erster und letzter Monat, für den Versorgungsbezüge gezahlt wurden				
32. Sterbegeld;; Kapitalauszahlungen/Abfindungen und Nachzahlung von Versorgungsbezügen - in 3. und 8. enthalten				
33. Ausgezahltes Kindergeld				
34. Freibetrag DBA Türkei				
Finanzamt, an das die Lohnsteuer abgeführt wurde (Name und vierstellige Nr.)				

Datum:
eTIN:
Identifikationsnummer:
Personalnummer:
Geburtsdatum:

Dem Lohnsteuerabzug wurden im letzten Lohnzahlungszeitraum zugrunde gelegt:

Steuerklasse/Faktor
5

Zahl der Kinderfreibeträge
0,0

Steuerfreier Jahresbetrag

Jahreshinzurechnungsbetrag

Kirchensteuermerkmale
rk / --

Anschrift und Steuernummer des Arbeitgebers:

Raum für weitere Angaben:

Bezeichnung	EUR	Ct

Seite 1

Abb. 1: Muster eTin Arbeitnehmer.

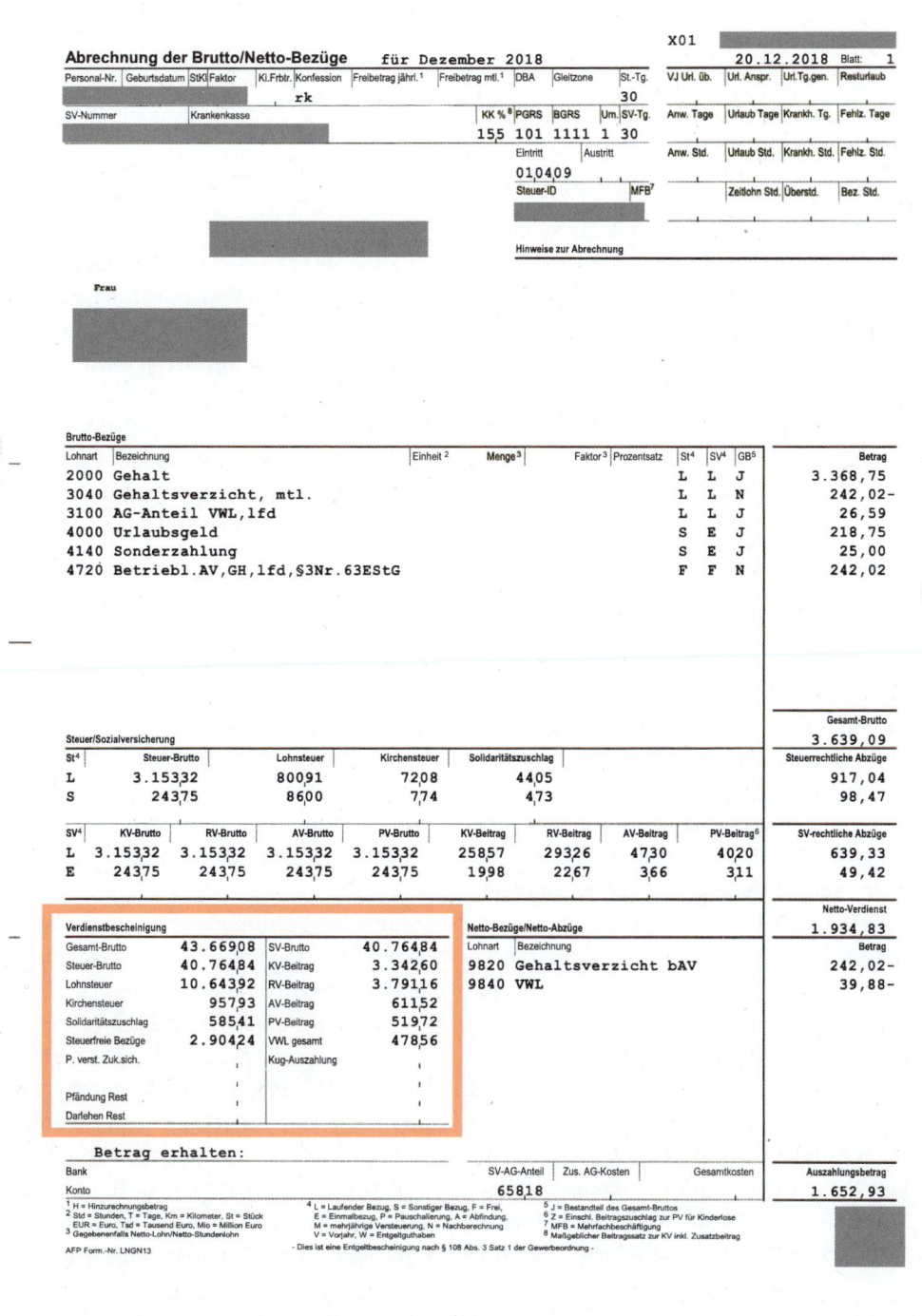

Abb. 2: Muster Lohnsteuerabrechnung Dezember.

Sie füllen für jeden Ehegatten ein separates Formblatt aus.

In Zeile 2 Zeiträume ohne Anspruch auf Arbeitslohn: Anzahl „U" wird eingetragen, wenn Sie für einen oder mehrere Zeiträume vom Arbeitgeber keinen Lohn bekommen haben. Das kann zum Beispiel unbezahlter Urlaub oder Krankengeldbezug sein. Dort steht beispielsweise eine „2". Sie wissen, Sie hatten einen Tag unbezahlte Freizeit im August. Das können Sie anhand Ihrer Lohnabrechnung leicht dokumentieren. Diese Angabe tragen Sie bei der Steuererklärung in Papierform auf Anlage N, **Zeile 29** ein. Im März haben Sie sich den Arm gebrochen und waren für acht Wochen krankgeschrieben. Nach sechs Wochen endete die Lohnfortzahlung des Arbeitgebers und Sie sind für 14 Tage in den Krankengeldbezug gerutscht. Krankengeld ist eine **Lohnersatzleistung**, genau wie etwa Arbeitslosengeld, Konkursausfallgeld, Übergangsgeld, Kinderpflegegeld, Verletztengeld usw. All diese Gelder bekommen Sie **nicht** von Ihrem Arbeitgeber. Diese Leistungen werden anstelle von Lohn sozusagen als Ersatz für den Lohn, also Lohnersatzleistungen, an Sie gezahlt. Sie gehören somit auch nicht zu den Einkünften aus nichtselbständiger Tätigkeit und sind auch **nicht** auf Anlage N einzutragen. Ihr Krankengeld weisen Sie anhand der Krankengeldbescheinigung Ihrer gesetzlichen Krankenversicherung

(„Krankenkasse") nach. Die Bescheinigung erhalten Sie spätestens Anfang des Folgejahres von Ihrer Krankenkasse. Die Eintragung erfolgt als Lohnersatzleistung im Mantelbogen, Seite 4, **Zeile 96,** dort jeweils getrennt für Ehegatten.

Zeile 3 weist Ihren steuerpflichtigen Bruttoarbeitslohn einschließlich eventueller Sachbezüge des jeweiligen Jahres aus. Ihr Arbeitgeber hat bereits zusammengefasst:

→ Lohn- und Gehalt oder Bezüge
→ Überstundenvergütungen
→ Urlaubsgeld
→ Sonderzahlungen
→ Weihnachtsgelder
→ steuerpflichtiger Teil des Dienstwagens
→ Familien- und Ortszuschläge
→ Betriebsrente oder Deputate

Steuerfreie Zahlungen wie beispielsweise Nachtzuschläge, Sonn- und Feiertagszuschläge sind hier nicht addiert.

In den Zeilen 4 bis 7 und 11 bis 14 werden die von Ihrem Arbeitgeber einbehaltenen Steuern (Lohnsteuer, Solidaritätszuschlag, Kirchensteuer) eingetragen. Diese Steuern sind vom Arbeitgeber bereits für Sie unter Ihrer Steuer-ID an das Finanzamt abgeführt worden. Für diese Einkunftsart sind also bereits Steuern von Ihnen bezahlt worden.

GUT ZU WISSEN

Sie sind gefragt!

Achtung: Ob die Zahlung der Steuern allerdings ausreichend ist oder aber zu gering, womöglich gar zu viel gezahlt wurde, können nur Sie selbst – nicht Ihr Arbeitgeber – berechnen, und zwar erst dann, wenn Sie Ihr ZVE ermittelt haben.

Ihre Betriebsrente oder Pension heißt steuerlich Versorgungsbezug und ist in Zeile 8 eingetragen.

Mitunter kommt es vor, dass zum Beispiel Korrekturen bei der Berechnung von Versorgungsbezügen für mehrere meist zurückliegende Jahre gemacht werden. Diese werden in Zeile 9 eingetragen und ermäßigt besteuert (→ Seite 186).

Aus einem aktiven Arbeitsverhältnis kommt es mitunter auch zu nachträglichen Korrekturen, Provisionszahlungen, Entschädigungen und Abfindungen, die ebenfalls ermäßigt besteuert werden. Dann werden die Eintragungen in Zeile 10 getätigt.

Die Eintragungen in Zeile 15 hat so mancher Vorruheständler schmerzhaft zu spüren bekommen, wenn er in Altersteilzeit gegangen ist: die Aufstockungsbeträge. Diese werden genau wie Kurzarbeitergeld und Zuschuss zum Mutterschaftsgeld steuerfrei, also brutto für netto ausbezahlt, unterliegen aber der Progression (→ Seite 15). Meist ist eine Steuernachzahlung zu erwarten.

In Zeile 16 wird steuerfreier Arbeitslohn nach Doppelbesteuerungsabkommen (DBA, → Seite 18) beziehungsweise Auslandstätigkeitserlass eingetragen. Ausländische Arbeitnehmereinkünfte werden im Formular Anlage N-AUS eingetragen.

Die Zeilen 17,18, 20, 21 betreffen nur aktive Dienstverhältnisse. Der Arbeitgeber macht hier Angaben zu steuerfreien Leistungen, die er Ihnen bereits steuerfrei beziehungsweise pauschal versteuert ausgezahlt hat. Es soll so verhindert werden, dass Sie diese Aufwendungen im Rahmen Ihrer Einkommensteuererklärung nochmals als Werbungskosten (→ Seite 158) geltend machen. Das sind Aufwandsentschädigungen für doppelte Haushaltsführung, Fahrten zur Arbeit und Spesen.

Die Eintragungen in Zeile 19 sind bereits in Zeile 3 enthalten – also **nicht** zusätzlich. Mitunter ist für den Arbeitgeber unklar, ob beispielsweise eine Entschädigungszahlung der ermäßigten Besteuerung unterliegt oder nicht. Der Arbeitgeber unterwirft dann die Zahlung an den Arbeitnehmer lieber der vollen Besteuerung, um seinem Haftungsrisiko zu entgehen. In der privaten Einkommensteuererklärung kann und sollten Sie dann unter Vorlage der entsprechenden Unterlagen/Verträge den Sachverhalt dem Finanzamt erläutern und erneut würdigen lassen (→ Seite 186).

In den Zeilen 22 bis 28 werden Ihre Beiträge zur Sozialversicherung eingetragen. Die hier ausgewiesenen Beträge hat der Arbeitgeber bereits für Sie an die gesetzlichen Sozialversicherungen abgeführt und gemeldet. Wenn Sie privat krankenversichert sind, wurden vom Arbeitgeber entsprechende Erstattungen an Sie ausgezahlt und dort eingetragen.

Gerade bei Berufsanfängern mit verhältnismäßig niedrigem Einkommen, wie etwa Referendaren, ist der Durchschnittsbetrag immer viel zu hoch. Also sollten Sie die Bescheinigungen der privaten Krankenkasse auch unbedingt beim Arbeitgeber abgeben. Die Bescheinigungen können Sie leicht erkennen. Sie bekommen im Herbst eine Mitteilung der Krankenkasse über die künftigen Beiträge für Sie selbst; eine zweite Bescheinigung ist speziell zur Vorlage beim Arbeitgeber beziehungsweise Dienstherrn gedacht und auch so gekennzeichnet. Kontrollieren Sie selbst unbedingt, ob auf Ihrer Lohnabrechnung die korrekten Werte berücksichtigt wurden.

Bei der Steuererklärung in Papierform werden die Angaben hierzu auf der **Anlage Vorsorgeaufwand** gemacht. Diese Aufwendungen sind Sonderausgaben im Sinne des Steuerrechts (→ Seite 161). In der Regel sind die Beträge für Arbeitnehmer und Arbeitgeber Beiträge zur gesetzlichen Rentenversicherung gleich hoch. Lediglich bei den sogenannten Midi-Jobs (Löhne innerhalb der

Gleitzone 450,01 € bis 850 €) werden Arbeitnehmer ein wenig entlastet. Steuerlich ergeben sich so gut wie keine Auswirkungen, abgesehen von den geringfügig geringeren anzusetzenden Sonderausgaben.

! GUT ZU WISSEN

Spezielle Regeln für Beamte

Wenn Sie als Beamter Ihrem Dienstherrn keine Bescheinigung Ihrer privaten Krankenkasse über die Höhe Ihrer zu zahlenden Beiträge vorlegen, wird die zuständige Abrechnungsstelle einfach einen fiktiven Beitrag schätzen, zum Beispiel den Durchschnittsbeitrag. Ist dieser Betrag zu hoch angesetzt, führt das für Sie möglicherweise zu einer unerwarteten Steuernachzahlung; auf jeden Fall aber zur Pflichtveranlagung (→ Seite 201).

Die Zeilen 29 bis 31 betreffen ausschließlich die Empfänger von Versorgungsbezügen, also die Betriebsrentner und Pensionsempfänger. Diese Angaben werden für die Berechnung der Freibeträge benötigt und sind von wichtiger Bedeutung.

→ **TIPP** **Ausführliche Informationen**
Sie sind Rentner oder Pensionär? Oder wollen Sie es bald werden? Dann schauen Sie in den Ratgeber „Steuererklärung für Rentner und Pensionäre 2018/2019". Mehr dazu unter www.ratgeber-verbraucherzentrale.de.

Verdienen Sie mit Geld Geld?

In diesem Kapitel lernen Sie die Kapitalertragssteuer als Sonderform der Einkommenssteuer näher kennen. Sie erhalten Tipps wie Sie den Abzug der Abgeltungssteuer vermeiden können und erfahren Wissenswertes über Kapitalerträge wie Zinsen.

Einkünfte aus Kapitalvermögen sind in §20 des EStG geregelt. Dazu gehören grundsätzlich nicht nur Ihre Zinseinnahmen aus Sparguthaben im In- und Ausland, sondern unter anderem auch Dividenden, Einnahmen als typischer stiller Gesellschafter, Erträge aus Lebensversicherungen, Guthabenzinsen aus Gemeinschaftseigentum, Zinsen auf Rentennachzahlungen, Zinserträge aus privaten Darlehen, ja sogar die Erstattungszinsen des Finanzamtes. Allerdings nur dann, wenn sie nicht einer anderen Einkunftsart zuzurechnen sind. Das könnte beispielsweise der Fall sein, wenn Sie eine Eigentumswohnung vermieten. Die eventuell in der Jahresabrechnung des Verwalters aufgeführten Zinserträge, zum Beispiel aus den Guthabenkonten/Rücklagen, gehören in diesem Fall zu den Vermietungseinkünften (→ Seite 64). Auch Guthabenzinsen auf Anspar-Bausparverträgen zur Finanzierung einer (teil-)vermieteten Immobilie sind gegebenenfalls anteilig der Vermietung zuzuordnen.

Wie bei den anderen Einkunftsarten auch, will der Fiskus seinen Anteil an Ihren Erträgen. In der Zeit der „Niedrigzinsen" sind Ihre aktuellen Einkünfte aus Kapitalvermögen gewiss geringer als noch vor einigen Jahren – und dennoch.

Seit 2009 gibt es die „Abgeltungssteuer". Pauschal erheben Banken und Versicherungsgesellschaften 25 % Kapitalertragsteuer zuzüglich Solidaritätszuschlag und eventuell Kirchensteuer. Damit ist Ihre Steuerpflicht „abgegolten". Sie erinnern sich bestimmt noch an diverse, komplizierte Schreiben Ihrer Hausbank, Rückfragen wegen Ihrer Konfession, Ihrer Steuer-ID und vielem mehr.

Banken und Versicherungen sind mehr oder weniger freiwillig zu „Steuereintreibern" des Finanzamtes geworden. Mitunter bemerken Sie gar nicht, dass beispielsweise Ihre Hausbank Ihrem Konto lediglich die Netto-Dividende (also nach Abzug der Steuern) gutschreibt. Das ist immerhin fast ein Drittel weniger! Dabei haben Sie auch bei den Kapitalerträgen einen Steuerfreibetrag; und zwar je Kalenderjahr immerhin 801 € pro Person – also 1.602 € bei Verheirateten.

Leider oder zum Glück weiß Ihre Hausbank aber nicht, bei welchen anderen Banken, Versicherungen oder Bausparkassen Sie auch noch Zinsen o. ä. ausgezahlt bekommen. Es ist also einzig und allein **Ihre** Aufgabe, jeder einzelnen Bank mitzuteilen, in welcher Höhe Ihr persönlicher Steuerfreibetrag berücksichtigt werden soll. Dazu müssen **Sie** Ihrer Bank einen sogenannten **Freistellungsauftrag** erteilen. Die Bank wird dann genau den von Ihnen angegebenen Betrag vom Abzug der Steuer freistellen. Hierfür hat Ihre Bank Formulare, die bei Verheirateten von **beiden** Ehegatten unterschrieben werden müssen – auch dann, wenn nur einer von Ihnen Kontoinhaber ist. Sie können dort den Höchstbetrag oder auch nur Teilbeträge der 801 € beziehungsweise 1.602 € eintragen. Diesen Freistellungsauftrag können Sie Ihrer Bank einmalig oder dauerhaft erteilen und auch nach Bedarf ändern. Beachten Sie unbedingt: Sie können zwar beim

Bankberater Ihrer Hausbank u. a. auch Bausparverträge und Rentensparverträge problemlos abschließen. Wenn Sie allerdings Ihre Kapitalerträge „freistellen" wollen, müssen Sie für jedes Institut einen separaten Freistellungsauftrag erteilen. Meist erledigt der Bankmitarbeiter mit Ihnen zusammen die Freistellung für Ihre Bankkonten. Manchmal fordert er auch für Sie bei den anderen Anbietern (etwa Bausparkasse, Versicherung) ein entsprechendes Formular an. Dieses wird Ihnen in der Regel nach einiger Zeit nach Hause geschickt. Doch in der Hektik des Alltags und der vielen Post kann das schnell „untergehen". Denken Sie daran, diese Anweisungen jährlich regelmäßig zu überprüfen. Notieren Sie sich unbedingt welchem Geldinstitut Sie Freistellungsaufträge erteilt haben und vor allem auch die Höhe. Es fällt Ihnen sonst sehr schwer, den Überblick zu behalten.

Freistellungsauftrag für Kapitalerträge

Bankanschrift

Name, abweichender Geburtsname,   Geburtsdatum   Identifikations-Nr. (11-stellig)
Vorname des Gläubigers der Kapitalerträge

Strasse, Hausnummer, PLZ, Wohnort,   Kontonummer

[x] ledig   [ ] verheiratet   [ ] geschieden   [ ] dauernd getrennt lebend   [ ] verwitwet

[ ] gemeinsamer Freistellungsauftrag (Angaben zum Ehegatten und dessen Unterschrift sind nur bei einem gemeinsamen Freistellungsauftrag erforderlich)

ggf. Name, abweichender Geburtsname, Vorname des Ehegatten   Geburtsdatum des Ehegatten   Identifikations-Nr. (11-stellig)

Hiermit erteile ich/erteilen wir* Ihnen den Auftrag, meine/unsere* bei Ihrem Institut anfallenden Kapitalerträge vom Steuerabzug freizustellen und/oder bei Dividenden und ähnlichen Kapitalerträgen die Erstattung von Kapitalertragsteuer zu beantragen, und zwar

[x] bis zu einem Betrag von _____ € (bei Verteilung des Sparer-Pauschbetrages auf mehrere Kreditinstitute)
[ ] bis zur Höhe des für mich/uns* geltenden Sparer-Pauschbetrages von insgesamt 801€/1.602 €*.
[ ] über 0€ (nur für die Beantragung der ehegattenübergreifenden Verlustverrechnung – keine Löschung)

Dieser Auftrag gilt ab dem 01.01._____ bzw. ab Beginn der Geschäftsverbindung

[ ] so lange, bis Sie einen anderen Auftrag von mir/uns* erhalten.
[ ] bis zum 31.12._____ .

Die in dem Auftrag enthaltenen Daten werden dem BZSt übermittelt. Sie dürfen zur Durchführung eines Verwaltungsverfahrens oder eines gerichtlichen Verfahrens in Steuersachen oder eines Strafverfahrens wegen einer Steuerstraftat oder eines Bußgeldverfahrens wegen einer Steuerordnungswidrigkeit verwendet sowie vom BZSt den Sozialleistungsträgern übermittelt werden, soweit dies zur Überprüfung des bei der Sozialleistung zu berücksichtigenden Einkommens oder Vermögens erforderlich ist (§ 45d EStGl.

Ich versichere/Wir versichern*, dass mein/unser* Freistellungsauftrag zusammen mit Freistellungsaufträgen an andere Kreditinstitute, Bausparkassen, das BZSt usw. den für mich/uns* geltenden Höchstbetrag von insgesamt 801 €/1.602 €* nicht übersteigt. Ich versichere/Wir versichern* außerdem, dass ich/wir* mit allen für das Kalenderjahr erteilten Freistellungsaufträgen für keine höheren Kapitalerträge als insgesamt 801 €/1.602 €* im Kalenderjahr die Freistellung oder Erstattung von Kapitalertragsteuer in Anspruch nehme(n)*.

Die mit dem Freistellungsauftrag angeforderten Daten werden auf Grund von § 44a Abs. 2 und 2a, § 45b Abs.1 und § 45d Abs.1 EStG erhoben. Die Angabe der steuerlichen Identifikationsnummer ist für eine Übermittlung der Freistellungsdaten an das BZSt erforderlich. Die Rechtsgrundlagen für die Erhebung der Identifikationsnummer ergeben sich aus § 139a Absatz 1 Satz 1 2. Halbsatz AO, § 139b Ab- satz 2 AO und § 45d EStG. Die Identifikationsnummer darf nur für Zwecke des Besteuerungsverfahrens verwendet werden.

Unterschrift   ggf. Unterschrift Ehegatte/gesetzliche(r) Vertreter

* Nichtzutreffendes bitte streichen

Der Höchstbetrag von 1.602 € gilt nur bei Ehegatten, die einen gemeinsamen Freistellungsauftrag erteilen und bei denen die Voraussetzungen einer Zusammenveranlagung i. S. des § 26 Absatz 1 Satz 1 EStG vorliegen. Der gemeinsame Freistellungsauftrag ist z. B. nach Auflösung der Ehe oder bei dauerndem Getrenntleben zu ändern. Erteilen Ehegatten einen gemeinsamen Freistellungsauftrag, führt dies am Jahresende zu einer Verrechnung der Verluste des einen Ehegatten mit den Gewinnen und Erträgen des anderen Ehegatten. Der gemeinsame Freistellungsauftrag kann nur für sämtliche Depots oder Konten bei einem Kreditinstitut oder einem anderen Auftragnehmer gestellt werden. Ein Widerruf des Freistellungsauftrags ist nur zum Kalenderjahresende möglich.

Abb. 3: Freistellungsauftrag. Hier nur ein Muster. Originale hat ausschließlich Ihre Hausbank.

Gerade in der derzeitigen Niedrigzinsphase wechseln Sie als Anleger vielleicht häufiger als bisher das Anlageinstitut. Oft bekommen Sie als Neukunde ja für eine begrenzte Zeit deutlich bessere Konditionen. Freistellungsaufträge können Sie selbstverständlich auch „Online"-Banken erteilen. Im Internet gibt es die Möglichkeit, entsprechende Formulare abzurufen.

BEISPIEL: Hella Köpfchen ist ledig und wohnt in ihrer netten kleinen Eigentumswohnung. Sie freut sich schon auf März 2018, denn dann erfolgt die Auszahlung ihres mehrjährigen Sparvertrages bei ihrer Hausbank. Sie rechnet mit Zinsen und Bonuszahlungen in Höhe von rund 300 €. Außerdem hat sie noch einen Bausparvertrag, auf den sie fleißig einzahlt. Etwa 100 € Zinsen werden ihr wohl 2018 darauf gutgeschrieben. Bei ihrer Geburt hatte der stolze Opa einst ein Sparbuch bei der Post für sie angelegt und immer wieder darauf eingezahlt. Inzwischen ist ein beachtliches Vermögen herangewachsen. In 2018 kann sie mit 400 € Zinsen rechnen. Im Herbst 2017 erteilt sie Freistellungsaufträge für 2018 in Höhe von insgesamt 801 €:

Hausbank	301 €
Bausparkasse	100 €
Postbank	400 €

Anfang 2019 freut sie sich erneut. Von ihrer Hausbank, der Bausparkasse und der Postbank wurden ihr die Jahreszinsbescheinigungen für 2018 zugeschickt – alle Zinszahlungen (insgesamt 776,64 €) blieben steuerfrei.

Zinserträge Hausbank	299,99 €
Zinserträge Bausparkasse	98,88 €
Zinserträge Postbank	377,77 €

Anfang Juni 2019 schickt der Hausverwalter Hella die Nebenkostenabrechnung 2018 für ihre selbst bewohnte Eigentumswohnung. Erfreut stellt Hella fest, dass sie eine kleine Erstattung bekommt und legt die Abrechnung zur Seite. Im Juli beschäftigt sich Hella dann mit ihrer Einkommensteuererklärung 2018 und stellt fest, dass der Hausverwalter ihr Zinseinnahmen in Höhe von 23,66 €, Kapitalertragsteuer 5,92 € und Solidaritätszuschlag 0,33 € bescheinigt hat. Sie fragt nach und erfährt, dass die Eigentümergemeinschaft im Laufe der Jahre eine stolze Rücklage für eventuell anfallende Großreparaturen angespart hat. Dieses Geld hat der Hausverwalter zinsbringend angelegt. Anhand der Miteigentumsanteile hat der Verwalter Hellas Anteil errechnet und bescheinigt. Kirchensteuer wurde nicht abgeführt. Der Verwalter erläutert Hella, er habe der Bank keine

entsprechende Erklärung abgeben können, weil er als Verwalter ja gar nicht wisse, welcher Eigentümer kirchensteuerpflichtig sei. Auch ein Freistellungsauftrag sei nicht möglich. Hella muss also auch künftig selbst die Besteuerung dieser Zinsen überwachen.

Anhand der Bescheinigungen der drei Banken und der des Hausverwalters erklärt Hella Köpfchen auf der Anlage KAP ihre gesamten Zinseinnahmen von sage und schreibe 800,30 € (776,64 €+ 23,66 €). Weil ja bis zu 801 € Kapitalerträge steuerfrei sind, bekommt Hella vom Finanzamt eine Rückerstattung der gezahlten Kapitalertragsteuer nebst Solidaritätszuschlag in Höhe von immerhin 6,25 €. Hella freut sich wieder.

→ **TIPP** **Prüfen lohnt sich**

Überprüfen Sie als Eigentümer einer Wohnung also Ihre jährliche Nebenkostenabrechnung genau. Vor allem bei größeren und älteren Wohnanlagen sind dort oft „versteckte" und bereits versteuerte Zinserträge zu finden. Achtung: Das betrifft nur die von Ihnen selbst bewohnte Immobilie; nicht etwa vermietete Eigentumswohnungen.

Sie haben vergessen, bei einer oder mehreren Banken einen Freistellungsauftrag zu erteilen? Die Zinserträge waren höher als erwartetet und der freigestellte Betrag zu niedrig? Der Anbieter hat – warum auch immer – Ihren Freistellungsauftrag nicht berücksichtigt? Alles kein Problem! Füllen Sie bei der Einkommensteuererklärung die **Anlage KAP** aus und beantragen Sie darin auch gleich die „Günstigerprüfung".

Die Abgeltungssteuer beträgt grundsätzlich 25 % zuzüglich Solidaritätszuschlag und gegebenenfalls Kirchensteuer. Dieser Steuersatz ist aber keineswegs so in Stein gemeißelt, wie oft vermutet wird. Auch und gerade wenn Sie höhere Zinserträge haben und die Banken Kapitalertragsteuer für Sie abgeführt haben, lohnt die Überprüfung bei Ihrer jährlichen Einkommensteuererklärung. Es kann für Sie niemals eine höhere Steuer entstehen, wohl aber eine niedrigere bis hin zur kompletten Erstattung. Mit der Günstigerprüfung (bei Angabe **aller** Kapitalerträge) berechnet das Finanzamt Ihren persönlichen Steuersatz aufgrund Ihres ZVE (→ Seite 20/21). Sollte dieser niedriger als 25 % sein, wäre eine „Tarifbesteuerung" für Sie günstiger. Die Folge ist dann eine entsprechende Steuerrückerstattung für Sie. Sollte die tarifliche Steuer höher als 25 % sein passiert gar nichts, denn für Kapitalerträge ist die Steuer mit dem Abgeltungssteuersatz von 25 % „gedeckelt".

Aber beachten Sie: „Ganz oder gar nicht" lautet die Devise. Sie tragen „1" in **Zeile 4** des KAP-Formulars ein und beantragen Sie somit auch gleich die „Günstigerprüfung". Wenn Sie als Verheiratete eine gemeinsame Steuerklärung abgeben, müssen Sie beide eine Anlage KAP ausfüllen. **ALLE** Kapitalerträge sind tatsächliche alle – ohne Ausnahme! „Vergessen" kann Ihnen als Steuerhinterziehung ausgelegt werden und zwar mit sehr unangenehmen Konsequenzen. Bedenken Sie, dass Sie mitunter von den Banken nur auf Anforderung (oft sogar nur gegen Gebühr) eine Jahres-Zins-Bescheinigung bekommen. Hilfreich ist, dass die meisten Steuerbescheinigungen bereits vorgeben in welcher Zeile der Anlage KAP die jeweiligen Beträge einzutragen sind.

Zu den Kapitalerträgen zählen auch die im Ausland (etwa in Luxemburg oder der Schweiz) erwirtschafteten Zinsen und zwar unabhängig davon, ob eventuell bereits ausländische Steuer wie beispielsweise „Quellensteuer" abgezogen wurde.

Wenn Sie ein Privat-Darlehen ausgegeben haben und hierfür Zinsen erhalten, wurde noch keine Kapitalertragssteuer abgeführt – von wem auch? Gleichwohl müssen Sie dem Finanzamt entsprechende Angaben machen.

Banken, Versicherungen und Bausparkassen führten bis 2015 nur dann Kirchensteuer (zusätzlich zur Kapitalertragsteuer und Solidaritätszuschlag) auf Ihre Kapitalerträge ab, wenn Sie von Ihnen dazu beauftragt wurden. Meist haben Ihnen die Institute entsprechende Formulare vorgelegt. Wenn Sie keine Angaben gemacht haben, wurde auch keine Kirchensteuer einbehalten. In diesem Fall mussten Sie selbst über Ihre Einkommenssteuererklärung die Kapitalerträge der Kirchensteuer unterwerfen. Ein entsprechendes Kreuzchen auf Anlage KAP war nötig. Seit 2015 rufen die Banken (ähnlich wie die Arbeitgeber) über ein Web-Portal die Informationen über Ihre Konfessionszugehörigkeit und den zu erhebenden Kirchensteuersatz ab. Diesbezüglich wurden Sie seiner Zeit von den Banken informiert. In meist schwierig zu lesenden Schreiben, wurden Sie auch auf Ihr Widerspruchsrecht hingewiesen. Sollten Sie tatsächlich Ihrer Bank mithilfe eines Sperrvermerks beim Bundeszentralamt für Steuern untersagt haben, die notwendigen Auskünfte einzuholen, kann diese keine Kirchensteuer für Sie abführen. In diesem Fall sind Sie nach wie vor selbst hierfür verantwortlich. „Schummeleien" sind nicht mehr möglich, denn es erfolgen entsprechende

„Kontrollabgleichungen". Sie kreuzen dann in **Zeile 6** auf Anlage KAP entsprechend an.

In regelmäßigen Abständen wird von den Finanzämtern überprüft, ob Sie in der Summe nicht etwa zu hohe Freistellungsaufträge an Banken erteilt haben – also höher als 801 € (beziehungsweise 1.602 € bei Verheirateten). Das kann Ihnen tatsächlich schnell passieren, vor allem wenn Sie ein Konto bei einer Bank bestehen lassen, gleichwohl aber nicht mehr nutzen. Dann existiert dort eventuell noch ein nicht mehr benötigter Freistellungsauftrag. Sie haben inzwischen eine andere, weitere Bank und auch dieser einen Freistellungsauftrag erteilt. Das Finanzamt kann die Summe der erteilten Freistellungsaufträge ersehen, nicht aber unbedingt Ihre tatsächlichen Zinserträge. Es kommt durchaus vor, dass Sie nach mehreren Jahren aus genau diesem Grund plötzlich vom Finanzamt aufgefordert werden, rückwirkend für alle Jahre,

die Kapitalerträge offenzulegen. Oft haben Sie dann gar keine Unterlagen mehr und die Beschaffung bei den Banken ist nicht nur lästig, sondern auch kostspielig.

→ **TIPP** Aufheben – das A und O
Da hilft nur – Freistellungsaufträge peinlich genau aufzeichnen (→ Musterliste unten) und bei Bedarf ändern/löschen. Belege stets sammeln, lochen, abheften, aufbewahren (mindestens zehn Jahre)!

In der Regel ist bei den Zinserträgen kein Abzug von „Werbungskosten" (→ Seite 158) mehr möglich — anders, als Sie es vielleicht aus der Vergangenheit noch in Erinnerung haben. Mit der Einführung der Abgeltungssteuer wurden seiner Zeit der „Sparerfreibetrag" 750 € und der „Werbungskostenpauschbetrag" 51 € zum Steuerfreibetrag in Höhe von

Musterübersicht über Ihre erteilten Freistellungsaufträge

☒ ledig (Steuerfreibetrag 801 €)   ☐ verheiratet (Steuerfreibetrag 1.602 €)

BANK/SPARKASSE	ERTEILT AM	GÜLTIG BIS	HÖHE IN €
SUMME DER ERTEILTEN FREISTELLUNGSAUFTRÄGE			0,00 €
NOCH NICHT AUSGESCHÖPFTER FREISTELLUNGSBETRAG			801,00 €

801 € (beziehungsweise 1.602 € gemeinsamer Freibetrag für Verheiratete) zusammengefasst. Zu dieser Regel gibt es nur ein paar ganz wenige Ausnahmen.

Wenn Sie nicht zur Abgabe einer Einkommensteuererklärung verpflichtet sind, lediglich aber den Einbehalt der Kapitalertragssteuer von den Banken verhindern möchten, gibt es noch eine andere Lösung für Sie: Die **Nichtveranlagungsbescheinigung** (NV-Bescheinigung, → Seite 63).

Die Beantragung einer solchen Bescheinigung kommt für Sie immer dann infrage, wenn Sie insgesamt mit Ihrem ZVE so niedrig liegen, dass keine Steuerpflicht entsteht, Sie aber gleichwohl Kapitalerträge von mehr als 801 € (beziehungsweise 1.602 € bei Verheirateten) haben. Auf Seite 1 des Antrags auf Ausstellung einer NV-Bescheinigung machen Sie allgemeine Angaben. Ihre voraussichtlichen Einnahmen und die wichtigsten Ausgaben für das kommende Jahr tragen Sie auf Seite 2 des Formblatts ein. Sie benötigen für jede Bank/Versicherung/Bausparkasse eine eigene Original-Bescheinigung des Finanzamtes. Die benötigte Anzahl tragen Sie deshalb auf **Seite 1, Zeile 22** ein. Besser beantragen Sie eine mehr als eine zu wenig, denn es könnte ja sein, dass Sie demnächst bei einer weiteren Bank Geld anlegen wollen. So haben Sie dann bereits eine NV-Bescheinigung in Reserve. Auf der ersten Seite, Zeile 1 können Sie den Beginn der Gültigkeit Ihrer NV-Bescheinigung eintragen. Sprechen Sie vorher am besten mit Ihrem Bankberater darüber. Sie stellen beispielsweise erst im Oktober den Antrag auf eine NV-Bescheinigung beim Finanzamt. Nach einer Bearbeitungszeit von vier Wochen bekommen Sie die Bescheinigungen Ende November vom Finanzamt zugeschickt.

→ **TIPP** NV-Bescheinigung –
Formular im Netz
Die Formulare können Sie beim Bundesministerium für Finanzen im Internet ausfüllen, als PDF herunterladen und ausdrucken (www.formulare-bfinv.de; Nichtveranlagungsbescheinigung für natürliche Personen; NV 1 A; 034043_08). Alternativ bekommen Sie das Formular auch beim Finanzamt – manchmal sogar bei Ihrer Bank. Das Formular ist von Ihnen (und Ihrem Ehepartner) eigenhändig zu unterschreiben. Erst dann schicken Sie es zu Ihrem Finanzamt. Als Ehepaar benötigen Sie nur einen gemeinsamen Antrag.

Sie müssen diese dann **im Original** an all Ihre Banken weiterleiten. Bis diese dann bei den Banken im Dezember bearbeitet wurden, ist eine Berücksichtigung für das laufende Jahr möglicherweise zu spät. Also tragen Sie in diesem Fall in **Zeile 1** sofort das Folgejahr ein. Das bedeutet für Sie leider, nochmals eine Einkommensteuererklärung für das laufende Jahr zu machen. Dann gilt die NV-Bescheinigung auch ein Jahr länger, denn die Finanzämter stellen die Bescheinigungen meist für drei Jahre aus. Rechtzeitig bevor Ihre NV-Bescheinigung ausläuft, beantragen Sie einfach eine neue. Tragen Sie sich diesen wichtigen Termin am besten in Ihrem Jahreskalender, als Erinnerung im PC oder Handy ein! In **Zeile 21** auf Seite 1 des Formulars machen Sie dann die Angaben zu der alten, ablaufenden NV-Bescheinigung.

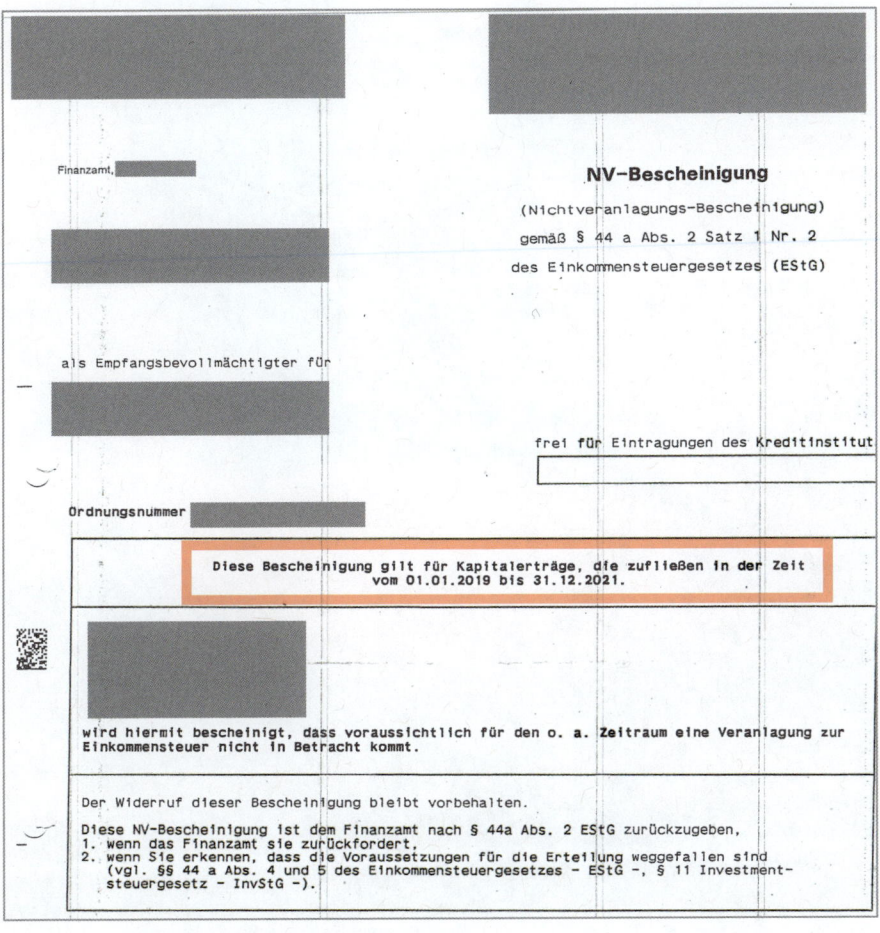

Abb. 4: Muster Nichtveranlagungsbescheinigung.

Sie sind ernsthafter privater Vermieter?

In diesem Kapitel informieren wir Sie, wie Sie durch geschickte Planung Ihrer Ausgaben ordentlich Steuern sparen können. Lesen Sie auch welche fatalen Folgen durch das ungenaue Ausfüllen des wichtigen Steuerformulars Anlage V später entstehen können. Verstehen Sie, was es mit der „Mehrwertsteuer" auf sich hat – und wann es Sie trifft.

Vermietung und Verpachtung ist die sechste und vorletzte Einkunftsart, geregelt in § 21 EStG:

> „Einkünfte aus Vermietung und Verpachtung sind:
> 1. Einkünfte aus Vermietung und Verpachtung von unbeweglichem Vermögen, insbesondere von Grundstücken, Gebäuden, Gebäudeteilen [...]. und Rechten [...] (z. B. Erbbaurecht [...])."

Wer die Vermietung und Verpachtung (im Fachjargon kurz V+V genannt) umfangreich erläutern möchte, könnte aufgrund der vielen Vorschriften ganze Buchbände mit Inhalt füllen. Daher lesen Sie an dieser Stelle die wichtigsten Tipps und Hinweise, die keineswegs den Anspruch auf Vollständigkeit erheben oder gar jedwede individuelle Situationen erklären können.

In den vorangegangen Kapiteln konnten Sie bereits einiges zu den Einkünften aus Land- und Fortwirtschaft (→ Seite 27) und aus Gewerbebetrieb (→ Seite 36) lesen, unter anderem auch, wie diese sich von der Vermietung und Verpachtung unterscheiden und abgrenzen lassen.

GUT ZU WISSEN

Bewegliche Wirtschaftsgüter

Übrigens gehört die gelegentliche Vermietung von beweglichen Wirtschaftsgütern, beispielsweise von Maschinen, zu den sonstigen Einkünften (→ Seiten 127 ff.).

Wenn der Steuerfachmensch von **privaten** V+V Grundstücken spricht, sind immer sowohl der Grund und Boden als auch das Gebäude gemeint, eben die gesamte Immobilie. Beim Grund und Boden (kurz GruBo) handelt es sich um ein **nicht abnutzbares** Wirtschaftsgut, denn der Wert des GruBo wird durch den Gebrauch ja nicht gemindert, sondern er passt sich stets je nach Lage dem Markt an. Das Gebäude hingegen ist ein **abnutzbares** Wirtschaftsgut, denn es verliert über die Jahre hinweg an Wert – es nutzt sich eben durch den Gebrauch ab. **Privat** bedeutet in diesem Zusammenhang: Die Immobilie gehört zum Privatvermögen einer oder mehrerer Personen – also **nicht** zu einem Betriebsvermögen.

Steuerrechtlich wird unterschieden in **bebaute** und **unbebaute** Grundstücke. Bei einem bebauten Grundstück gibt es also zum einen das Wirtschaftsgut GruBo und zum anderen das Wirtschaftsgut Gebäude. Damit aber nicht genug. Je nach Art der Nutzung

spricht das Steuerrecht von „gemischten" Grundstücken und unterscheidet sogar bis zu vier sogenannte Gebäudeteile als eigene Wirtschaftsgüter:

→ eigenbetrieblich genutzt
→ fremdbetrieblich genutzt
→ eigene Wohnzwecke
→ fremde Wohnzwecke

 HINTERGRUND

Betriebsbuchführung

Achtung: Grundstücke, die zu einem Betriebsvermögen gehören, werden auch in der Buchführung des entsprechenden Betriebes erfasst (→ Seite 23).

Der Teufel steckt im Detail

Vielleicht denken Sie jetzt: Na, so genau will ich das alles gar nicht wissen, das Ausfüllen des Steuerformulars reicht ... Tatsächlich besteht das Formular Anlage V aus nur zwei Seiten – allerdings zwei Seiten, die es in sich haben. Jede einzelne Zeile, ja sogar jedes Kästchen hat im Zweifel ganz erhebliche steuerliche Auswirkungen. Wenn Sie Ihre Erklärung mithilfe eines Steuererklärungsprogramms am PC erstellen, wird Ihnen die Arbeit ein wenig erleichtert, weil zu jeder Frage entsprechende Erläuterungen beziehungsweise Auswahlmöglichkeiten gegeben werden. **Übrigens füllen Sie je V+V-Objekt, also für jede einzelne Immobilie, ein eigenes Formular Anlage V aus.**

Beginnen wir oben links in den **Zeilen 1/2**, Name, Vorname. Je nachdem **wen** Sie jetzt eintragen, werden die Einkünfte Ihnen, Ihrem Ehepartner oder Ihnen beiden je zur Hälfte zugeordnet. Gehört ein Vermietungsobjekt nicht nur einer, sondern mehreren Personen, sprechen wir von einer „Grundstücksgemeinschaft". In diesem Fall ist eine besondere Steuererklärung, eine sogenannte **Feststellungserklärung**, beim Finanzamt einzureichen. Die einzige Ausnahme zu dieser Regel betrifft Ehepartner, die gemeinsam zur Steuer veranlagt werden, und denen gemeinsam eine (teil)vermietete Immobilie gehört. Allerdings auch nur dann, wenn jeder

Ehepartner je die Hälfte sein Eigen nennt. In diesem Fall tragen Sie beide Namen in **Zeile 2** ein, und teilen Sie das Ergebnis in **Zeile 24** auf.

Das Formular Anlage V ist auch für Körperschaftssteuererklärungen und die bereits genannten Feststellungserklärungen einzureichen. Entsprechend ist oben rechts das Kreuzchen zu setzen.

In **Zeile 3** tragen Sie die betreffende Steuernummer ein. Bei Eheleuten kann es durchaus sein. dass jeder eine eigene Steuernummer hat – ja tatsächlich Steuernummer (nicht zu verwechseln mit der Steuer-ID-Nummer!) – sowie eine weitere, gemeinsame. Handelt es sich um ein bebautes Grundstück, geht es gleich in **Zeile 4** weiter.

 GUT ZU WISSEN

Unbebaute Grundstücke

Die Einkünfte aus **unbebauten Grundstücken** und **Erbpacht** werden auf Formularseite 2, in **Zeile 32** eingetragen. **Einkünfte** – das bedeutet: Sie müssen also vorher eine kleine Nebenrechnung erstellen: zum Beispiel Einnahmen aus Erbpacht abzüglich Ausgaben, die damit in Zusammenhang stehen, etwa die Kosten eines Anwalts, der Sie bei der Erhöhung des Erbpachtzinses unterstützt hat. Das Ergebnis sind dann Ihre Einkünfte.

2018

Anlage V

X zur Einkommensteuererklärung

X zur Feststellungserklärung

1 Name / Gemeinschaft

2 Vorname

3 Steuernummer — lfd. Nr. der Anlage

Einkünfte aus Vermietung und Verpachtung
(Bei ausländischen Einkünften: Anlage AUS beachten)

Einkünfte aus dem bebauten Grundstück
25

Lage des Grundstücks / der Eigentumswohnung

4 Straße, Hausnummer — Angeschafft am T T M M J J J J

5 Postleitzahl / Ort — Fertig gestellt am T T M M J J J J

6 Einheitswert-Aktenzeichen (ohne Sonderzeichen) 00 — 53 Veräußert / Übertragen am T T M M J J J J

7 Das in Zeile 4 bezeichnete Objekt wird ganz oder teilweise als Ferienwohnung genutzt 61 (1 = Ja, 2 = Nein) — ganz oder teilweise an Angehörige zu Wohnzwecken vermietet 62 (1 = Ja, 2 = Nein)

8 Gesamtwohnfläche 54 m² — davon eigengenutzter oder unentgeltlich an Dritte überlassener Wohnraum 55 m² — davon als Ferienwohnung genutzter Wohnraum 56 m² — EUR

9 Mieteinnahmen für Wohnungen (ohne Umlagen): Erdgeschoss € — 1. Obergeschoss € — 2. Obergeschoss € — weitere Geschosse € — 01

10 Anzahl / Wohnfläche m² (pro Geschoss)

11 für andere Räume (ohne Umlagen / Umsatzsteuer): € € € € 02

12 Einnahmen für an Angehörige vermietete Wohnungen (ohne Umlagen) — Anzahl / Wohnfläche m² 03

13 Umlagen, verrechnet mit Erstattungen (z. B. Wassergeld, Flur- u. Kellerbeleuchtung, Müllabfuhr, Zentralheizung usw.) auf die Zeilen 9 und 11 entfallen 04

14 auf die Zeile 12 entfallen 05

15 Vereinnahmte Mieten für frühere Jahre / verrechnete Mietkautionen / auf das Kalenderjahr entfallende Mietvorauszahlungen aus Baukostenzuschüssen 06

16 Einnahmen aus Vermietung von Garagen, Werbeflächen, Grund und Boden für Kioske usw. 07

17 Vereinnahmte Umsatzsteuer 09

18 Vom Finanzamt erstattete und ggf. verrechnete Umsatzsteuer 10

19 Öffentliche Zuschüsse nach dem Wohnraumförderungsgesetz oder zu Erhaltungsaufwendungen, Aufwendungszuschüsse, Guthabenzinsen aus Bausparverträgen und sonstige Einnahmen — Gesamtbetrag €

20 davon entfallen auf eigengenutzte oder unentgeltlich an Dritte überlassene Wohnungen lt. Zeile 8 — € = 08

21 Summe der Einnahmen

22 Summe der Werbungskosten (Übertrag aus Zeile 50) —

23 Überschuss (zu übertragen nach Zeile 24) — stpfl. Person / Ehemann / Person A / Gesellschaft EUR — Ehefrau / Person B EUR =

24 Zurechnung des Betrags aus Zeile 23 20 — 21

Anteile an Einkünften aus
Die Eintragungen in den Zeilen 25 bis 32 sind nur in der ersten Anlage V vorzunehmen.
(Gemeinschaft, Finanzamt und Steuernummer) — stpfl. Person / Ehemann / Person A / Gesellschaft EUR — Ehefrau / Person B EUR

25 1. Grundstücksgemeinschaft 856 — 857

26 2. Grundstücksgemeinschaft 858 — 859

27 allen weiteren Grundstücksgemeinschaften 854 — 855

28 geschlossenen Immobilienfonds 874 — 875

29 Gesellschaften / Gemeinschaften / ähnlichen Modellen i. S. d. § 15b EStG

Abb. 5: Anlage V

Andere Einkünfte

	stpfl. Person / Ehemann / Person A / Gesellschaft EUR	Ehefrau / Person B EUR

31 Einkünfte aus **Untervermietung** von gemieteten Räumen — 866 ⬚ , 867 ⬚ ,

32 Einkünfte aus Vermietung und Verpachtung **unbebauter Grundstücke**, von anderem **unbeweglichen Vermögen**, von **Sachinbegriffen** sowie aus **Überlassung von Rechten** 852 ⬚ , — 853 ⬚ ,

Werbungskosten
aus dem bebauten Grundstück in den Zeilen 4 und 5

	Nur ausfüllen, wenn die Aufwendungen für das Gebäude nur teilweise Werbungskosten sind (siehe Anleitung zu den Zeilen 33 bis 51)			Abzugsfähige Werbungskosten
	Gesamtbetrag	Ausgaben, die **nicht** mit Vermietungseinkünften zusammenhängen, wurden		
		durch direkte Zuordnung ermittelt	verhältnis- mäßig ermittelt	
	EUR			EUR
	1	2	3	4
			%	

33 Absetzung für Abnutzung für Gebäude (ohne Beträge in Zeile 34)
X linear X degressiv ⬚ % X wie 2017 X lt.ges. Ertg. | | X | | 30 ⬚ ,

34 Erhöhte Absetzungen nach den §§ 7h, 7i EStG, Schutzbaugesetz
X wie 2017 X lt.ges. Ertg. | | X | | 31 ⬚ ,

35 Absetzung für Abnutzung für bewegliche Wirtschaftsgüter
X wie 2017 X lt.ges. Ertg. | | X | | 60 ⬚ ,

36 Schuldzinsen (ohne Tilgungsbeträge) | | X | | 33 ⬚ ,

37 Geldbeschaffungskosten (z. B. Schätz-, Notar-, Grundbuchgebühren) | | X | | 34 ⬚ ,

38 Renten, dauernde Lasten | | X | | 35 ⬚ ,

39 2018 voll abzuziehende Erhaltungsaufwendungen, die direkt zugeordnet werden können | | ✗ | | 36 ⬚ ,

40 verhältnismäßig zugeordnet werden | | | | 37 ⬚ ,

Auf bis zu 5 Jahre zu verteilende Erhaltungs- aufwendungen (§§ 11a, 11b EStG, § 82b EStDV)

41 Gesamtaufwand 2018 EUR 57 ⬚ , — davon 2018 ab- zuziehen | | X | | 38 ⬚ ,

42 zu berücksichtigender Anteil aus 2014 | | X | | 39 ⬚ ,

43 aus 2015 | | X | | 40 ⬚ ,

44 aus 2016 | | X | | 41 ⬚ ,

45 aus 2017 | | X | | 42 ⬚ ,

46 Grundsteuer, Straßenreinigung, Müllabfuhr, Wasserversorgung, Entwässerung, Hausbeleuchtung, Heizung, Warmwasser, Schornstein- reinigung, Hausversicherungen, Hauswart, Treppenreinigung, Fahrstuhl | | X | | 52 ⬚ ,

47 Verwaltungskosten | | X | | 48 ⬚ ,

48 Nur bei umsatzsteuerpflichtiger Vermietung: an das Finanzamt gezahlte und ggf. verrechnete Umsatzsteuer | | ✗ | | 58 ⬚ ,

49 Sonstiges | | X | | 49 ⬚ ,

50 **Summe der Werbungskosten** (zu übertragen nach Zeile 22) ⬚ ,

51 Nur bei umsatzsteuerpflichtiger Vermietung: in Zeile 50 enthaltene abziehbare Vorsteuerbeträge 59 ⬚ ,

Zusätzliche Angaben

	stpfl. Person / Ehemann / Person A	Ehefrau / Person B

52 2018 vereinnahmte oder bewilligte Zuschüsse aus öffentlichen Mitteln zu den Anschaffungs- / Herstellungskosten (lt. gesonderter Aufstellung) ⬚ € ⬚ €

Schaffe, schaffe, Häuslebauer

In den **Zeilen 4 bis 6** machen Sie links die Angaben zu der Adresse und dem Einheitswert.

 HINTERGRUND

Einheitswert-Aktenzeichen

Das Einheitswert-Aktenzeichen ist eine Steuernummer des Grundstücks. Sie wird Ihnen mit dem Einheitswertbescheid mitgeteilt. Sie steht meist auch auf dem jährlichen Abgabenbescheid der Gemeinde/Stadt über die Grundbesitzabgaben (Grundsteuer). Im späteren Einkommenssteuerbescheid werden die Einkünfte aus V+V anhand dieser Nummern aufgeführt; die Grundstücksadressen stehen nicht dabei.
Die meisten PC-Steuerprogramme fragen auch noch nach der „Art des Objekts" und bieten eine Auswahl an: Eigentumswohnung (kurz ETW), Einfamilienhaus, Zweifamilienhaus, Mehrfamilienhaus, sonstiges Objekt.

Rechts sind Daten einzutragen und zwar **entweder** „Angeschafft am" **oder** „Fertiggestellt am". Außerdem ergänzen Sie bei Bedarf noch „Veräußert/Übertragen am". In vielen elektronischen Steuerprogrammen werden Sie gefragt: Datum Anschaffung oder Herstellung – und genau darum geht es:

→ Haben Sie das Gebäude gekauft, dann handelt es sich um ein **angeschafftes** Gebäude.
→ Wurde das Gebäude von Ihnen selbst gebaut, dann haben Sie es **hergestellt,** und es wurde irgendwann **fertiggestellt**.

Mit „selbst gebaut" ist hier nicht gemeint, dass Sie persönlich Stein auf Stein gelegt haben, sondern vielmehr, dass Sie als „Bauherr" aufgetreten sind. Sie gelten allerdings als Käufer, selbst wenn Sie, wie beispielsweise bei den meisten Bauträgerverträgen, Teilzahlungen leisteten, Mitsprache beim Innenausbau hatten und letztlich eine Schlüsselübergabe des fertigen Neubaus erfolgte. Im Zweifel sind die Kaufverträge äußerst genau zu prüfen.

Haben Sie ihr Gebäude unentgeltlich erworben (vererbt oder geschenkt bekommen), gilt die sogenannte **Fußstapfentheorie**. Sie treten quasi in die Fußstapfen des Rechtsvorgängers – im Zweifel sogar über mehrere Generationen hinweg. An dieser Stelle zunächst einmal wichtig für Ihre Angaben: Hat Ihr Rechtsvorgänger das Gebäude einst gekauft oder gebaut? Das ist mitunter ein wenig mühsam herauszufinden, vor allem bei älteren Gebäuden, und dennoch so wichtig, wie Sie später lesen werden.

Zeit ist Geld

Haben Sie festgestellt, ob Sie die Immobilie angeschafft beziehungsweise fertiggestellt haben, fehlt Ihnen jetzt auch noch das korrekte Datum. Das ist sehr wichtig: Es geht um Geld – Ihr Geld!

Haben Sie gekauft, nehmen Sie bitte zunächst den Notarvertrag zur Hand. Irgendwo im Vertrag gibt es einen Paragrafen, der überschrieben ist mit: „Übergang von Lasten und Nutzen". Sie müssen wissen: Das Steuerrecht fragt nach dem „wirtschaftlichen Übergang", während der juristische „Eigentumsübergang" erst mit der Eintragung im Grundbuch erfolgt (→ Kasten). Dies wiederum interessiert steuerrechtlich nicht. Der steuerrechtlich bedeutende „wirtschaftliche Übergang" erfolgt automatisch mit Übernahme von Lasten und Nutzen, und zwar entweder zu einem bestimmten Datum oder abhängig von einer Bedingung – immer laut Notarvertrag. Diese Bedingung ist ganz häufig die vollständige Kaufpreiszahlung. Also schauen Sie in diesem Fall nach, **wann genau** der Kaufpreis überwiesen wurde. Sie können das auf Ihren Konto- oder Darlehnsauszügen sehen, oder sich von Ihrem Kreditinstitut bestätigen lassen. Das weicht mitunter auch vom im Vertrag genannten Termin ab, ist aber genau das einzutragende Datum, und es muss auf jeden Fall belegt werden!

 HINTERGRUND

Eigentumsübertragung

Juristisch erfolgt die Eigentumsübertragung durch die Eintragung im Grundbuch. Im Steuerrecht wird abweichend vom „Übergang der Verfügungsmacht" ausgegangen – das ist der Übergang von Lasten und Nutzen.

„Eine gute Vorbereitung ist für Mandanten und Notare das A und O."

BURKHARD MAJEWSKI ist Rechtsanwalt und Notar in Arnsberg (NRW).
Das Motto seiner Kanzlei: „Eine wirkungsvolle und zielgerichtete Beratung hat für uns nicht rein juristische Aspekte. Wir berücksichtigen vielmehr auch wirtschaftliche, steuerliche und soziale Gesichtspunkte, um eine optimale Problemlösung für unsere Mandanten zu erreichen."

Was ist die Aufgabe eines Notars?
Ein Notar ist unabhängiger Träger eines öffentlichen Amtes und unparteiischer Rechtsberater der notariellen Verfahrensbeteiligten.

Warum ist bei Vertragsabschlüssen ein Notar unverzichtbar?
Trotz Vertragsfreiheit können nicht alle Verträge formfrei abgeschlossen werden. Der Gesetzgeber schreibt bei bestimmten Rechtsgeschäften die Form der notariellen Beurkundung vor. Damit soll eine qualifizierte Beratung und die volle Beweiskraft über die beurkundeten Tatsachen sichergestellt werden. Zu diesen Rechtsgeschäften gehören etwa der Kaufvertrag über Grundbesitz, aber auch der Ehe- und Erbvertrag oder verschiedene Gesellschaftsverträge (zum Beispiel bei Gründung einer GmbH).

Wie kann ich meinen Grundstücksverkauf am besten vorbereiten?
In vielen Fällen spielen steuerrechtliche Fragen eine große Rolle. Es empfiehlt sich daher die rechtzeitige Hinzuziehung eines steuerlichen Beraters vor Beurkundungen und Vertragsabschlüssen, um die Zielvorstellungen und gegebenenfalls verschiedenen Regelungsmöglichkeiten vorab steuerlich einer professionellen Prüfung zu unterziehen. Optional ist es daher in vielen Fällen sinnvoll, den Steuerberater von Beginn bis zum Abschluss des Beurkundungsverfahrens miteinzubinden (Checkliste Notarbesuch → Seite 31).

Welche weiteren Aufgaben übernehmen Notare?
Ein Notar wird auch bei anderen Rechtsgeschäften beratend, gestaltend und protokollierend tätig, die gesetzlich nicht zwingend von einem Notar vorgenommen werden müssen. Zu nennen ist insbesondere die individuelle Gestaltung von Testamenten.

! GUT ZU WISSEN

Termin geschickt wählen

Übrigens kann der Termin für Übergang Lasten/Nutzen unabhängig von einer Kaufpreiszahlung auch rückwirkend vereinbart werden, beispielsweise auf den 1.1. eines Jahres oder bei Erbauseinandersetzungen auf das Todesdatum des Erblassers.

Kommerzielle Steuerprogramme fragen oft nach dem Datum des Kaufvertrages. Dieses Datum wird vor allem dann wichtig, wenn es später einmal um die Veräußerung geht (→ Seite 139).

Haben Sie die Immobilie gekauft, fragen die Steuerprogramme Sie auch noch, ob Sie das Objekt im Jahr der Fertigstellung gekauft haben, denn dann werden Sie steuerlich einem Bauherrn gleichgestellt. Das kann durchaus Steuervorteile für Sie haben – auch hierzu später mehr (→ Afa, Seite 84).

Haben Sie (beziehungsweise bei einer unentgeltlich erworbenen Immobilie der Vorgänger) das Haus selbst hergestellt, fragen Steuerprogramme Sie häufig noch nach dem Datum des Bauantrags und dem Baubeginn. Auch diese Angaben dienen dazu, die sogenannte AfA (= **A**bsetzung **f**ür **A**bnutzung → Seite 84) zu ermitteln. Eintragen müssen Sie auf jeden Fall das Datum der Fertigstellung. Ein Gebäude ist im steuerrechtlichen Sinne fertiggestellt, wenn die Bauendabnahme erfolgt ist. Sie können auch den Erstbezug als Fertigstellungsdatum dokumentieren, wenn es keine Bauendabnahme gibt.

→ **TIPP Afa fürs eigene Arbeitszimmer**
Die AfA-Berechnung benötigen Sie unter anderem auch, wenn Sie ein häusliches Arbeitszimmer im selbstgenutzten Haus oder einer selbstgenutzten Eigentumswohnung als Werbungskosten geltend machen wollen (→ Seite 158).

Ist ein Gebäude gewachsen, also in mehreren Bauabschnitten erstellt, erweitert, um- oder angebaut, empfiehlt es sich stets, das letzte, jüngste Fertigstellungsdatum einzutragen sowie alles genau zu dokumentieren, belegen und auf einem separaten Blatt zu erläutern und der Anlage V beizufügen.

→ **TIPP Sammeln lohnt sich – auch im Privatbereich**
Es empfiehlt sich auch bei nicht vermieteten, also selbst genutzten, Immobilien, all diese Angaben zu dokumentieren und die Belege sorgsam aufzubewahren. Wer weiß schon, was im Laufe des Lebens mit einer Immobilie so alles geschieht?

Sage, wie du dein Haus nutzt, und das Finanzamt beziffert die Steuer

In den **Zeilen 7 und 8** müssen Sie Angaben zur Art der Immobiliennutzung machen. Weiterhin ist von Ihnen eine Aufteilung der Gesamtwohnfläche vorzunehmen, sofern Sie das Haus teilweise selbst nutzen und/oder ganz oder teilweise als Ferienwohnung vermieten. Sowohl bei der Vermietung an Angehörige (→ Seite 177, verbilligte Vermietung) als auch bei der Nutzung als Ferienwohnung (→ Seite 120) überprüft das Finanzamt ganz besonders streng Ihre Angaben. Einige weitere zusätzliche Angaben wird das Amt gegebenenfalls von Ihnen anfordern. Elektronische PC-Steuerprogramme fragen bereits bei der Eingabe all die relevanten Dinge ab.

In den **Zeilen 9 bis 20** geht es dann um Ihre Einnahmen, aufgeteilt nach einzelnen Etagen und Wohnungen oder anderen Räumen. Unter „andere Räume" tragen Sie beispielsweise Ladenlokale, Büroräume, Lager und ähnliches ein. Die an Angehörige vermieteten Wohnungen, die vereinnahmten Umlagen, Garagenmieten und eventuell vereinnahmte **Umsatzsteuer** (**Zeile 17**) werden jeweils separat ausgewiesen. Alles wird letztlich in **Zeile 21** zusammengerechnet als Summe der Einnahmen (→ Seite 68). Achten Sie unbedingt darauf, dass Sie nur die Einnahmen eintragen, die Ihnen in dem Jahr auch wirklich gezahlt wurden (→ Seite 181 Zu- und Abfluss).

→ **TIPP Es geht auch einfacher: Netto-Rechnung**

Seit einigen Jahren wird von vielen Finanzämtern eine „Netto-Rechnung" aus Vereinfachungsgründen akzeptiert. Als Einnahmen tragen Sie lediglich die tatsächlich erhaltene Kaltmiete (ohne Nebenkosten, ohne Betriebskosten) in die Zeilen 9/11/12 der Anlage V ein; keine Umlagen in Zeilen 13/14. Auf der anderen Seite dürfen Sie dann natürlich auch nur die Ausgaben als Werbungkosten eintragen, die Sie nicht auf Ihre Mieter umlegen. Insofern bleibt dann auf der zweiten Seite der Anlage V, Zeile 46 leer, denn alle Betriebskosten verteilen Sie ja auf Ihre Mieter.

Ihre Werbungkosten beschränken sich somit auf die nicht umlegbaren Kosten. Das sind dann in erster Linie:

→ AfA (Absetzung für Abnutzung, „Abschreibungen"),
→ Finanzierungskosten (Zinsen und Gebühren),
→ Verwaltungskosten,
→ Renovierungs- und Instandhaltungsaufwand.

Umsatzsteuer – Ein durchlaufender Posten?

In den **Zeilen 17/18** müssen Sie die an Sie gezahlte beziehungsweise die Ihnen vom Finanzamt erstattete Umsatzsteuer aus Vermietung und Verpachtung eintragen. Auf der Seite 2, **Zeile 48** ist die vom Finanzamt gezahlte und gegebenenfalls verrechnete Umsatzsteuer anzugeben und in **Zeile 51** die enthaltenen abziehbaren Vorsteuerbeträge.

→ TIPP Rat vom Steuerprofi unverzichtbar
An dieser Stelle steigen wir nicht in die Tiefe des komplexen Themas Umsatzsteuer ein. Auf jeden Fall möchten wir Sie aber für dieses heikle Thema sensibilisieren

Vorsicht Steuerfallen
Jürgen Niesen ist Steuerberater: „Privatleute können Zimmer ihrer Wohnung leicht über Internetportale an Touristen und Geschäftsreisende vermieten. Wer seine Einnahmen jedoch nicht versteuert, muss mittlerweile damit rechnen, entdeckt zu werden. Ob hierbei Vermietungseinkünfte oder gewerbliche Einkünfte vorliegen, hängt unter anderem von erbrachten Sonderleistungen ab. Die Vermietung von möblierten Zimmern gehört zu den Vermietungseinkünften.

und empfehlen dringend, einen Menschen vom Fach hinzuziehen.

Die **Umsatzsteuer** wird im Alltag auch häufig **Mehrwertsteuer** genannt. An sich ein recht treffender Ausdruck, denn eigentlich soll auf jeder Produktionsstufe nur der „mehr" geschaffene Wert von dieser Steuer erfasst werden. Ganz richtig heißt unser System der Umsatzbesteuerung mit Vorsteuerabzug „Allphasen-Netto-Umsatzsteuer".

Durch den Vorsteuerabzug entsteht im Bereich der Unternehmen keine wirtschaftliche Belastung mit Umsatzsteuer und ist wie ein „durchlaufender Posten" zu sehen. Sie trifft stets den Konsumenten, den Endverbraucher also uns alle.

Werden darüber hinaus tägliche Zimmerreinigung oder ein Frühstücksangebot vorgehalten, so werden daraus gewerbliche Einkünfte. Dies führt zur Gewerbesteuerpflicht, wenn der Gewinn den Freibetrag von 24.500 € überschritten hat. Weiterhin kann die Vermietung bei Überschreitung einer Grenze von 17.500 € Einnahmen pro Jahr Umsatzsteuer auslösen. Die steuerliche Behandlung hängt also immer vom Einzelfall ab. Sie sollten sich daher immer vorab beraten lassen, um nicht in die Steuerfalle zu tappen."

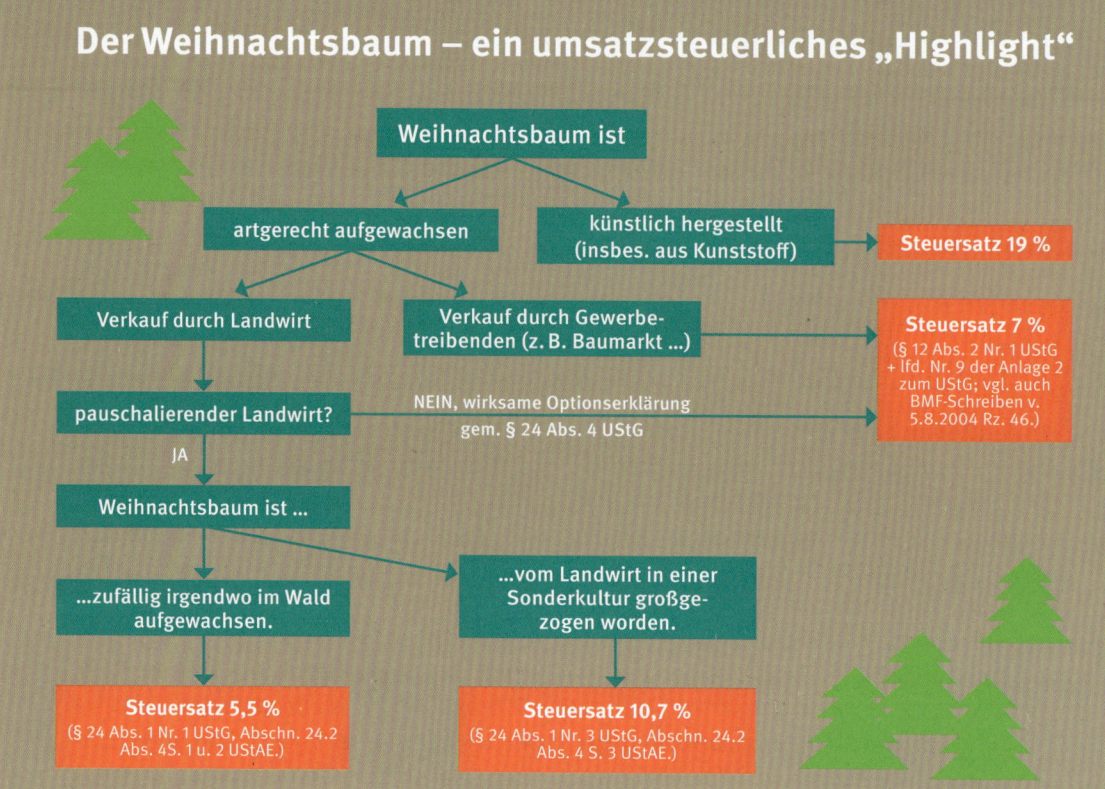

Der Weihnachtsbaum – ein umsatzsteuerliches „Highlight"

Weihnachtsbaum ist

artgerecht aufgewachsen

künstlich hergestellt (insbes. aus Kunststoff) → **Steuersatz 19 %**

Verkauf durch Landwirt

Verkauf durch Gewerbetreibenden (z. B. Baumarkt ...)

Steuersatz 7 %
(§ 12 Abs. 2 Nr. 1 UStG + lfd. Nr. 9 der Anlage 2 zum UStG; vgl. auch BMF-Schreiben v. 5.8.2004 Rz. 46.)

pauschalierender Landwirt? → **NEIN, wirksame Optionserklärung gem. § 24 Abs. 4 UStG**

JA

Weihnachtsbaum ist ...

...zufällig irgendwo im Wald aufgewachsen.

...vom Landwirt in einer Sonderkultur großgezogen worden.

Steuersatz 5,5 %
(§ 24 Abs. 1 Nr. 1 UStG, Abschn. 24.2 Abs. 4 S. 1 u. 2 UStAE.)

Steuersatz 10,7 %
(§ 24 Abs. 1 Nr. 3 UStG, Abschn. 24.2 Abs. 4 S. 3 UStAE.)

Von Weihnachtsbäumen und geschenkter Mehrwertsteuer

Werbeaussagen wie „Wir schenken Ihnen heute 19 % Mehrwertsteuer" sind schlicht und einfach Unsinn. Der Verkäufer, oft ist es ein Möbelhaus, bietet seinen Kunden vielmehr einen Nachlass an. Die Mehrwertsteuer (→ Seite 75) ist immer und überall im Endpreis enthalten, wird vom Kunden sozusagen automatisch mit bezahlt und muss dann vom Händler an das Finanzamt abgeführt werden. Der „normale" Steuersatz beträgt derzeitig 19 %, der ermäßigte 7 % (etwa auf Grundnahrungsmittel, Zeitschriften, Bücher); daneben existiert noch eine Vielzahl an Spezial-Steuersätzen in Sonderfällen. Es gibt auch Leistungen an den Endverbraucher,

die komplett von der Umsatzsteuer befreit sind, wie etwa medizinische Leistungen.

Auch wenn Sie auf Ihrem Grundstück keine Weihnachtsbäume anpflanzen möchten, sollten Sie doch wissen, wie variantenreich die Besteuerung ist, und selbst Fachleute zum Grübeln, aber auch zum Schmunzeln bringt. Die Grafik oben verdeutlicht dies.

Vielleicht pflanzen Sie dann doch lieber Sträucher und entscheiden sich für den Weihnachtsbaum in immerwährender umweltgerechter Plastikqualität, denn der hat garantiert stets 19 % USt.

Sobald Umsatzsteuer ins Spiel kommt, ist dringend anzuraten fachliche Hilfe in Anspruch zu nehmen.

Umsätze aus Vermietung und Verpachtung umsatzsteuerfrei, mit einem großen ABER

Laut §4 Nr. 12 Umsatzsteuergesetz (UStG) sind steuerfrei.....

> „a) die Vermietung und die Verpachtung von Grundstücken [...] Nicht befreit sind die Vermietung von Wohn- und Schlafräumen, die ein Unternehmer zur kurzfristigen Beherbergung von Fremden bereithält, die Vermietung von Plätzen für das Abstellen von Fahrzeugen, die kurzfristige Vermietung auf Campingplätzen und die Vermietung und die Verpachtung von Maschinen und sonstigen Vorrichtungen aller Art, die zu einer Betriebsanlage gehören (Betriebsvorrichtungen), auch wenn sie wesentliche Bestandteile eines Grundstücks sind."

Das bedeutet für Sie als Vermieter im Umkehrschluss: Nur wenn Sie zur kurzfristigen Beherbergung (zum Beispiel Ferienwohnungen) oder Fahrzeugabstellplätze (Garagen) vermieten, besteht eine Pflicht zur Umsatzsteuer. Diese sind ja von der Befreiung laut UStG ausdrücklich ausgeschlossen. Wohlgemerkt – Umsatzsteuer und Einkommensteuer sind zwei vollständig unterschiedliche Steuern mit jeweils eigenen Steuergesetzen, die es auseinanderzuhalten gilt. Auch wenn Einnahmen umsatzsteuerfrei sind, bleiben sie sehr wohl einkommensteuerpflichtig!

Die meisten privaten Vermieter vermeiden die Umsatzsteuer mit der sogenannten Kleinunternehmer-Vorschrift nach § 9 UStG. Diese Vorschrift soll Geschäftsleuten – auch Vermietern – mit geringen Umsätzen die Arbeit erleichtern. Unter geringen Umsätzen versteht der Gesetzgeber einen Jahresumsatz von maximal insgesamt 17.500 €. Haben Sie also beispielsweise mehrere „kleine" umsatz-

steuerpflichtige Geschäfte und Vermietungen, werden alle Einnahmen zusammengerechnet, denn ein Unternehmer hat umsatzsteuerlich nur ein Unternehmen.

 GUT ZU WISSEN

Weniger als sechs Monate

Kurzfristige Vermietung im Sinne des UStG ist auch die Vermietung von Wohnungen, wenn der Mietvertrag über weniger als sechs Monate läuft. Damit ist **nicht** der Fall gemeint, dass ein Mieter nach kurzer Zeit wieder auszieht, sondern vielmehr, wenn von Anfang an nur eine kurze Mietdauer vereinbart war, wie es beispielsweise bei Monteurwohnungen, Künstler- oder Modelappartements üblich ist.

BEISPIEL: Der Steuerpflichtige Flotti Karotti vermietet zwei Ferienwohnungen. 2018 war für ihn ein sehr erfolgreiches Jahr. Seinen Umsatz konnte er aufgrund seiner Investitionen verdoppeln. 8.600 € hat er einschließlich aller Nebenkosten wie Energiepauschale, Endreinigung und Wäschepaket eingenommen. Außerdem vermietet er gelegentlich seinen großen Anhänger – das brachte ihm immerhin 2.400 € Einnahmen. Ihm gehören auch einige Mietwohnungen (aber die Einnahmen hieraus sind ja umsatzsteuerfrei).

Und einen großen Garagenhof mit zehn Doppelgaragen hat er zu je 60 € monatlich vermietet. Das sind weitere 7.200 € Umsatz (12 Monate x 10 Garagen x 60 €). Insgesamt kommt er also auf 18.200 € Jahresumsatz. Bisher lag er immer deutlich darunter – bei rund 13.000 € bis 14.000 €, also im Bereich der Kleinunternehmerschaft. So hatte er sich das nicht vorgestellt. Er liest im Umsatzsteuergesetz nach und tatsächlich: ab 1.1.2019 muss er für all seine einschlägigen Umsätze die Umsatzsteuer an das Finanzamt abführen. Glücklicherweise betrifft das nur die Einnahmen aus 2019 – nicht etwa das zurückliegende Jahr 2018. Er ahnt: Das macht viel Arbeit und schmälert vor allem seinen Gewinn. Und ob er die Steuer komplett auf seine Preise aufschlagen kann? – Wohl kaum! Da würden wohl etliche Kunden abspringen.

Er klagt seinem Kollegen Halli Galli sein Leid. Der hatte einmal eine ähnliche Situation, und der gibt ihm den entscheidenden Rat: „Du bist doch ein Fall für die **Ist-Versteuerung**. Schau doch mal genau nach, wann die einzelnen Zahlungen erfolgt sind." Und richtig: Ein Kunde hatte die Rechnung für die Anhängeranmietung (400 €) erst Mitte Januar 2019 überwiesen. Ein Stammgast hatte die große Ferienwohnung über Weihnachten/ Silvester gemietet und war dann länger geblieben. Erst von Zuhause aus hatte er den Restbetrag von immerhin 600 € am 20. Januar 2019 an ihn überwiesen.

Diese 1.000 € (400 € Anhänger + 600 € Ferienwohnung) gehören nicht in die Berechnung der Umsätze 2018. Das war knapp, denn mit 17.200 € (18.200 € minus 1.000 €) liegt Flotti Karotti unter 17.500 €. Er bleibt umsatzsteuerlicher Kleinunternehmer – zumindest für 2018/2019. Allerdings hat er nun schon die ersten 1.000 € (aus 2018) auf der „Umsatzuhr" für 2019. Da muss er sich tatsächlich etwas einfallen lassen. Er überlegt, ob er das Anhängergeschäft aufgibt oder eine der Ferienwohnungen seiner Ehefrau übertragen sollte.

 HINTERGRUND

„Soll" oder „Ist"

Grundsätzlich wird die Umsatzsteuer nach **vereinbarten** Beträgen = **Soll**-Versteuerung (was der Kunde zahlen soll) und nicht nach **vereinnahmten** Beträgen = **Ist**-Versteuerung (was der Kunde tatsächlich gezahlt hat) erhoben. Allerdings kann unter Umständen nach §20 UStG die für den Steuerpflichtigen günstigere Ist-Versteuerung beantragt werden. Dann wird die Umsatzsteuer erst fällig, wenn auch der Kunde bezahlt hat. Das entspricht in etwa dem Zu- und Abflussprinzip bei der Einkommensteuer (→ Seite 181).

→ **TIPP** **Schicksal wird Glücksfall**
Vermieten Sie eine Garage zusammen mit einer Wohnung, stellt die Garage eine Nebenleistung der Wohnung dar. Sie teilt das – Zitat aus dem Amtsdeutsch – „umsatzsteuerliche Schicksal der Hauptleistung", das heißt, sie bleibt genauso umsatzsteuerfrei wie die Mietwohnung selbst. Hier meint es das Schicksal gut und ist ein echter Glücksfall.

Noch ein paar Einnahmen und dann die Abrechnung

In den **Zeilen 19/20** tragen Sie weitere Einnahmen im Zusammenhang mit Ihrer Vermietung und Verpachtung (V + V) ein. Das können unter Umständen öffentliche Zuschüsse sein. Ganz häufig jedoch handelt es sich um Zinseinnahmen wie beispielsweise die anteiligen Guthabenzinsen laut Verwalterabrechnung bei Ihrer **vermieteten** Eigentumswohnung. Auch die Guthabenzinsen eines Bausparvertrages, den Sie zur späteren Tilgung Ihres Finanzierungsdarlehns ansparen, sind hier von Ihnen zu erfassen. Diese Zinsen gehören **nicht** zu den Kapitalerträgen (→ Seite 54), sondern eben zur 6. Einkunftsart Vermietung und Verpachtung, weil sie in ganz engem Zusammenhang damit stehen.

Bewohnen Sie einen Teil der Immobilie selbst, wobei die unentgeltlich überlassenen Flächen steuerlich **wie** eigengenutzt gelten, müssen Sie diese besagten Zinseinnahmen aufteilen. Nur die Zinsanteile, die auf die Vermietung entfallen sind die hier einzutragenden Einnahmen. Die Zinsen, die auf Ihren eigengenutzten Anteil entfallen, gehören zu den Kapitalerträgen der 5. Einkunftsart (→ Seite 54).

→ **TIPP Kosten richtig zuordnen lohnt**
Benötigen Sie ein Darlehen, um beispielsweise die Renovierung der Mietwohnung zu finanzieren, sollten Sie dieses Darlehen mit den damit verbundenen Kosten und laufenden Zinsen direkt der vermieteten Wohnung zuordnen. Das ergibt 100 % Werbungskosten.

In **Zeile 21** sind jetzt nur noch Ihre mathematischen Kenntnisse gefragt: Es ist die Summe der Einnahmen (**Zeile 9 bis Zeile 20**) zusammenzurechnen.

In **Zeile 23** ermitteln Sie den Überschuss – also Einnahmen aus **Zeile 21** abzüglich Summe der Werbungskosten **Zeile 22**. (Wie Sie die Werbungskosten ermitteln lesen Sie auf den folgenden Seiten!).

Zu guter Letzt füllen Sie **Zeile 24** noch aus, wenn der Überschuss auf beide Ehegatten aufgeteilt werden muss. Der Überschuss kann durchaus auch negativ sein – also ein Verlust. Dieses Ergebnis übernehmen Sie dann in Ihre Tabelle zur Berechnung Ihre ZVE Seiten 20/21.

Beteiligungseinkünfte

Wenn Sie an einer Grundstücksgemeinschaft beteiligt sind, werden Ihnen die anteiligen Überschüsse aus der bereits mehrfach erwähnten Feststellungserklärung zugerechnet. Jede Grundstücksgemeinschaft hat eine eigene Steuernummer. Diese tragen Sie links in den **Zeilen 25 bis 29** ein. Sollten Sie den Ihnen zufallenden Gewinn exakt kennen, können Sie diesen ebenfalls eintragen. Wenn Sie unsicher sind, tragen Sie dort den obligatorischen „1 Euro" und „v.A.w" (von Amts wegen) ein. Das Finanzamt übernimmt dann die korrekten Beträge nach der erfolgten Feststellung.

Liegt der Feststellungsbescheid zum Zeitpunkt Ihrer eigenen Steuerveranlagung noch nicht vor, erfolgt später (mitunter sehr viel später!) eine Korrektur Ihres Bescheids – mit einer entsprechenden Nachzahlung oder Erstattung. In Ihrem korrigierten Steuerbescheid ist dann der Überschuss beziehungsweise der Verlust unter den Einkünften aus Vermietung ergänzt. Unter den Erläuterungen auf der vorletzten Seite des Steuerbescheids weist das Finanzamt Sie auf den Grund der Änderung hin: „Es wurden die Beteiligungseinkünfte xy berücksichtigt."

Unter Vermietung fällt auch die „Untervermietung"

 GUT ZU WISSEN

Die 520-Euro-Grenze

Wenn Sie Ihre Wohnung ganz oder teilweise vorübergehend untervermieten, können Sie auf die Angabe der Einnahmen in der Steuererklärung aus Vereinfachungsgründen verzichten, wenn Sie nicht mehr als 520 € im Jahr eingenommen haben. Aber beachten Sie: Es handelt sich um eine Freigrenze. Übersteigen Ihre Einnahmen diese Grenze um nur einen einzigen Cent, unterliegt die gesamte Einnahme der Besteuerung. Es ist von Einnahmen die Rede, sprich alles, was Sie in Geld oder Sachwerten bekommen, und nicht von Überschuss.

Gleichgültig, ob Sie klassisch ein oder mehrere Zimmer Ihrer selbst bewohnten Wohnung/Ihres selbst bewohnten Hauses dauerhaft untervermieten oder die neuen Internetplattformen wie Wimdu oder Airbnb als Vermieter für gelegentliche Untervermietung nutzen: Der Fiskus hält die Hand auf. Die vielgepriesenen zusätzlichen Einnahmequellen sind zu versteuernde Brutto-Einnahmen. Bei der Untervermietung ist so manche vertrag-

liche, aber auch gesetzliche Vorschrift zu prüfen. Steuerlich hingegen sind die Verhältnisse ganz klar und einheitlich geregelt. Die **dauerhafte** Untervermietung ist von der Umsatzsteuer befreit und unterliegt lediglich der Einkommenssteuer. Die **kurzfristige** Untervermietung unterliegt sowohl der Einkommens- als auch der Umsatzsteuer (→ Seite 76 ff.).

Die Untervermietung über die neuen Internetplattformen eröffnet ungeahnte Möglichkeiten, ist aber im Zweifel auch für den Fiskus leicht nachvollziehbar. Das „Vergessen" dieser Einnahmen kann sehr teuer werden. Auf Seite 2 der Anlage V, **Zeile 31** sollen Sie Ihre **Einkünfte** aus Untervermietung eintragen. Das bedeutet, dass Sie eine kleine Nebenrechnung erstellen müssen. Sie listen alle Ihnen zugeflossenen Einnahmen auf und ermitteln die hiervon abzuziehenden Kosten wie etwa Inserate und Anbietergebühren. Kosten, die Sie nicht genau zuordnen können, dürfen Sie sachgerecht schätzen, wie etwa Energiekosten. Sie sollten alle Kosten belegen können, etwa durch Nebenkostenabrechnungen.

→ TIPP Quadratmeter oder Tage
Sachgerechte Schätzungen können anhand der vermieteten Quadratmeter und nach Tagen erfolgen.

BEISPIEL FÜR EINE DAUERHAFTE UNTERVERMIETUNG: Witwe Tira Misu bewohnt eine 100 Quadratmeter Mietwohnung am Rande von Paderborn. Die Wohnung ist ihr eigentlich zu groß, aber sie scheut den Umzug. Außerdem ist sie oft recht einsam und allein. Seit einiger Zeit vermietet sie ein schönes, helles 10 Quadratmeter großes Zimmer. Ihr Untermieter Ratz Fatz, 22 Jahre, studiert im zweiten Semester Religion und Germanistik auf Lehramt. Für das Zimmer erhält Tira Misu von Ratz Fatz monatlich 250 €, alles inklusive. Also eigentlich nur Miete mit Betriebskosten, Strom, Gas, Wasser und Heizung. Aber gelegentlich stellt Tira Misu ihrem netten jungen Untermieter einen Rest vom Mittagessen in den Kühlschrank. Im Gegenzug trägt er ihr mitunter die schweren Einkäufe und steigt für sie beim Gardinenwaschen auf die Leiter. Für Ihre gemietete Wohnung zahlt Tira Misu selbst monatlich 1.000 €. Das sind 900 € Warmmiete und weitere 100 € Strom.

Ihre Abrechnung für das Finanzamt erstellt Tira Misu selbst:

Mieteinnahmen (12 x 250 €)	3.000 €
Ausgaben (12 x 1.000 €) für die gesamte Wohnung	12.000 €
Wohnfläche von ihr selbst genutzt 90 %, somit 10 % untervermietet (10 qm von 100 qm). Ansetzbare Kosten 10 % von 12.000 €	1.200 €
Einkünfte aus Untervermietung (3.000 € – 1.200 €)	1.800 €

Die gelegentlichen Handreichungen und die Reste vom Mittagessen verbucht sie gedanklich unter „steuerunschädliche Nachbarschaftshilfe".

Sie überlegt: Ein schönes Zubrot zur Rente, selbst dann, wenn tatsächlich ein paar Euro Steuern zu zahlen wären. Aber erst mal schauen, noch ist die Steuererklärung ja nicht fertig, das ZVE nicht abschließend ermittelt. Nett und gefällig ist der junge Student ja, auch wenn sein Nasenpiercing und die bunten Tattoos ungewohnt sind. Auch seine Musik ist mitunter recht laut und so gar nicht nach ihrem Geschmack. Aber der Umgang mit jungen Leuten hält jung – passt schon!

BEISPIEL KURZFRISTIGE UNTERVERMIETUNG: Tira Misus langjährige Freundin Zuppa Romana ist ebenfalls Witwe und wohnt nur eine Querstraße weiter. Allerdings ist ihre Eigentumswohnung mit 60 Quadratmeter deutlich kleiner und kostet sie 120 €

monatlich an Hausgeld: für Betriebskosten einschließlich Heizung. Weitere 50 € für Strom kommen monatlich dazu. Die Wohnung gehört Zuppa bereits seit einer Ewigkeit, und abbezahlt ist sie schon lange. Für ein paar Monate im Jahr ist Zuppa immer bei ihrer Familie in Italien. Inspiriert von ihrer Freundin Tira Misu fand sie die Idee, ihre gesamte Wohnung während dieser Zeit zu vermieten einfach genial. So verschloss Zuppa Romana alle ihre höchstpersönlichen Dinge in den Einbauschränken ihrer Wohnung, schaltete eine kostenlose Kleinanzeige mit ihrer Handynummer und überließ vor ihrer Abreise nach Italien der zuverlässigen Freundin Tira Misu die Wohnungsschlüssel.

Tatsächlich meldet sich die Studentin Isolde Sorglos. Die sucht für acht Wochen eine Unterkunft, bis sie das zugesagte WG-Zimmer beziehen kann. Schnell sind sich die beiden telefonisch handelseinig. Im September kann Isolde Sorglos die Wohnung von Zuppa Romana beziehen. Anfang November muss sie jedoch wieder weg sein, denn da kommt Zuppa voraussichtlich zurück. 700 € alles inklusive verlangt Zuppa (also 350 € pro Monat). Tira Misu zeigt Isolde Sorglos die Wohnung, kassiert für Zuppa die Miete und übergibt ihr die Schlüssel. Beim Auszug kontrolliert Misu alles, und sie nimmt die Schlüssel wieder in Empfang. Das macht sie aus Gefälligkeit für Ihre Freundin ganz unentgeltlich.

Für die Steuer rechnet Zuppa Romana: Einnahmen aus Untervermietung 700 € abzüglich Ausgaben 340 € (also 2 x 170 €: Hausgeld 120 € + Strom 50 €/monatlich). Das macht Einkünfte von insgesamt 360 €.

Sie denkt sich: Das lohnt sich ja schon. Damit kann ich meine Rente prima aufpeppen! Nächstes Jahr werde ich früher mit der Suche nach kurzfristigen Untermietern beginnen.

Werbungskosten der Vermieter

Das Thema Werbungskosten haben wir ab Seite 158 ausführlich dargestellt. Hier geht es jetzt um die vielen Besonderheiten, wenn Sie Vermieter sind.

In der Anlage V tragen Sie auf Seite 2 in den **Zeilen 33 bis 50** ausschließlich Ihre Werbungskosten ein. Die Krux liegt vor allem in der Berechnung und in der Zuordnung. In der linken Spalte 1 „Gesamtbetrag" tragen Sie die Aufwendungen für die gesamte Immobilie ein. Spalte 2 kennzeichnen Sie mit einem Kreuzchen, wenn Sie Ausgaben direkt dem vermieteten Teil zuordnen. Bewohnen Sie einen Teil der Immobilie selbst, können Sie einige Kosten auch nur anteilig als Werbungskosten ansetzen. Den **nicht** absetzbaren Anteil ermitteln Sie im einfachen Dreisatz anhand der Quadratmeter. Jetzt kommen

Ihre Angaben der Zeilen 7/8 von Seite 1 zum Tragen. In Spalte 4 tragen Sie dann die als Werbungskosten ansetzbaren Ausgaben ein. Die Angaben in den Spalten 2, 3 und 4 sind nur dann notwendig, wenn Ihre Immobilie „gemischt" genutzt wird. Sie erinnern sich: Ganz zu Beginn dieses Kapitels sprachen wir davon. PC-Steuerprogramme leiten Sie ganz gezielt durch entsprechende Fragen. Letztlich führt es dann zum selben Ergebnis – vorausgesetzt Sie haben alles richtig zugeordnet.

AfA, die Salamitaktik – Auf das Volumen kommt es an

Die meisten Gegenstände unterliegen einer Wertminderung, allein weil sie „altern", unmodern werden oder auch durch den Gebrauch verschleißen.

Wenn Sie beispielsweise heute ein nagelneues Auto beim Händler bestellen, hat es bereits an Wert verloren bevor die Tinte auf dem Vertrag trocken ist. Steuerprofis sprechen von abnutzbaren Wirtschaftsgütern. Das sind natürlich auch Gebäude, Gartenanlagen, Zuwegungen, Carports, Stellplätze, Einbauten u.v.m. Zu den ganz wenigen **nicht abnutzbaren** Wirtschaftsgütern gehört neben Rechten auch der Grund und Boden.

AfA ist ja, wie bereits erwähnt, die Abkürzung des steuerlichen Fachbegriffs „Absetzung für Abnutzung". Der Wertverlust eines Wirtschaftsgutes wird vom ursprünglichen Preis, also den Anschaffungskosten, abgesetzt. Dieses „Absetzen" soll jährlich die Wertminderung ausgleichen und wird im allgemeinen Sprachgebrauch „Abschreibung" genannt. Nur diese Abschreibung wird als Werbungskosten in der jährlichen Steuererklärung berücksichtigt. Wie bei einer Salami, wird Jahr für Jahr eine Scheibe abgeschnitten, bis eben die Wurst aufgebraucht ist.

Auf den folgenden Seiten dreht sich nun alles um die Fragen: Wie groß ist die Salami und wie dick sind die jährlichen Wurstscheiben, die dann letztlich als Werbungskosten Ihre Steuerlast mindern.

Das AfA Volumen können Sie sich als die „Größe der Salami" vorstellen. Wie dick die abgeschriebenen Stücke werden, hängt von der sogenannten **Nutzungsdauer** ab; also wie lange die Salami reichen soll, bis sie komplett aufgebraucht ist. Diese Nutzungsdauer können Sie nicht etwa selbst festlegen. Es gibt amtliche AfA-Tabellen, die Sie anwenden müssen.

Sollte ein Wirtschaftsgut vor Ablauf dieser gewöhnlichen Nutzungsdauer – warum auch immer – bereits „schrottreif" sein, dürfen Sie in dem Veranlagungszeitraum (kurz: VZ) den gesamten Restbetrag „ausbuchen" und als Werbungskosten von der Steuer absetzen. Um in dem Salami-Bild zu bleiben: Wenn die Wurst schimmelig ist, wird sie entsorgt, auch wenn sie üblicherweise länger haltbar ist. Auf jeden Fall sollten Sie die Entsorgung ordnungsgemäß dokumentieren.

Für alle AfA-Ermittlungen gilt: Sofern mit den Wirtschaftsgütern nichts Außergewöhnliches passiert, erfolgt die Berechnung der Abschreibung nur **einmal**, und zwar bei Anschaffung. Danach wird die Abschreibung jährlich weitergeführt und der jeweilige Restwert notiert.

HINTERGRUND

Lineare AfA

In der Regel findet die lineare AfA Anwendung, die AfA in gleichen Jahresbeträgen. Die AfA in fallenden Jahresbeträgen, die sogenannte degressive AfA, kann nur noch in wenigen Ausnahmefällen (Altfällen) angesetzt, besser gesagt fortgeführt werden: beispielsweise für **bewegliche** Wirtschaftsgüter, die in der Zeit vom 1.1.2009 bis 31.12.2010 angeschafft wurden.

Die AfA zählt wie erwähnt zu den **Werbungskosten** und ist im EStG sehr ausführlich beschrieben:

§ 7 Absetzung für Abnutzung oder Substanzverringerung.

„(1) [1] Bei Wirtschaftsgütern, deren Verwendung oder Nutzung durch den Steuerpflichtigen zur Erzielung von Einkünften sich erfahrungsgemäß auf einen Zeitraum von mehr als einem Jahr erstreckt, ist jeweils für ein Jahr der Teil der Anschaffungs- oder Herstellungskosten abzusetzen, der bei gleichmäßiger Verteilung dieser Kosten auf die Gesamtdauer der Verwendung oder Nutzung auf ein Jahr entfällt (Absetzung für Abnutzung in gleichen Jahresbeträgen). 2Die Absetzung bemisst sich hierbei nach der betriebsgewöhnlichen Nutzungsdauer des Wirtschaftsguts [...]. 4 Im Jahr der Anschaffung oder Herstellung des Wirtschaftsguts vermindert sich für dieses Jahr der Absetzungsbetrag nach Satz 1 um jeweils ein Zwölftel für jeden vollen Monat, der dem Monat der Anschaffung oder Herstellung vorangeht [...].“

AfA-Tabelle (Auszug)

Anbei finden Sie einige Beispiele aus der amtlichen AfA-Tabelle. Die komplette Liste finden Sie hier: www.bundesfinanzministerium.de, Suchbegriff „Afa-Tabelle“.

Alarmanlage	11 Jahre
Anhänger	11 Jahre
Audiogeräte	7 Jahre
Einbauküche, Einrichtung	10 Jahre
Geschirrspüler	7 Jahre
Kühlschrank	10 Jahre
Mikrowelle	9 Jahre
Mobiliar	10 Jahre
Rasenmäher	8 Jahre
Staubsauger	7 Jahre
Teppiche	8 Jahre
Wäschetrockner	8 Jahre
Waschmaschine	10 Jahre

Wenn Sie also eine größere Anschaffung für Ihr vermietetes Objekt hatten, prüfen Sie zunächst, ob es sich um einen Gegenstand handelt, den Sie erfahrungsgemäß mehr als ein Jahr nutzen können. Anhand der amtlichen AfA-Tabelle ermitteln Sie dann die Nutzungsdauer und somit auch den AfA-Satz beziehungsweise AfA-Betrag. In den meisten Steuerprogrammen ist bereits eine AfA-Tabelle hinterlegt. Je nach Anschaffungsdatum dürfen Sie dann im Jahr des Erwerbs zeitanteilig, pro rata temporis (p.r.t.), die AfA als Werbungskosten ansetzen.

→ **TIPP Gebrauchtes sachgerecht schätzen**
Bei Anschaffungen, die bereits gebraucht sind, ist die restliche Nutzungsdauer wahrscheinlich weniger, als die amtliche Tabelle ausweist. Dann dürfen Sie sachgerecht schätzen. Gerechnet wird immer Anschaffungswert beziehungsweise Restbuchwert dividiert durch Restnutzungsdauer.

Die Höhe der gesamten Anschaffungskosten ergibt das **AfA-Volumen**. Dazu gehören alle Kosten, die bis zur „Inbetriebnahme" aufgewendet werden; also tatsächlicher Kaufpreis (abzüglich Rabatt) einschließlich Zubehörteilen und möglichen Nebenkosten (Lieferung, Montage usw.) Das nennt sich „Kosten der Betriebsbereitschaft" und gilt auch dann, wenn diese Kosten von verschiedenen Lieferanten/Handwerkern berechnet werden. Kaufen Sie irgendwann später Zubehör/Erweiterungen hinzu, wird dies dem Restbuchwert zum 1.1. des Jahres hinzugerechnet und über die Restnutzungsdauer abgeschrieben und zwar so, als sei es am 1.1. des Jahres gekauft worden. Wenn Sie Ihre Steuer manuell berechnen, sollten Sie eine Liste führen, um die Übersicht zu behalten. Legen Sie am besten eine Art Karteikarte für jedes langjährige Wirtschaftsgut an. So können Sie genau Anschaffung, mögliche Ergänzungen, Nutzungsdauer, Abschreibung, Restbuchwert eintragen und besser nachvollziehen. Computersteuerprogramme legen diese meist automatisch an und berechnen entsprechend. Bitte vergessen Sie nicht, sich Ausdrucke zu machen und beachten Sie die Datensicherung.

 GUT ZU WISSEN

Reparaturen und Instandhaltung sind Werbungskosten

Kosten für Reparaturen und Instandhaltungen bereits vorhandener Wirtschaftsgüter sind **keine** Ergänzungen oder Erweiterungen, die abgeschrieben werden müssen, sondern vielmehr sofort im Jahr der Entstehung abzugsfähige Werbungskosten. Das gilt unabhängig von deren Wert: Etwa ein Austauschmotor für den defekten Rasenmäher.

BEISPIEL: Emma Schladacke ist Vermieterin. Sie kauft im Baumarkt einen Aufsitzmäher zum Angebotspreis von 1.590 €. Die Lieferung erfolgte am 25.5.17 und wurde separat mit weiteren 30 € berechnet. Der Mäher soll nur auf dem zu 100 Prozent vermieteten Grundstück zum Einsatz kommen.

Der Aufsitzmäher wird vermutlich für mehr als ein Jahr benutzt und unterliegt somit der AfA-Abschreibung. Laut amtlicher AfA-Tabelle beträgt die Nutzungsdauer neun Jahre. Das AfA-Volumen beträgt:

1.590 € + 30 € = 1.620 € : durch 9 Jahre Nutzungsdauer = 180 € pro Jahr. Das entspricht 15 € pro Monat (180 € : 12 Monate).

Für 2017 dürfte sie also 8/12 (Mai bis Dezember) als Abschreibung mit 120 € ansetzen (15 € x 8 Monate).

In den folgenden Jahren 2018 bis 2025 beträgt die AfA dann jeweils 180 €, und im letzten Jahr 2026 dann der Rest mit 60 €. Eigentlich nur 59 €, denn es bleibt immer 1 € als „Erinnerungswert" stehen, solange der Mäher noch existiert. So zunächst Emmas Berechnung Ende 2017.

Im Februar 2018 kauft Emma Schladacke im Ausverkauf als Erweiterung ihres Aufsitzmähers ein Schneeräum-Set für 1.000 €. Im September 2018 ergänzt sie den Mäher mit einem gebrauchten Vertikutier-Anhänger für 150 €.Diese Geräte können nicht ohne den Mäher genutzt werden und sind somit „Zubehör".

Emma Schladackes AfA-Berechnung ab 2018 ändert sich nun:

Ursprüngliche Anschaffungskosten 2017	1.620 €
abzüglich AfA 2017 p.r.t. (→ Seite 87)	120 €
Restbuchwert am 31.12.17 bzw. 1.1.2018	1.500 €
+ Zugang in 2018 Schneeräumset	1.000 €
+ Zugang in 2018 Vertikutier-Anhänger	150 €
= neues AfA Volumen ab 1.1.2018	2.650 €

Restnutzungsdauer: 8 Jahre und 4 Monate = 100 Monate, weil von den ursprünglich neun Jahren (= 108 Monaten) bereits acht Monate in 2017 verbraucht – und abgeschrieben – sind.

- AfA 2018 (als Werbungskosten ansetzbar):	318 €
(AfA-Volumen 2.650 € : 100 Monate Restlaufzeit x 12 Monate) = Restbuchwert zum 31.12.2018/1.1.2019	2.332 €

Somit beträgt die AfA in den Jahren 2018 bis 2025 nunmehr 318 € pro Jahr, und 2016 letztmalig 106 € beziehungsweise 105 €, damit der Erinnerungswert (1 €) stehen bleibt.

Bei der Anschaffung der Zusatzgeräte im Laufe des Jahres 2018 (Mai und September) wird so gerechnet, als ob sie am 1.1. des Jahres angeschafft worden seien. Sie fließen somit für 12 Monate in die AfA-Berechnung ein.

Das gibt es auch in „klein" – Geringwertige Güter

Sie merken, diese Berechnung der AfA ist eine recht kniffelige Angelegenheit. Glücklicherweise gibt es eine „Vereinfachungsregel", die Sie kennen sollten. Gemeint sind die sofort im Jahr der Anschaffung abschreibbaren geringwertigen Wirtschaftsgüter kurz **GWG**. Sie als Steuerpflichtiger haben ein Wahlrecht. Sie können langjährig nutzbare Wirtschaftsgüter mit einem „geringen" Wert sofort als Kosten ansetzen oder über die Dauer der Nutzung abschreiben (wie oben beschrieben) und dann nur die entsprechenden AfA-Beträge über die Jahre verteilt als Werbungskosten ansetzen.

Als Vermieter möchten Sie meistens Ihre Ausgaben möglichst schnell auch wieder als Werbungskosten ansetzen und somit sicher gern die Sofortabschreibung als GWG nutzen. Ausnahmen bestätigen allerdings die Regel, wie wir sie im Abschnitt Neverending Story (→ Seite 109) darstellen.

§ 6 EStG überschrieben mit „Bewertung" gilt auch für Sie als Vermieter. Tauschen Sie gedanklich einfach das Wort Betriebsausgaben gegen Werbungskosten aus…

In §6 EStG heißt es ab 1.1.2018:

> „[…] (2) [1]Die Anschaffungs- oder Herstellungskosten […]von abnutzbaren beweglichen Wirtschaftsgütern des Anlagevermögens, die einer selbständigen Nutzung fähig sind, können im Wirtschaftsjahr der Anschaffung, Herstellung […] in voller Höhe als Betriebsausgaben abgezogen werden, wenn die Anschaffungs- oder Herstellungskosten, vermindert um einen darin enthaltenen Vorsteuerbetrag […] den Wert für das einzelne Wirtschaftsgut 800 Euro nicht übersteigen […].[4]Wirtschaftsgüter im Sinne des Satzes 1, deren Wert 250 Euro übersteigt […]."

Im Klartext: Es ist ausschließlich die Rede von selbstständig nutzbaren Wirtschaftsgütern, die üblicherweise länger als ein Jahr genutzt werden, im Gesetz als abnutzbares Anlagevermögen bezeichnet. So ist beispielsweise ein Scanner für den PC nicht selbständig nutzbar und somit auch kein GWG. Ein Multifunktionsgerät (Drucker, Scanner, Kopierer) hingegen schon, weil Sie es zum Kopieren ohne weitere Geräte nutzen können. Im Beispiel zuvor waren weder der Vertikutier-Anhänger noch das Schneeräumset selbstständig – also ohne den Mäher – nutzbar und somit auch kein GWG.

 GUT ZU WISSEN

Nicht nutzbar: Sammelposten und Pool-Abschreibungen

Seit einigen Jahren gibt es eine weitere Möglichkeit zur Wahl, die Wertminderung Ihrer Anschaffungen zu erfassen: die Sammelposten oder sogenannten Pool-Abschreibungen, ebenfalls in §6 EStG geregelt. Das betrifft aber nur die Gewinneinkunftsarten – **nicht** die Überschusseinkunftsarten. Eine Anwendung bei Vermietung und Verpachtung ist daher nicht möglich.

Im Sinne des Steuerrechtes ist der Wert des Wirtschaftsgutes gering, wenn er nicht mehr als 800 € (früher 410 €) beträgt. Dabei ist von Netto-Werten, also ohne Umsatzsteuer, die Rede. Gehen wir von dem aktuellen Regelsteuersatz von 19 % USt. aus, entspricht der neue Höchstbetrag ab 1.1.2018 also 952 € brutto (952 € : 1,19 = 800 €): Eine wirklich deutliche Anhebung der GWG-Grenze gegenüber den Vorjahren mit nur 487,90 € brutto (410 € + 19 % USt).

BEISPIEL: Der Vermieter Karamba Karacho bestellt im Fachhandel einen neuen Laptop mit Zubehör (Kaufpreis 899 € + Tasche 37 €) und dazu ein hochwertiges Multifunktionsgerät zum Preis von 860 € (Drucker, Scanner, Kopierer). Er will beides ausschließlich für die Verwaltung seiner verschiedenen Mietobjekte nutzen. Beispielsweise Mietverträge kopieren, Schriftverkehr abspeichern, Belege scannen, Nebenkostenabrechnungen erstellen usw. Er hat schon ausgerechnet: 1.796 € kann er bei der diesjährigen Steuer als Werbungskosten eintragen, denn beide Geräte gelten nach den neuen GWG-Grenzen als sofort abzugsfähig.

Laptop + Tasche (899 €+ 37 €)	936 €
Multifunktionsgerät	860 €
Gesamt	**1.796 €**

Doch dann ruft der Fachhändler an. Es gibt Schwierigkeiten mit der Lieferung des Multifunktionsgerätes. Karamba Karacho soll stattdessen drei hochwertige Geräte aus der Ausstellung zu Sonderkonditionen bekommen. Ein guter Scanner für 260 € und ein prima Drucker für 280 € – beide kompatibel mit dem Laptop – und ein separater Kopierer zum Preis von 320 €: somit insgesamt genauso viel wie für das **eine** Multifunktionsgerät für 860 €. Der Händler erläutert Karamba Karacho die Vorzüge – vor allem wenn mal ein Gerät defekt sei, kann er mit den anderen beiden noch weiterarbeiten. Hinzu kommt: Alles zusammen wäre schon am 8. Juli 2018 lieferbar.

Karamba Karacho rechnet neu:

Der Kopierer ist selbständig nutzbar und somit weiterhin GWG: Ansatz als Werbungskosten: 320 €.

Scanner und Drucker hingegen sind nur zusammen mit dem Laptop nutzbar und müssten somit auch als Zubehör erfasst werden. Die Nutzungsdauer beträgt – wie bei allen PCs und Peripheriegeräten – 3 Jahre (36 Monate). Also rechnet er:

936 € + 260 € + 280 € =1.476 € AfA-Volumen – entsprechend 41 € je Monat. Für 2018 somit zeitanteilig Juli bis Dezember für sechs Monate 246 €; 2019 und 2020 dann jeweils 492 € und 2021 weitere 246 €.

Die Werbungskosten für 2018 würden jetzt von den bisher errechneten 1.796 € auf nunmehr 566 € in 2018 (320 € + 246 €) sinken. Das ist weniger als ein Drittel! Das hatte er sich anders gedacht!

Karamba Karacho verhandelt nochmals mit dem Händler und die beiden einigen sich schließlich. Der Händler leiht Karamba die Geräte aus seiner Ausstellung kostenlos bis das gewünschte Multifunktionsgerät Ende Oktober geliefert wird. Karamba freut sich, denn nun bleibt es bei seiner ursprünglichen Berechnung. Für die nächsten Jahre hat er nämlich schon ganz andere Investitionen im Sinn.

Die ermittelten AfA-Beträge für bewegliche Wirtschaftsgüter wie Gartengeräte, Maschinen, Einbauküchen, Schränke usw. werden zusammengefasst und in **Zeile 35** Anlage V, Seite 2 eingetragen. Für „gemischt" genutzte Wirtschaftsgüter müssen Sie gegebenenfalls eine entsprechende Aufteilung vornehmen (zu Beispiel 20 % privat, 80 % Vermietung).

AfA erhöht

Angaben in **Zeile 34** dürfen Sie als Vermieter nur dann machen, wenn Sie eine entsprechende Bescheinigung der zuständigen Gemeinde haben. Es geht dabei um **erhöhte AfA-Beträge**, also abweichend als im folgenden Kapitel dargestellt. Diese werden für Baumaßnahmen in speziell festgelegten, inländischen Sanierungsgebieten oder städtebaulichen Entwicklungsgebieten mit geschichtlicher, künstlerischer Bedeutung gewährt. Wenn Sie sich als Eigentümer gegenüber der Gemeinde zur Durchführung bestimmter Modernisierungsmaßnahmen verpflichtet haben, stellt Ihnen die Gemeinde die besagte Bescheinigung aus; vorausgesetzt sie bewohnen die Immobilie nicht selbst. Sonderregelungen gibt es auch für Baudenkmäler. In der Praxis sind dies eher Ausnahmefälle.

 GUT ZU WISSEN

Neue Wohnungsbauförderung?

Zurzeit plant die Bundesregierung eine neue Sonderabschreibung (§7b EStG) zur Förderung von Neubau-Mietwohnungen. Private Investoren sollen im Jahr der Anschaffung oder Herstellung zusätzlich 5 % Sonderabschreibung als Werbungskosten bekommen. Allerdings sollen einige Bedingungen daran geknüpft werden: die Anschaffungs- oder Herstellungskosten dürfen nicht mehr als 3.000 € pro Quadratmeter Wohnfläche betragen **und** die Wohnung muss im Jahr der Anschaffung/Herstellung sowie den **neun folgenden Jahren** entgeltlich zu Wohnzwecken überlassen werden. Außerdem sollen nur Wohnungen begünstigt werden, für die der Bauantrag in der Zeit vom 1.9.2018 und 31.12.2021 gestellt wurde. Im Jahr 2026 soll letztmalig die Sonderabschreibung möglich sein.

Wohnst Du noch oder lebst Du schon?

Auch Gebäude sind abnutzbare Wirtschaftsgüter, die ganz eigenen AfA-Vorschriften unterliegen. Abhängig vom Alter und Nutzung der Immobilie gelten die AfA-Sätze wie im EStG aufgeführt:

> „(4) [1]*Bei Gebäuden sind […] als Absetzung für Abnutzung die folgenden Beträge bis zur vollen Absetzung abzuziehen: […]*
> *a) nach dem 31. Dezember 1924 fertiggestellt worden sind, jährlich 2 Prozent,*
> *b)vor dem 1. Januar 1925 fertiggestellt worden sind, jährlich 2,5 Prozent der Anschaffungs- oder Herstellungskosten[…].*
> *2. bei Gebäuden... die vom Steuerpflichtigen auf Grund eines vor dem 1. Januar 1995 gestellten Bauantrags hergestellt oder auf Grund eines vor diesem Zeitpunkt rechtswirksam abgeschlossenen obligatorischen Vertrags angeschafft worden sind,*

> • *im Jahr der Fertigstellung und in den folgenden 7 Jahren jeweils 5 Prozent,*
> • *in den darauf folgenden 6 Jahren jeweils 2,5 Prozent,*

- in den darauf folgenden 36 Jahren
  jeweils 1,25 Prozent,

3. bei Gebäuden ... soweit sie Wohnzwecken dienen, die vom Steuerpflichtigen a) auf Grund eines nach
dem 28. Februar 1989 und vor dem
1. Januar 1996 gestellten Bauantrags
hergestellt oder nach dem 28. Februar
1989 auf Grund eines nach dem 28.
Februar 1989 und vor dem 1. Januar
1996 rechtswirksam abgeschlossenen
obligatorischen Vertrags angeschafft
worden sind,

- im Jahr der Fertigstellung und
  in den folgenden 3 Jahren
  jeweils 7 Prozent,
- in den darauf folgenden 6 Jahren
  jeweils 5 Prozent,
- in den darauf folgenden 6 Jahren
  jeweils 2 Prozent,
- in den darauf folgenden 24 Jahren
  jeweils 1,25 Prozent,

b) auf Grund eines nach dem 31. Dezember 1995 und vor dem 1. Januar
2004 gestellten Bauantrags hergestellt
oder auf Grund eines nach dem 31.
Dezember 1995 und vor dem 1. Januar
2004 rechtswirksam abgeschlossenen
obligatorischen Vertrags angeschafft
worden sind,

- im Jahr der Fertigstellung und
  in den folgenden 7 Jahren
  jeweils 5 Prozent,
- in den darauf folgenden 6 Jahren
  jeweils 2,5 Prozent,
- in den darauf folgenden 36 Jahren
  jeweils 1,25 Prozent,

c) auf Grund eines nach dem 31. Dezember 2003 und vor dem 1. Januar
2006 gestellten Bauantrags hergestellt
oder auf Grund eines nach dem 31.
Dezember 2003 und vor dem 1. Januar
2006 rechtswirksam abgeschlossenen
obligatorischen Vertrags angeschafft
worden sind,

- im Jahr der Fertigstellung und
  in den folgenden 9 Jahren
  jeweils 4 Prozent,
- in den darauf folgenden 8 Jahren
  jeweils 2,5 Prozent,
- in den darauf folgenden 32 Jahren
  jeweils 1,25 Prozent,

der Anschaffungs- oder Herstellungskosten. [...]
(5a) Die Absätze 4 und 5 sind auf Gebäudeteile, die selbständige unbeweg-
liche Wirtschaftsgüter sind, sowie auf
Eigentumswohnungen und auf im
Teileigentum stehende Räume entsprechend anzuwenden. [...]"

Wenn Sie den Gesetzestext auch nur überfliegen, merken Sie, dass häufig von Daten die Rede ist; und zwar zum einen von Bauantragsterminen beziehungsweise Kaufvertragsdaten (obligatorische Verträge) sowie der Fertigstellung. Nun schließt sich der Kreis. Denn ganz zu Beginn der Anlage V wurden von Ihnen diese Angaben erfragt (→ Seite 70). Abhängig von eben diesen Daten gelten unterschiedliche AfA-Sätze:

→ Grundsätzlich ist ein Gebäude über 50 Jahre abzuschreiben, also mit einem AfA-Satz von 2 Prozent.

→ Für ältere Gebäude, die **vor** dem 1.1.1925 fertiggestellt wurden, beträgt die AfA 2,5 Prozent.

→ Zusätzlich gibt es abweichende AfA-Sätze in den beschriebenen Sonderfällen. Das bedeutet keineswegs, dass Sie mehr AfA als Werbungskosten absetzen können, sondern lediglich anders verteilt. Denken Sie an die „Salami-Scheiben" (→ Seite 85).

Unabhängig davon, welchen AfA-Satz Sie für Ihre Gebäude anwenden dürfen: Auf jeden Fall müssen Sie zunächst einmal das **AfA-Volumen** ermitteln. Wie Sie ja bereits gesehen haben, ist die Nutzungsdauer eines Gebäudes vom Gesetz auf 40/50 Jahre angesetzt und damit wird der jährlich als Werbungskosten ansetzbare Betrag vergleichsweise gering. Umso wichtiger ist es, dass Sie alle Beträge,

die nicht zwingend zu den Anschaffungs- oder Herstellungskosten des Gebäudes gehören, aussortieren. Je nachdem um welche Kosten es sich handelt, ist eine separate Abschreibung über eine kürzere Zeit, eine Zuordnung als **GWG** (→ Seite 89) oder sogar ein Ansatz als **sofort abzugsfähige Ausgaben** denkbar und auf jeden Fall für Sie steuerlich von Vorteil. Denn wer weiß denn schon, was in 40/50 Jahren ist.

Am Anfang stand der Kauf

Haben Sie Ihre Immobilie gekauft, ist die Ermittlung der Anschaffungskosten und somit Ihr AfA-Volumen vergleichsweise einfach. Der Kaufvertrag wird beim Notar geschlossen. Sie können sich die Arbeit sehr erleichtern, wenn Sie bereits bei Abschluss des Kaufvertrags eine realistische Aufteilung in Grund und Boden sowie Gebäude vornehmen. Sollten weitere „Nebenbauwerke" wie beispielsweise Gartenhütte, Gewächshaus, Außenpool, Fahnenmastanlage, Markisen, gemauerte Gartensitzecken oder Außenkamin/-grill vorhanden sein, benennen und bewerten Sie diese so sachgerecht wie möglich. Wenn Sie Schrankwände, Raumteiler, Küchen, einen Treppen-Lifter, aber auch eine eingerichtete Sauna und ähnliches mit erwerben, können Sie zusätzlich Steuern sparen, vorausgesetzt, es ist alles entsprechend im Kaufvertrag auf-

geführt. Empfehlenswert ist auch eine genaue Dokumentation etwa mithilfe von Fotos oder dem Makler-Exposé. Noch besser eignet sich das Wertgutachten eines Sachverständigen.

Beim Erwerb eines Grundstücks fällt regelmäßig die **Grunderwerbsteuer** an.

Die Grunderwerbsteuer ist eine Landessteuer. Jeweils zuständig ist das Bundesland, in dem das Grundstück liegt; also nicht zwingend auch das Finanzamt des Käufers oder Verkäufers. Bis vor einigen Jahren gab es einen einheitlichen Steuersatz in allen Bundesländern von 3,5 Prozent. Das hat sich jedoch geändert. Während in Bayern und Sachsen aktuell nach wie vor die 3,5 Prozent verlangt werden, gilt seit 1.1.2015 beispielsweise in Nordrhein-Westfalen der zurzeit höchste Steuersatz für die Grunderwerbsteuer von satten 6,5 Prozent.

Wenn Sie nur ein unbebautes Grundstück erwerben, zahlen Sie auch nur auf den Kaufpreis des Grundstücks die Grunderwerbsteuer.

Beim Kauf eines bebauten Grundstücks, ob Wohnhaus oder Skihütte, zählt der gesamte Kaufpreis, also einschließlich aufstehendem Gebäude. Das Finanzamt nimmt den Begriff **Im-**mobilie sehr wörtlich („unbeweglich"). Nur was wirklich absolut untrennbar mit dem Gebäude verbunden ist, unterliegt der Grunderwerbsteuer. So entsteht die Möglichkeit alle **mobilen** Gegenstände, die sich ohne weiteres entfernen und wieder (anderswo) einbauen lassen, herauszurechnen. Dazu zählen zum Beispiel Einbauküche, Photovoltaikanlage, Satellitenschüssel, Sauna, Whirlpool, Markise, Gartenhaus.

Unabhängig von der zu zahlenden Grunderwerbsteuer können Sie bei der AfA-Ermittlung einzelne Wirtschaftsgüter separat bewerten.

→ **TIPP Eigentumswohnanlagen**
Besonderheit beim Erwerb einer Eigentumswohnung: Die mit abgelöste Instandhaltungsrücklage unterliegt **nicht** der Grunderwerbsteuer. Lassen Sie diese im Kaufvertrag unbedingt gesondert ausweisen.

HINTERGRUND

Grunderwerbssteuersätze bundesweit

Baden-Württemberg: 5 %
Bayern: 3,5 %
Berlin: 6,0 %
Brandenburg: 6,5 %
Bremen: 5 %
Hamburg: 4,5 %
Hessen: 6 %
Mecklenburg-Vorpommern: 5 %
Niedersachsen: 5 %
Nordrhein-Westfalen: 6,5 %
Rheinland-Pfalz: 5 %
Saarland: 6,5 %
Sachsen: 3,5 %
Sachsen-Anhalt: 5 %
Schleswig-Holstein: 6,5 %
Thüringen: 6,5 %

(Stand: Januar 2019)

→ Maklerkosten/Vermittlungs-
  provisionen
→ Fahrkosten in Zusammenhang
  mit dem Erwerb/Notarterminen
→ Erschließungskosten (erstmalig)

Die Erwerbsnebenkosten beziehen sich immer auf die gesamte Immobilie, also Grund und Boden **und** Gebäude. Deshalb müssen sie prozentual aufgeteilt werden.

BEISPIEL: Amalie Arglos kauft ein Mehrfamilienhaus zum Preis von 400.000 €. Außerdem übernimmt sie eine Hypothek in Höhe von 100.000 €. Der Gesamtkaufpreis beträgt also 500.000 €; hiervon entfallen laut Notarvertrag für Grund und Boden 75.000 €. Außerdem sind im Kaufpreis fünf Küchen (bereits fünf Jahre alt) zum Zeitwert von je 2.000 € = 10.000 € enthalten.

Die Nebenerwerbskosten hat Amalie Arglos selbst mit weiteren 49.000 € ermittelt.

Die steuerlichen Anschaffungskosten des Gebäudes bestehen aus dem eigentlichen Kaufpreis zuzüglich eventuell übernommener Verbindlichkeiten/Verpflichtungen und den Erwerbsnebenkosten:

→ Grunderwerbsteuer
→ Notargebühren für Beurkundung
  des Kaufvertrages
→ Gebühren Grundbuchamt für
  Auflassung und Eintragung

Kaufpreis (Überweisung)	400.000 €
Hypothek	+100.000 €
Küchen	-10.000 €
Grund und Boden (GruBo)	-75.000 €
Summe für den Gebäudeanteil = 415.000 € plus 75.000 € für GruBo	490.000 €
plus Küchen	10.000 €
Summe	500.000 €

Die errechneten Erwerbsnebenkosten (zum Beispiel Grunderwerbsteuer) beziehen sich auf Grund und Boden **und** Gebäude und müssen nun für die AfA-Berechnung verteilt werden, Berechnung im Dreisatz:

49.000 € x 100 : 490.000 € Gesamt= 10 %. Somit entfallen auf den Grund und Boden 7.500 € der Nebenerwerbskosten und auf das Gebäude 41.500 €.

Damit ergibt sich für Amalie Arglos zunächst ein AfA-Volumen für das Gebäude in Höhe von 456.500 € (415.000 € + 41.500 €).

Die ebenfalls erworbenen fünf Küchen kann sie über die fünf Jahre Rest-Nutzungsdauer völlig separat abschreiben und die AfA als Werbungskosten ansetzen.

→ TIPP BORIS-Werte

Das Finanzamt richtet sich bei der Bewertung des GruBo in der Regel nach den BORIS-Werten. BORIS steht für Bodenrichtwertinformationssystem und das gibt es für alle Bundesländer. Tatsächlich werden dort nur Richtwerte angegeben und in Ihrem Einzelfall kann der Wert durchaus auch niedriger liegen. BORIS ist bei vielen PC-Steuerprogrammen hinterlegt; Sie können sich aber auch unabhängig von einem Steuerprogramm im Internet informieren zum Beispiel für Nordrhein-Westfalen: www.boris.nrw.de

 GUT ZU WISSEN

Preis von Grund und Boden

Die 7.500 € Erwerbsnebenkosten werden den Anschaffungskosten des GruBo von 75.0000 € hinzugerechnet, haben aber leider zunächst keine Auswirkung, weil ja der Grund und Boden nicht abgeschrieben werden darf. Allerdings sollten sie festgehalten werden. Wenn Sie jetzt nochmals an die „Salami" denken (→ Seite 85), können Sie sich den Anteil des GruBo als ein größeres Stück der ganzen Salami vorstellen, den Sie zur Seite legen und einfrieren. Wichtig können die Anschaffungskosten des GruBo werden, wenn es beispielsweise irgendwann später einmal um eine Veräußerung geht (→ Seite 138, private Veräußerungsgeschäfte).

Leider ist es in der Praxis oft gar nicht so einfach, den Preis für Grund und Boden korrekt zu ermitteln. Je höher der Wert des nicht abschreibungsfähigen Grund und Bodens angesetzt wird, desto weniger bleibt an Wert für das abschreibungsfähige Gebäude. Es lohnt sich auf jeden Fall genau zu recherchieren; denn ist der Wert erst einmal beim Finanzamt festgeschrieben, bleibt er grundsätzlich unabänderlich für immer so stehen.

Bauherren ermitteln

Sind Sie selbst Bauherr einer Immobilie, ermitteln Sie als AfA-Volumen, wie bereits erwähnt, die Herstellungskosten. Als Bauherr tragen Sie das sogenannte Bauherrenrisiko, Sie bauen auf eigene Rechnung und Gefahr, haben die Planung und Ausführung des Bauvorhabens in der Hand und beherrschen – zumindest rechtlich – das Baugeschehen. Dabei ist es ohne Bedeutung ob Sie ein vom Architekten frei geplantes Gebäude oder ein Haus in Fertigbauweise errichten.

Auch wenn Sie „nur" einen Anbau, Ausbau oder eine Erweiterung vornehmen, gelten Sie als Bauherr und haben Herstellungskosten als AfA-Volumen und AfA-Sätze genau wie für das Gebäude selbst. Das Finanzamt spricht von (nachträglichen) Herstellungskosten eines Gebäudes, wenn sich die nutzbare Fläche – also ist nicht nur Wohnfläche

gemeint – auch nur geringfügigst vergrößert. Das könnte durch Vergrößerung eines Hausanschlussraumes, einen Garagenanbau, Einbau einer Dachgaube, Anbau/Verbreiterung eines Balkons, Ersatz eines Flachdachs durch ein Satteldach oder ähnlichem geschehen. Wird ein Gebäude renoviert, beispielsweise durch eine Neueindeckung des Dachs und in dem Zuge gleichzeitig eine Dachgaube eingebaut, müssen Sie die Kosten in sofort abzugsfähige Erhaltungsaufwendungen und Herstellungskosten (Erweiterung durch Dachgaube) aufteilen.

Zu den Herstellungskosten eines Gebäudes gehören die

→ Kosten der Vorbereitung (etwa Planungskosten, Fahrtkosten, Abstandszahlungen),

→ eigentlichen Baukosten (alle Gewerke von der Baugrube/Bodenplatte bis zum Dach einschließlich Innenausbau),

→ Folgekosten der Erschließung (besondere Vereinbarung mit der Gemeinde zur Übernahme von Kosten),

→ Kosten für unselbstständige Außenanlagen (Umzäunungen, Zugangswege, Anpflanzungen wie Hecken als „lebende Umzäunung").

Selbst für einen Steuerfachmenschen ist es schwierig, stets richtig Herstellungskosten, Kosten des Grund und Bodens, selbstständig und gesondert abzuschreibende Außenanlagen und Instandhaltungen zuzuordnen. Hinzu kommt, dass es ständig neue Gerichtsurteile zu besonderen Aufwendungen gibt. Nachfolgend stellen wir Ihnen eine Auswahl vor:

Zu den Herstellungskosten gehören auch Abbruchkosten: Wenn ein bebautes Grundstück mit der Absicht erworben wurde, das alte Gebäude abzureißen um ein neues Gebäude zu errichten. Die Abbruchkosten einschließlich Gebäuderestwert des alten Gebäudes gehören dann zu den Herstellungskosten des Neubaus. Das Finanzamt geht von einer „Abbruchabsicht" aus, wenn der Abbruch innerhalb von drei Jahren nach dem Erwerb erfolgt. Allerdings kann dies im Einzelfall widerlegt werden.

Erfolgt der Abbruch ohne Herstellung eines Neubaus, werden diese Kosten dem Abschaffungspreis von Grund und Boden zugeordnet und können damit gar nicht abgeschrieben werden.

 HINTERGRUND

Verwechslungsgefahr

Erschließungskosten sind die Voraussetzung für die Bebauung eines Grundstückes. Sie werden von den Gemeinden erhoben. Dazu gehören im Wesentlichen die Wege, Ableitungen von Abwasser und Zuleitungen von Strom, Gas, Wasser. Steuerlich gehören diese Kosten zu den Anschaffungskosten des Grund- und Bodens. Eine Abschreibung ist nicht möglich. Sie ruhen kraft Gesetz als öffentliche Last auf dem Grundstück.

Erschließungsfolgekosten sind Kosten, die der Gemeinde für städtebauliche Maßnahmen zum Beispiel für die Errichtung von Schulen, Sportplätzen, Kindergärten und Krankenhäusern entstehen. Wenn die Gemeinde mit dem Bauherrn einen „Folgekostenvertrag" schließt, beteiligt die Kommune den Bauwilligen anteilig an den Kosten, die ihr als Folge des Neubaus und durch die Schaffung von Wohnraum entstehen. Es handelt sich hierbei **nicht** um eine öffentliche Last kraft Gesetz, sondern eine vertragliche Vereinbarung. Deshalb stellen diese Kosten als Herstellungskosten AfA-Volumen dar.

→ **TIPP** **Sofort absetzbar**

Wurde das Gebäude ohne Abbruch**absicht** erworben, gehören die Abbruchkosten und der Restbuchwert des abgerissenen Gebäudes zu den sofort abzugsfähigen Werbungskosten.

Abstandszahlungen an einen bisherigen Mieter als Entschädigung für eine vorzeitige Räumung des Grundstücks gehören zu den Herstellungskosten des Gebäudes. Auch Zahlungen an die Gemeinde um sich von der Verpflichtung Stellplätze anzulegen freizukaufen gehören dazu. Werden an Nachbarn, die gegen die Baugenehmigung Widerspruch eingelegt haben, Abstandszahlungen geleistet, gehören auch diese zu den Herstellungskosten des Gebäudes.

Allerdings werden Abstandszahlungen, mit denen das Recht auf Grenzbebauung für spätere Gebäude von Nachbarn erworben wird, den Anschaffungskosten für Grund und Boden zugerechnet.

Alarmanlagen gehören zu den (nachträglichen) Herstellungskosten des Gebäudes.

Anschlusskosten für den erstmaligen Anschluss des Gebäudes an die öffentliche Versorgungsnetze (Strom, Gas, Wasser, Fernwärme, Abwasser – vom Gebäude bis zum öffentlichen Kanal) sind Gebäude-Anschaffungskosten.

Aufzüge werden unterschieden in Personenaufzüge, die zu den Gebäude-Herstellungskosten gehören, und Lastenaufzügen. Letztere sind in der Regel Betriebsvorrichtungen mit einer eigenen AfA.

Anwalts- und Gerichtskosten aufgrund eines Rechtsstreits mit Baulieferanten und -handwerkern sind Herstellungskosten.

Aushub der Baugrube einschließlich aller Erdarbeiten gehören zu den Herstellungskosten des Gebäudes.

Außenanlagen für das Anpflanzen von Hecken und Büschen als „lebende Umzäunung" gehören zu den Herstellungskosten des Gebäudes, ebenso wie die Umzäunung eines Wohngebäudes.

Bau-Berufsgenossenschaftsbeiträge, die Sie als Bauherr für Ihre freiwilligen Bauhelfer als Unfallversicherung zahlen, sind ebenfalls den Herstellungskosten zuzurechnen.

Baukosten und Baunebenleistungen wie Baumaterial (einschließlich möglicherweise gestohlenem Material), Handwerkerlohn, Verköstigung der Bauhelfer, Ausrichtung des Richtfestes, angemessene Trinkgelder, Aufwendungen für Baugeräte, Werkzeuge, Architektenhonorare, Gebühren für die Baugenehmigung, Statik, Bauabnahme gehören ebenfalls zu den Herstellungskosten des Gebäudes.

Eigenleistungen können niemals als Kosten steuerlich angesetzt werden. Allerdings stellten Aufwandsentschädigungen an Ihre freiwilligen Bauhelfer wie Fahrgeld und Verpflegung sehr wohl zu den absetzbaren Kosten.

Einbauten gehören zu den Herstellungskosten des Gebäudes, wenn sie im Zuge der Fertigstellung des Gebäudes eingebaut werden (Fenster, Türen, Heizkörper, Deckenvertäfelungen, Fußböden, Rollläden, sanitäre Anlagen).

Fahrtkosten des Bauherrn für: Materialbeschaffung, Besuch von Baufachmessen, Behördengänge, Besuch der Baustelle) sind Herstellungskosten des Gebäudes und werden nach Reisekostengrundsätzen (derzeit 30 Cent je gefahrenen Kilometer beziehungsweise laut nachgewiesenen Kosten der Fahrscheine) berechnet.

Garage/Carport/Stellplatz gehören zu den Herstellungskosten des Gebäudes und können nur in seltenen Ausnahmefällen separat über 20 Jahre abgeschrieben werden.

Heiz-, Strom- und Wasserkosten bis zur Fertigstellung (einschließlich der messtechnischen Anlagen) sind ebenfalls Herstellungskosten des Gebäudes.

Pflasterung des Gehwegs zum Hauseingang, zum Carport/Stellplatz/Garage, zu den Mülltonnen gehört zu den Gebäudeherstellungskosten.

Schadensersatzleistungen für Schäden, die durch den Neubau zum Beispiel an Nachbargrundstücken entstehen, gelten als Herstellungskosten.

Nicht zu den Herstellungskosten des Gebäudes gehören:

Einbaumöbel, auch wenn sie speziell angepasst wurden. (Abschreibung auf zehn Jahre Nutzungsdauer).

Gartenanlagen sind ein selbständiges Wirtschaftsgut und werden auf zehn Jahre Nutzungsdauer abgeschrieben. Eine Aus-

nahme bilden die Einfriedungen/lebende Umzäunung (→ Außenanlagen, Seite 102).
Gartenlauben und Geräteschuppen, Wintergarten – freistehend – Nutzungsdauer 8 bis 20 Jahre (je nach Bauart).

Swimmingpool (außen), Sauna, Whirlpool gelten ebenfalls als selbständige Wirtschaftsgüter mit eigener AfA bei einer Nutzungsdauer je nach Bauausführung von 8 bis 25 Jahren.

Zufahrt, Gehwege und Hofbefestigung sind selbständig abschreibbar bei einer Nutzungsdauer von 9 Jahren (Ausnahmen → Pflasterung, Seite 102).

Böse Falle – Zeitnahe Renovierungen

Folgendes Praxisbeispiel zeigt am besten die Steuerproblematik:

BEISPIEL: Hanne und Hanno Schlitzohr sind rüstige Rentner und wollen die Rente mit „Betongold" aufbessern. Sie erwerben Mitte Januar von der ausbezahlten Lebensversicherung und ihrem Ersparten ein in die Jahre gekommenes Zweifamilienhaus. Das Gebäude weist einiges an Renovierungsstau auf und wurde mit nur 20.000 € bewertet. Es steht seit Kurzem leer. Sie wollen es haupt-

---

 GUT ZU WISSEN

„Kleine Baumaßnahmen"

Es gibt ein Schlupfloch für „kleine" Baumaßnahmen, mit Kosten bis maximal 4.760 € brutto. Das könnte zum Beispiel der nachträgliche Anbau eines Balkons oder einer Dachgaube sein. Eigenleistungen bleiben dabei unberücksichtigt. Diese Vereinfachungsregel gilt für Erweiterungsbaumaßnahmen **nach** Fertigstellung des Gebäudes auf Antrag und wird erläutert in den ESt-Richtlinien 21.1. (2), Satz 2: *„Betragen die Aufwendungen nach Fertigstellung eines Gebäudes für die einzelne*

Baumaßnahme nicht mehr als 4.000 Euro (Rechnungsbetrag ohne Umsatzsteuer) je Gebäude, ist auf Antrag dieser Aufwand stets als Erhaltungsaufwand zu behandeln."
Den „Antrag" stellen Sie ganz einfach, indem Sie derartige Aufwendungen in der Steuererklärung den laufenden Erhaltungsaufwendungen zuordnen. Das Finanzamt muss dem zustimmen! Der Vorteil für Sie: keine Abschreibung auf 50 Jahre, sondern sofort im Jahr der Entstehung steuermindernd ansetzbare Kosten!

sächlich in Eigenleistung renovieren und dann als „Zusatzrente" vermieten. Die Schlitzohrs machen sich zügig an die Renovierungsarbeiten und können nach nur 10 Monaten Bauzeit beide Wohnungen für eine stattliche Kaltmiete von je 750 € pro Monat zum 1.1. vermieten. Hanne hat bereits kurz überschlagen: rund 20.000 € haben die beiden nochmals ins Haus gesteckt. Vor allem die neuen Bäder haben doch mehr gekostet als zunächst gedacht. Nun hoffen sie auf schöne Steuererstattungen. Hanne kennt sich noch von früher her aus. Sie hatte bereits für ihre Eltern immer die Steuererklärungen gemacht; die hatten auch Vermietung. Sie hat die AfA des Gebäudes mit 2 % von 20.000 € + Erwerbsnebenkosten 2.000 € = 440 € berechnet. Die Renovierung hat sie mit 20.000 € als Werbungskosten angesetzt. Einnahmen waren in dem Jahr ja noch nicht.

Als der Steuerbescheid kommt, stockt den Schlitzohrs der Atem. Statt einer Erstattung, hat das Finanzamt eine Nachzahlung berechnet. Zunächst glaubt Hanne an einen Fehler, doch dann liest sie im Kleingedruckten auf Seite 3: Die jährliche Abschreibung wurde festgesetzt auf 840 €. Zu den Anschaffungskosten von 22.000 € wurden die Renovierungskosten als „anschaffungsnahe Herstellungskosten" mit 20.000 € hinzugerechnet (AfA 2 % von 42.000 €, auf 50 Jahre).

Seit einigen Jahren gibt es diese böse Steuerfalle der **anschaffungsnahen Herstellungskosten**. Der Gedanke des Gesetzgebers ist es, alle Vermieter gleichmäßig zu besteuern. Baut ein Vermieter ein Haus neu, sind alle Herstellungskosten zusammenzufassen und bilden das AfA-Volumen als Abschreibung für die nächsten 50 Jahre. Das gleiche gilt auch bei Kauf eines Hauses für die Anschaffungskosten. Die Schlitzohrs wollten durch den Erwerb einer älteren, preiswerten Immobilie die AfA möglichst niedrig halten, die Renovierung sofort als Werbungskosten absetzen, um somit dem Fiskus ein Schnippchen zu schlagen. Das aber widerspricht der gleichmäßigen Besteuerung und wird durch die Regelung in § 6 EStG, Absatz 2 ausgehebelt:

„1a.
Zu den Herstellungskosten eines Gebäudes gehören auch Aufwendungen für Instandsetzungs- und Modernisierungsmaßnahmen, die innerhalb von drei Jahren nach der Anschaffung des Gebäudes durchgeführt werden, wenn die Aufwendungen ohne die Umsatzsteuer 15 Prozent der Anschaffungskosten des Gebäudes übersteigen (anschaffungsnahe Herstellungskosten). [2]Zu diesen Aufwendungen gehören nicht die Aufwendungen für […] Erhaltungsarbeiten, die jährlich üblicherweise anfallen."

Die Dreijahresfrist wird berechnet ab Anschaffungsdatum (nicht etwa Datum des Kaufvertrags, → Seite 71). Wenn Sie dem Fiskus also ein Schnippchen schlagen wollen, brauchen Sie Geduld – drei Jahre Geduld, bevor Sie mit Renovierungen beginnen. Alle Ausgaben, auch beispielsweise Materialbeschaffungen, die Sie **vor** Ablauf der drei Jahre tätigen, werden zusammengerechnet. Die magere 15 %-Grenze gilt für alle drei Jahre – also 36 Monate – insgesamt. Damit kann sich diese Regelung durchaus über vier Steuerjahre hinziehen. Es könnte ja vorkommen, dass kleinere Reparaturen zwingend notwendig werden; diese sollen von der Regelung nicht betroffen sein, daher die Ausnahme der 15 % netto. Ausgenommen von dieser Regel sind lediglich jährlich wiederkehrende Auswendungen, etwa Wartungsarbeiten.

→ **TIPP Erweiterungen**
Nicht zu den anschaffungsnahen Herstellungskosten gehören Erweiterungen. Diese sind separat abzuschreiben (→ Seite 84). Somit fallen diese **nicht** unter die 15 % Grenze.

Berechnungsgrundlage ist stets der Kaufpreis des Gebäudes.

Die Schlitzohrs hätten also rechnen müssen: 15 % von 20.000 € Anschaffungskosten des Gebäudes= 3.000 € + 19 % MwSt. 570 € = 3.570 € als maximaler Werbungskostenansatz für Erhaltungsaufwand, Schönheitsreparaturen, Instandsetzungs- und Modernisierungsmaßnahmen, bis die drei Jahre vorüber sind.

Back to the roots

Eine Besonderheit ist die AfA-Ermittlung bei einer unentgeltlich erworbenen Immobilie, denn Sie hatten ja gar keine Anschaffungs- oder Herstellungskosten. In diesem Fall können Sie die AfA Ihres Rechtsvorgängers übernehmen. Steuerfachleute sprechen von „Fußstapfentheorie" (→ Seite 70). Das ist gewiss keine große Herausforderung, wenn das Objekt immer schon ganz oder teilweise vermietet war. Dann können Sie diese Beträge einfach aus der Steuererklärung des Rechtsvorgängers entnehmen und weiterführen. War aber das Haus bislang immer selbstgenutzt und soll nun erstmalig vermietet werden, ist es Ihre Aufgabe, die alten, ursprünglich Anschaffungs- oder Herstellungskosten zu ermitteln. **Liegt das alles mehr als 50 Jahre zurück, ist ohnehin keine AfA mehr anzusetzen.** Waren allerdings zwischenzeitlich Substanzerweiterungen, benötigen Sie die Nachweise und berechnen die AfA wie bereits zuvor ausführlich beschrieben und zwar so, wie der Rechtsvorgänger auch hätte berechnen können.

Doch nicht geschenkt?

Häufig glaubt man nur, ein Haus geerbt – unentgeltlich erworben – zu haben. Wenn Sie beispielsweise eine Hypothek, die auf dem Haus liegt, übernehmen und abzahlen oder aber Geschwister auszahlen müssen, haben Sie das Objekt ja nur zum Teil unentgeltlich bekommen – einen Teil haben Sie de facto bezahlt. Jetzt spricht das Finanzamt von teilentgeltlichem Erwerb und ermittelt die Entgeltlichkeitsquote. Das betrifft einen eventuellen Veräußerungsgewinn (→ Seite 139) aber auch das Afa-Volumen.

In diesem Fall haben Sie quasi zwei AfA-Berechnungen vorzunehmen. Für den unentgeltlich erworbenen Anteil die Fußstapfenmethode (siehe oben) und für den entgeltlich erworbenen Anteil, die „normale" AfA Berechnung.

BEISPIEL: Doro Donnerwetter erbt am 17.8.2018 (Todestag des Vaters) von ihrem Vater ein Mehrfamilienhaus. Die Eltern hatten einst das Haus gekauft zum Preis von 1.900.000 DM mit Übergang Lasten und Nutzen zum 1.3.1996. Die Mutter ist bereits vor einigen Jahren verstorben. Die Eheleute Donnerwetter hatten ein „Berliner Testament", sodass das Haus nunmehr dem Vater allein gehörte. Im Testament hatte er verfügt, dass seine Tochter Doro das Haus erben soll, und sie, Doro, die Geschwister Didi und Dudu wertmäßig ausbezahlt. Schulden waren nicht mehr auf dem Haus. Doro lässt nach dem Tod des Vaters ein Wertgutachten erstellen. Der Gutachter ermittelt einen Wert von 1.050.000 € (Grund und Boden 150.000 € und Gebäude 900.000 €). Doro nimmt einen Kredit auf und überweist Ihren Geschwistern Didi und Dudu je 350.000 €. Das Haus gehört ihr nun allein. Als „Übergang Lasten und Nutzen" (→ Seite 71) haben die drei Geschwister beim Notar in dem **Erbauseinandersetzungsvertrag** den Todestag des Vaters 17.8.18 rückwirkend vereinbart. Steuerlich hat Doro das Haus nun zu einem Drittel geerbt und zu zwei Drittel gekauft. Aus der Steuererklärung 2017 des Vaters weiß Doro, dass die jährliche AfA immer mit 2 % = 18.000 € angegeben war.

Doro Donnerwetter rechnet nun: Bei einer Entgeltlichkeitsquote von 1/3 darf sie auch 1/3 der bisherigen AfA ansetzen, also 6.000 € pro Jahr, und zwar bis 28.2.2046. Dann endet die Nutzungsdauer von 50 Jahren. Für 2018 sind das zeitanteilig 4/12 (September bis Dezember) 2.000 €.

Doro selbst zahlte 2018 für die 2/3 der Immobilie 700.000 €. Den Anteil für Grund und Boden darf sie dabei nicht mitrechnen. 2 % von 600.000 €= 12.000 € pro Jahr, allerdings für 50 Jahre also bis 31.7.2068. In 2018 muss sie auf 4/12 (September bis Dezember) zeitanteilig kürzen = 4.000 €. Das macht für 2018 also insgesamt 6.000 € AfA und in den Folgejahren 18.000 €.

Die Mieten muss Doro auch erst ab September 2018 als Einnahmen in ihrer Steuererklärung eintragen; denn bis einschließlich August 2018 gelten die Mieten nach dem Zuflussprinzip (→ Seite 107) noch als Einnahmen von Vater Donnerwetter. Diese Steuererklärung haben die Geschwister Doro, Didi und Dudu als Rechtsnachfolger des Vaters auch noch zu erledigen.

Bei einem teilentgeltlichen Erwerb hat die Entgeltlichkeitsquote auch Einfluss auf eventuelle Renovierungen innerhalb der ersten 36 Monate nach Erwerb. Für den unentgeltlich erworbenen Anteil gibt es keine anschaffungsnahen Herstellungskosten, weil Sie ja eben **nicht** angeschafft/gekauft haben, sondern in die Fußstapfen des Rechtsvorgängers treten. Insofern können Sie die anteiligen Renovierungskosten als **sofort abzugsfähige Werbungskosten** ansetzen. Das gilt jedoch nicht für den entgeltlich erworbenen Teil. Hierfür gelten die Regeln wie zuvor beschrieben. Das bedeutet, dass beispielsweise der Austausch einer Heizung sowohl als AfA-Volumen als auch als sofortiger Aufwand berücksichtigt wird.

BEISPIEL: Doro investiert noch 2019 rund 180.000 € in ihr Mehrfamilienhaus. Sie lässt die Fassade streichen für circa 40.000 €, tauscht für rund 70.000 € einige Fenster aus, renoviert den Hausflur für circa 5.000 € sowie einige Bäder für weitere 65.000 €.

Bei ihrer Steuererklärung berechnet Doro zunächst die 15 %-Grenze für anschaffungsnahe Herstellungskosten, denn sie weiß, innerhalb der ersten 36 Monate hat sie auf jeden Fall renoviert und ja auch zu 2/3 gekauft. 15 % von 600.000 € = 90.000 € zuzüglich 19 % MwSt. = 17.100 € also 107.100 €.

Bei einer Entgeltlichkeitsquote von 2/3 betrugen die Renovierungskosten 180.000 € und sind somit anzusetzen 1/3 = 60.000 € als sofort abzugsfähige Werbungskosten. Die restlichen 120.000 € übersteigen die 15 %-Geringfügigkeitsgrenze von 107.100 € und sind somit anschaffungsnahe Herstellungskosten. Ihr AfA-Volumen erhöht sich ab 2019 damit für den gekauften Anteil von bisher 600.000 € auf 720.000 €. Eine zeitanteilige Aufteilung ist nicht notwendig. Sie kann 12/12 AfA ansetzen. Das entspricht bei 2 % von 720.000 € also 14.400 € zuzüglich 6.000 € für die „alte" AfA vom Vater = 20.4000 €.

Doro kommt ins Grübeln. Wäre sie ein wenig geduldiger gewesen und hätte zwei, drei Bäder erst später, also nach Ablauf der drei Jahre renoviert, hätten auch die Kosten gewiss weniger als die 15 % Geringfügigkeitsgrenze betragen. Dann wäre die Gesamtsumme sofort als Kosten absetzbar gewesen. Hätte, hätte Fahrradkette...

3 aus 4 in 5

Auch nach Ablauf der Drei-Jahres-Frist lauert noch eine weitere Steuerfalle. Wenn Sie durch umfangreiche Renovierungen quasi eine neue Immobilie mit einem höheren Standard schaffen, qualifiziert das Finanzamt diese „Renovierungen" in Herstellungskosten um. Die unliebsame Steuerfolge ist genau wie bei den „anschaffungsnahen Herstellungskosten" im Kapitel zuvor (→ Seite 102) bereits beschrieben. Das AfA-Volumen erhöht sich und anstelle der sofort abzugsfähigen Aufwendungen in vollen Höhe haben Sie anteilige Werbungskosten, die auf Jahrzehnte verteilt werden.

Wenn aus der alten „Kabachel" ein schmuckes Wohnhaus wird, liegt die Wertverbesserung nahe. Von Standardanhebungen ist auszugehen, wenn sogenannte zentrale Ausstattungsmerkmale verbessert werden und sich der Gebrauchswert der Immobilie erhöht. Die Rede ist von Heizungs-, Sanitär-

und Elektroinstallationen sowie Fenstern. Das könnte zum Beispiel ein Austausch von einfach verglasten Fenstern in mehrfach verglaste sein oder aber die Umstellung von einzelnen Öfen in eine Zentralheizung oder die Erneuerung der Elektroleitungen, aber auch der Wasser- und Abwasserrohre. Bei wesentlichen Verbesserungen an drei von vier dieser Ausstattungsmerkmalen nimmt der Fiskus – unabhängig vom Wert – Herstellungskosten an, die dann mit dem Gebäude abzuschreiben sind.

Selbst wenn Sie sich viel Zeit lassen und nur nach und nach renovieren – der Fiskus kennt keine Gnade. Er spricht von „Sanierung in Raten" wenn die einzelnen Maßnahmen Teil eines Gesamtplanes sind und innerhalb eines 5-Jahres-Zeitraumes erfolgen. Sogar wenn Ihnen zunächst einzelne Renovierungen als sofort abzugsfähige Werbungskosten gewährt wurden, kann nachträglich eine Korrektur durch das Finanzamt erfolgen, wenn sich die Standard-Verbesserung erst später herausstellt. Die Beweislast trägt zwar grundsätzlich das Finanzamt, aber Sie als Steuerpflichtige trifft eine erhöhte Mitwirkungspflicht. Wenn sich der Zustand der Immobilie **vor** der Renovierung nicht mehr sicher feststellen lässt, geht der Fiskus von Indizien aus, die Sie später nur schwerlich widerlegen können.

Empfehlenswert ist auf jeden Fall eine aussagekräftige Dokumentation des Gebäudezustandes vor Beginn der Bau-Maßnahmen beispielsweise durch Fotos oder Beschreibungen der beauftragten Handwerker in Angeboten beziehungsweise Rechnungen, die Aufschluss über den ursprünglichen Zustand geben. Das Finanzamt sieht Indizien für eine Standardanhebung u.a. wenn:

→ die Modernisierung zeitnah nach dem Erwerb erfolgt.
→ hohe Kosten für die zentralen Ausstattungsmerkmale aufgewendet werden.
→ aufgrund der Baumaßnahme anschließend der Mietzins deutlich erhöht wird.

 **Anschaffungsnahe Herstellungskosten**
Marcel Oeliden ist Diplom-Kaufmann (FH) und Steuerberater: „Erhaltungsaufwendungen wie etwa Modernisierungs-, Renovierungskosten und Schönheitsreparaturen können grundsätzlich im Kalenderjahr der Bezahlung als Werbungskosten geltend gemacht werden und mindern damit die (Miet-)Einnahmen. Von diesem Grundsatz weicht die Finanzverwaltung jedoch ab, wenn sogenannte anschaffungsnahe Herstellungskosten vorliegen. Diese liegen dann vor, wenn innerhalb von drei Jahren nach Anschaffung eines Vermietungsobjekts die Erhaltungsaufwendungen (ohne in Rechnung gestellte Vorsteuer) 15 % der Anschaffungskosten des Gebäudes bzw. des Gebäudeteils übersteigen. Mit Überschreiten dieser Grenze werden sämtliche Erhaltungsaufwendungen (ggf. auch rückwirkend) in nachträgliche Anschaffungskosten umgewidmet. Somit werden die ehemals sofort abzugsfähigen Erhaltungsaufwendungen dem Gebäudewert zugerechnet. Die Aufwendungen sind dann in der Regel über eine Nutzungsdauer von 50 Jahren mit nur noch 2 % p.a. abzuschreiben. Aufgrund des dreijährigen Betrachtungszeitraums kann es zu nicht unerheblichen Steuerrückzahlungen führen, wenn die Erhaltungsaufwendungen in den Vorjahren als sofort abzugsfähige Werbungskosten behandelt wurden. Daher ist es sinnvoll bei der Anschaffung eines Gebäudes eine Prognose über geplante Erhaltungsaufwendungen zu erstellen. Mit der richtigen Verteilung der Erhaltungsaufwendungen kann eine zeitnahe Steuerentlastung realisiert werden."

Kein Ende in Sicht – Neverending Story

Eine Immobilie scheint niemals „fertig" zu sein. Haben Sie Ihre AfA-Beträge ermittelt, bleiben noch die sofort abzugsfähigen Erhaltungsaufwendungen, die Sie in den **Zeilen 39 bis 45** der Anlage V eintragen. In **Zeile 39** werden die Aufwendungen erfasst, die ausschließlich die vermieteten Flächen betreffen. Es sind sofort abzugsfähige Werbungskosten. In **Zeile 40** tragen Sie die Aufwendungen ein, die das gesamte Objekt betreffen und nicht zugeordnet werden können. Die Aufteilung der Werbungskosten erfolgt dann anhand der Wohnflächen. Mitunter entstehen in einem Kalenderjahr sehr hohe Renovierungskosten. Sie könnten die Kosten

wahlweise in dem einen Jahr geltend machen oder aber auf mehrere Jahre verteilen. Sie allein haben die Wahl, aber auch die Qual. Sie allein können und müssen entscheiden, ob und auf wie viele Jahre Sie die Ausgaben verteilen möchten (zwei, drei, vier oder fünf Veranlagungszeiträume VZ).

Überlegen Sie gut: „Wie entwickelt sich mein ZVE (→ Seite 20/21) in den nächsten zwei bis fünf Jahren?", denn davon hängt die kluge Entscheidung ab. Eine persönliche Zukunftsprognose, Ihr Blick in die Sterne oder die berühmte Glaskugel ist gefragt. Wenn Sie also bereits wissen oder ahnen, dass in den nächsten Jahren Ihre Gesamteinkünfte zum Beispiel aufgrund von Sonderzahlungen eher ansteigen, könnten Sie Ihr künftiges ZVE durch die Verteilung senken. Sie profitieren dann eventuell von der Progression (→ Seite

16). Die Eintragung erfolgt dann für diesen Fall nicht in Zeile 39, sondern stattdessen in **Zeile 41**. In den folgenden Jahren dann jeweils anteilig in den **Zeilen 42/43/44/45**.

→ **TIPP Nicht gleich mit Kuli ausfüllen**
Falls Sie eine Erklärung in Papierform abgeben, tragen Sie die Angaben erstmal mit Bleistift ein und später, wenn Sie Ihr ZVE komplett errechnet haben, korrigieren Sie nach Bedarf. Wenn Sie ein Computerprogramm nutzen, können Sie ganz zum Schluss Ihre verschiedenen Möglichkeiten durchrechnen. Selbstverständlich gelten dieselben Regeln analog auch für die Vermietung von „gemischten" Grundstücken.

„Vermietete Eigentumswohnungen: Ein paar interessante Infos und Tipps für Vermieter."

PETER BOLLWERK ist Geschäftsführer der Volksbank Sauerland Hausverwaltung GmbH.

Als neuer Besitzer einer Eigentumswohnung sind Sie mit einem Bruchteil (Miteigentumsanteil) an der Wohnungseigentümergemeinschaft beteiligt (gem. Wohnungseigentumsgesetz – WEG).

Die Teilungserklärung mit Aufteilungsplan ist Grundlage des Kaufvertrages. Sie regelt die Rechte und Pflichten des einzelnen Eigentümers und gleichzeitig die der Eigentümergemeinschaft.

Um Interessenkonflikte zu vermeiden (Einzel- und /oder Gemeinschaftseigentümer), ist es **gesetzlich erforderlich**, einen Hausverwalter zu bestellen. Die Eigentümerversammlung beschließt mehrheitlich, wer als Verwalter gewählt wird.
Eine solche wichtige Wahl will gut überlegt sein – Argumente sollen entscheiden:
- Langjährige Erfahrung, gute Referenzen
- Erfahrung im Umgang mit Eigentümern und Mietern
- Soziale Kompetenz – Objektivität in allen Belangen
- Qualifizierte, nachweisbare Ausbildung des Hausverwalterteams und ständige Weiterbildung

Der Hausverwalter übernimmt wichtige Aufgaben für die Eigentümergemeinschaft:
- Durchführung von Eigentümerversammlungen und Ausführung der Eigentümerbeschlüsse
- Durchführung von Instandsetzungs-/Instandhaltungsmaßnahmen
- Rücklagenbildung für zukünftige Instandhaltungsmaßnahmen
- Einhaltung Versicherungsschutz (Gebäude- und Grundstückshaftpflicht)
- Erstellung einer Hausordnung
- Jährliche Gesamt- und Eigentümerabrechnung mit Erstellung eines Wirtschaftsplans für das nächste Wirtschaftsjahr

Bei vermieteteten Objekten sollte er ein kompetenter und stets erreichbarer Partner für Eigentümer und Mieter sein. Er erstellt auch die jährliche Betriebskostenabrechnung für den Mieter. Eine rechtssichere Abrechnung ist zwingend notwendig, um Streitigkeiten zwischen Vermietern, Mietern und möglicherweise dem Finanzamt zu vermeiden.

Wenn Sie eine Eigentumswohnung vermieten, erwerben Sie üblicherweise automatisch einen eigenen Anteil an der „Rücklage". Die Rücklage ist der gemeinsame „Sparstrupf" aller Miteigentümer. Jeder zahlt, in der Regel monatlich, über das „Hausgeld" einen zuvor auf der jährlichen Eigentümerversammlung festgelegten Betrag. Der Hausverwalter legt das Geld an und bezahlt damit bei Bedarf größere Reparaturen und Renovierungen für die Eigentümergemeinschaft. Als Werbungskosten dürfen Sie nur „Entnahmen aus der Rücklage" anteilig geltend machen.

Der Verwalter führt in der Jahresabrechnung auch immer auf, was aus der Rücklage bezahlt wurde und wie hoch Ihr eigener Anteil zum Beispiel an den Renovierungskosten ist. Es handelt sich dabei stets nur um Kosten, die **alle** Eigentümer betreffen: beispielsweise Streichen der Fassade, Dacheindeckung, Treppenhausrenovierung, Reparatur der Zentralheizung, Neugestaltung der Gartenanlage, Austausch der Fenster, Balkonsanierung usw. Renovierungen die nur Ihre eigene Wohnung betreffen, etwa eine Renovierung bei Mieterwechsel wie Badsanierung, Fußbodenaustausch, Fliesenarbeiten sind weitere, abzugsfähige Werbungskosten.

Es ist sinnvoll, wenn Sie bereits beim Einkauf von Material beziehungsweise bei Rechnungseingang eine Zuordnung treffen, denn spätestens bei der Steuererklärung ist dies unerlässlich.

Belege sortieren

Wie gehen Sie nun geschickt vor? Sortieren Sie zunächst Ihre Ausgabenbelege nach Kategorien. Das kostet Sie deutlich weniger Mühe, wenn Sie schon beim Einkauf überlegt vorgehen und bereits im Geschäft alle Produkte voneinander trennen. Besonders bei gemischt genutzten Immobilien empfiehlt sich die „Ampel-Strategie".

BEISPIEL: Willi Wühlschüppe bewohnt das Erdgeschoss seines Eigenheims mit 100 Quadratmetern selbst. Die Souterrainwohnung mit 50 Quadratmetern hat er an Ömmes vermietet. Das Dachgeschossappartement, ebenfalls 50 Quadratmeter, hält er für gelegentliche Besuche seiner großen Familie frei. Er ist praktisch veranlagt und erledigt die meisten Arbeiten an Haus und Garten persönlich. In den Baumärkten der Umgebung schaut er regelmäßig nach Schnäppchen. Weil er weiß, die nächste Steuererklärung kommt bestimmt, legt er bereits beim Einkauf im Baumarkt die Ware getrennt aufs Band.

Und weil das Angebot der Baumärkte breit gefächert ist: Sein eigenes Eis am Stiel, das Ü-Ei für die Enkelin Jacqueline, die neuen Sitzkissen für die Terrassenmöbel und die Bastelsachen für seine Frau Wilma sind allesamt auf jeden Fall „privat". Willi legt sie getrennt aufs Kassenband und zahlt die fälligen 50 € separat.

Auf dem zweiten Beleg sind aufgeführt: Blumen für die Vorgartenbepflanzung 20 €, eine schicke Glastür für das Wohnzimmer der Mieterwohnung 200 €, die Anstreichfarbe für den Zaun 30 €, eine neue Lampe für den Kellerflur 10 €, eine Stehlampe für das Dachgeschoss 50 € sowie ein Restposten Fliesen 100 € (ausreichend für die Fliesenspiegel aller drei Küchen im Haus). Zuhause angekommen markiert er sofort mit Buntstiften den Bon in Ampel-Farben. **rot** – nicht bei der Steuer absetzbar: die Stehlampe; **gelb** – anteilig bei der Steuer absetzbar: Blumen 20 €, Farbe 30 €, Kellerlampe 10 €, Fliesen 100 € Total = 160 € und zuletzt **grün** – vollständig bei Steuer absetzbar: die Glastür 200 €.

Das Dachgeschoss ist nicht vermietet, also selbstgenutzt, somit ist der Kauf der Stehlampe leider reines Privatvergnügen. Die Bepflanzung des Vorgartens und das Streichen des Zauns verbessern das Gesamtbild des Hauses. Ebenso wie die Kellerlampe dient es seinem Mieter Ömmes sowie Willi und Wilma Wühlschüppe gleichermaßen. Weil Willi die Fliesenspiegel in allen drei Küchen erneuern will, sind auch diese anteilig Werbungskosten.

Willi Wühlschüppe verfährt so im Laufe des Jahres mit allen Einkaufsbelegen. Auch Rechnungen markiert er in „Ampel-Manier". Er weiß, wie schwierig es ist, sich nach längerer Zeit an die richtige Zuordnung zu erinnern. Belege, die ihm seine Gebäudeversicherung erstattet hat, etwa die Dachreparatur vom letzten Sturm Friederike, sortiert er sofort ganz aus.

Wilma Wühlschüppe erinnert ihren Willi noch daran, die mit dem privaten Auto gefahrenen Kilometer sofort in der Liste „Materialbeschaffung V+V" einzutragen. Die Wühlschüppes sind echte Pfennigfuchser und zeichnen alljährlich ihre Fahrkosten auf. Sie sind immer wieder erstaunt, wenn sie die Aufstellung zusammenrechnen. Im Laufe eines Jahres fahren sie so manchen Kilometer, jeweils berechnet mit 0,30 € sind das schon etliche Euros.

→ **TIPP** **Achtung Thermo**
Die Kassenbons einiger Geschäfte sind aus Thermopapier. Der Aufdruck ist – je nach Lagerung – dann nach einiger Zeit nicht mehr entzifferbar. Besser den Bon zusätzlich kopieren und an das Original anheften. Zur Markierung am besten Buntstifte verwenden. Sie können notfalls sogar radieren. Auch Textmarker lassen mitunter die Schrift „verschwinden". Es gibt spezielle Textmarker, die sich wieder entfernen lassen.

Bei der Erstellung der Steuererklärung addiert Willi all seine „Ampelbelege".
Die gelben Belege teilt er dann auf und rechnet im Dreisatz:
Gesamtwohnfläche des Hauses 100 qm EG + UG 50 qm + DG 50 qm = 200 qm Gesamtfläche.

Davon eigengenutzt EG 100 qm + DG 50 qm = 150 qm = 75 %; Vermietet 50 qm UG = 25 %. Er weiß, die gelben Beträge seines letzten Einkaufs 160 € sind mit 25 % also 40 € Werbungskosten.
Dazu kommt noch die Glastür mit 200 € als 100-prozentige Werbungskosten (Ampelfarbe Grün).

Wurden Sie in Grund und Boden beraten?

In **Zeile 36** der Anlage V sollen Sie Ihre Schuldzinsen ohne Tilgungsbeträge notieren. Dazu gehören außer den üblichen Darlehnszinsen auch Bereitstellungszinsen, Disagio, Damnum, laufender Erbbauzins und Vorfälligkeitsentschädigungen aufgrund von Umschuldungen.

 GUT ZU WISSEN

Vorfälligkeitsentschädigungen
Vorfälligkeitsentschädigungen aufgrund der Immobilienveräußerung sind **keine** Werbungskosten der Vermietung, sondern gegebenenfalls als Veräußerungskosten (→ Seite 139) ansetzbar.

Geldbeschaffungskosten tragen Sie in **Zeile 37**, Anlage V ein. Das sind neben den Kontoführungsgebühren auch Bürgschaftsgebühren, Kosten der Grundschuldbestellung (Notar und Grundbuchamt), Kosten für die Prüfung von Beleihungsunterlagen, Kreditprovisionen, Schätzungsgebühren/Gutachterkosten, Gebühren der Bausparkassen für Abschluss oder Zuteilung der Verträge und sonstige Kosten die im Zusammenhang mit der Finanzierung stehen. Das könnten Porto, Telefon, Kopien, Beglaubigungen, Fahrten u.ä. sein, sofern Sie diese nicht bereits unter „Verwaltungskosten" erfasst haben.

Renten und dauernde Lasten sind Werbungskosten, die entstehen, wenn Sie Ihre Immobilie auf Rentenbasis bei regelmäßig wiederkehrenden Zahlungen erworben haben. Die Eintragung erfolgt in **Zeile 38**, Anlage V. Dies betrifft in der Regel nur Altfälle (Anschaffung vor 2008).

Die laufenden Betriebskosten sind in der Regel auf die Mieter umlegbar. Die Angaben machen Sie in **Zeile 46**, Anlage V. Dazu gehören: Grundsteuer, Straßenreinigung, Winterdienst, Müllabfuhr, Wasser, Abwasser, Niederschlagswasser, Deichabgaben, allgemeine Beleuchtung, Heizung, Warmwasser, Strom, Gas, Schornsteinfeger, Heizungswartung, Gebäudehaftpflicht, Gebäudeversicherung und ähnliches.

In **Zeile 47**, Anlage V gehören die allgemeinen Verwaltungskosten im Zusammenhang mit der Vermietung, sofern Sie diese nicht bereits anderweitig erfasst haben. Das sind anteilig Porto, Telefon, Rechts- und Beratungskosten, Prozesskosten, Fahrtkosten, Beitrag des Haus- und Grundbesitzervereins, Reinigungskosten, Zeitungsanzeigen, Maklergebühren, Steuerberatungskosten, Verwalterkosten.

Sonstige Kosten tragen Sie in **Zeile 49** ein. Das könnten beispielsweise eine Rechtsschutzversicherung für Vermieter, eine Mietausfallversicherung oder nicht umlegbare Kosten einer Eigentumswohnung (außer der Instandhaltungsrücklage) sein. Auch sogenannte Leerstandkosten sind Werbungskosten, die Sie an dieser Stelle eintragen können. Haben Sie zwischen zwei Mietverhältnissen einen Leerstand, laufen ja nicht nur die anteiligen Betriebskosten (vergleiche **Zeile 46**) weiter, sondern auch Strom und Gas einschließlich der Grundgebühren.

Schließlich ermitteln Sie in **Zeile 50** die Summe aller Werbungskosten und übertragen diese auf die erste Seite der Anlage V, **Zeile 22**.

Vermieter – ernsthaft?

Es kommt häufig vor, dass gerade in den ersten Jahren nach Kauf oder Bau einer Immobilie bei der Vermietung negative Einkünfte, also **Verluste** entstehen.

Sie sind jedoch kein Vermieter, wenn Sie zum Beispiel nur eine Aufwandsentschädigung erhalten. Daher sollten Sie rechtzeitig und peinlich genau diese Frage klären. Steuerrechtlich muss ein Vermieter stets eine „Einkunftserzielungsabsicht" haben: Er will, zumindest auf lange Sicht, ein Plus aus der Vermietung erwirtschaften. Mag sein, dass es nicht immer gelingt; allein die Absicht zählt für den Fiskus. Wenn diese Absicht fehlt, haben Sie eben keine steuerrechtlichen Einkünfte aus Vermietung. Insbesondere wenn Sie an nahe Angehörige vermieten, wird das Finanzamt die „Einkunftserzielungsabsicht" ganz genau prüfen. Die Folge ist recht einfach: Wenn Sie nicht „vermieten", können Sie auch keine Vermietungsverluste geltend machen.

BEISPIEL: Koko Schinski hat eine nette kleine Eigentumswohnung in einem angesagten Viertel von Heidelberg erworben. Irgendwann möchte sie diese vielleicht selbst als Altersruhesitz nutzen. Derzeit studiert ihr Lieblingsenkel Kevin im zweiten Semester in Heidelberg. Kevin darf, solange er studiert, die Wohnung nutzen. Er zahlt seiner Omi für

die 50 Quadratmeter monatlich 150 €. Koko Schinski hat ausgerechnet, dass sie damit in etwa die laufenden Betriebskosten (Heizung, Grundbesitzabgaben, Wasser, Abwasser, Müll, Versicherung, Hausmeister usw.) decken kann. Eine Miete im eigentlichen Sinne bekommt Koko Schinksi nicht — sie überlässt Kevin vielmehr die Wohnung gegen Kostenerstattung. Eine Anlage V braucht sie bei ihrer Steuererklärung nicht auszufüllen.

Wenn Sie ernsthaft vermieten möchten, sollten Sie Ihre Mietverträge schriftlich vereinbaren. Die monatlichen Mietzahlungen müssen regelmäßig unbar auf Ihr Konto erfolgen. Zeiten der „Mietbücher" und Barzahlungen sind Geschichte. Vermieten Sie an Familienangehörige, achten Sie unbedingt darauf, dass die getroffenen Vereinbarungen einem „Fremdvergleich" standhalten. Damit ist gemeint, dass alle Vereinbarungen so getroffen und auch durchgeführt werden müssen, wie es unter fremden Vertragspartnern (die nicht zur Familie gehören, also eben fremd sind) üblich ist. Sie tragen im Zweifel die Beweislast. Es ist **Ihre** Aufgabe, Sachverhalte dem Finanzamt gegenüber nachzuweisen oder zumindest glaubhaft zu machen.

Empfindlich reagiert das Finanzamt auch, wenn zum Beispiel Ihre zu vermietende Wohnung über einen längeren Zeitraum hinweg leersteht. Eine leerstehende Wohnung verursacht Kosten, die Sie gewiss von der Steuer absetzen möchten. Oft stellt das Finanzamt die Frage, ob Sie die Vermietungsabsicht eventuell aufgegeben haben und verwehrt Ihnen im Zweifel den Verlustabzug. Tatsächlich sollten Sie in Ihrem eigenen Interesse akribisch Beweissicherung betreiben.

Schneiden Sie Ihre Vermietungsanzeigen aus. Notieren Sie die Anrufe, dokumentieren Sie die Besichtigungen und auch warum eine Vermietung nicht zustande kam. Fotografieren Sie Ihre weiteren Vermietungsbemühungen wie etwa Aushänge im Supermarkt, Ihre „Internetaktivitäten" bei Onlineportalen, die Mietangebote am schwarzen Brett Ihres Vereins, Facebook-Aufrufe. Ihrer Kreativität sind keine Grenzen gesetzt.

Eine fehlende Vermietungsabsicht wird auch schnell unterstellt, wenn Ihre Immobilie aufgrund von Renovierungsstau unvermietbar geworden ist und Sie zum Beispiel keine finanziellen Mittel haben, um Abhilfe schaffen zu können.

Falls Sie Ihre Immobilie nach einem Leerstand verkaufen, geht das Finanzamt davon, aus, dass Sie Ihre Vermietungsabsicht aufgegeben haben. Es wird Ihnen also unterstellt, dass Sie gar keinen neuen Mieter mehr suchten, weil Sie ja ohnehin verkaufen wollten. Die steuerliche Folge ist, dass Sie ab genau diesem Zeitpunkt dann keine Werbungskosten mehr absetzen können. Das ist umso bitterer, je länger der Leerstand dauerte. Das Finanzamt entnimmt beispielsweise Ihrem Makler-Vertrag oder den Immobilienanzeigen einen solchen Termin. Das trifft Sie besonders hart, wenn Sie diese Anzeigen nur geschaltet haben, um den Marktwert Ihrer Immobilie „abzuklopfen". Letztlich tragen Sie die Beweislast über Ihre Vermietungsabsicht.

66 %-Regel – Verbilligt überlassen

Vermieten Sie Ihre Wohnung deutlich unter dem ortsüblichen Mietzins, verwehrt Ihnen das Finanzamt im Zweifel den anteiligen Abzug der Werbungskosten. Die Rechtslage hat sich seit einigen Jahren diesbezüglich deut-

lich geändert. Es gibt diese verbilligte Überlassung nicht nur bei nahestehenden Personen, sondern auch bei völlig Fremden und
sogar wenn Sie als Vermieter aus vertragli-
chen Gründen die vereinbarte Miete gar nicht
anpassen dürfen. Die Frage **warum** ist die
Miete so niedrig, stellt sich nicht mehr. Seit
1.1.2012 können Sie die gesamten Werbungskosten (→ Seite 84) nur dann vollständig abziehen, wenn Sie mindestens 66 % der ortsüblichen Miete erzielen. Für die Berechnung
ist von der vereinbarten Warmmiete auszugehen und auf das Kalenderjahr abzustellen.

BEISPIEL: Pico Bello hatte seine Eigentumswohnung bislang für 800 € inklusive Nebenkosten vermietet. Der bisherige Mieter hatte
zum 1.12.2017 gekündigt. Pico Bello erledigte
im Januar 2018 einige Schönheitsreparaturen und vermietete ab 1.2.2018 an seine Tochter Bellinda. Bellinda schrieb noch an ihrer
Master-Arbeit und hatte nur geringe Einkünfte; eine feste, wenn auch befristete, An-
stellung wurde Bellinda zum 1.7.2018 zugesagt – vorausgesetzt, sie besteht die Mas-
ter-Prüfung. Vater und Tochter vereinbarten
im schriftlichen Mietvertrag eine Brutto-
miete (einschließlich Betriebskosten) von
450 € für die Monate Februar bis Juni; ab
1.7.2018 dann 600 € monatlich. Tatsächlich
klappt alles wie geplant: Bellinda besteht die
Prüfung und überweist pünktlich an Pico
Bello die Miete wie vereinbart. Im Trubel der

Vorweihnachtszeit übersieht Bellinda die
Mietzahlung. Das fällt ihr erst Ende Januar
2019 auf – dann aber holt sie die Überweisung umgehend nach.

Die übliche Miete kann Pico Bello mit
800 € annehmen (wie zuvor vom bisherigen
Mieter bezahlt). 528 € entspricht somit 66 %
von 800 €. Umgerechnet auf 11 Monate (Februar bis Dezember 2018) wären das: 11 x
528=5.808 € sozusagen als „Mindestmiete".

Bellinda zahlt: 5 x 450 (Februar bis Juni
2018) = 2.250 € und 6 x 600= 3.600 €; in 2018
also **total** 5.850 €. Pico Bello kann somit seine
errechneten Werbungskosten vollständig bei
der Steuer absetzen.

Für 2018 muss Pico Bello nach dem Zu-
und Abflussprinzip (→ Seite 181) in seiner
Steuererklärung nur die tatsächlich erhaltenen Einnahmen: 5 x 450 € und 5 x 600 €=
5.250 € eintragen. Durch die verspätete Zahlung von Bellinda wird die Dezember-Miete
erst in 2019 bei Pico Bello angesetzt.

Gleichwohl darf er bei der Berechnung der
66 % von den vereinbarten Zahlungen aus-
gehen. Allerdings, so ermahnt Pico Bello seine
Tochter, darf das nicht noch einmal vorkommen. Besser ist, Bellinda richtet einen Dauerauftrag ein. Pico Bello will keinen Ärger mit
dem Finanzamt riskieren. Gerade unter nahen Angehörigen können unregelmäßige
Mietzahlungen die steuerliche Anerkennung
des Mietverhältnisses gefährden und damit
auch die Berücksichtigung seiner Verluste.

Im April 2019 muss Bellinda ihrem Vater beichten, dass ihr befristeter Arbeitsvertrag ab Juli nicht verlängert werden wird; allerdings könnte sie eine Teilzeitstelle bekommen. Das wäre jedoch mit deutlichen Lohneinbußen verbunden. Bellinda bietet ihrem Vater an, die Wohnung zu räumen. Das aber bringt Pico Bello nicht über sein Vaterherz. Er bespricht mit Bellinda 400 € Miete ab 1.7.2019 bis auf weiteres. Pico Bello weiß, das ist nur die Hälfte der üblichen Miete von 800 €. Falls Bellinda nicht bald wieder eine höhere Miete zahlen kann, wird spätestens ab 2020 auch nur noch die Hälfte seiner Werbungskosten vom Finanzamt anerkannt werden.

Dann beginnt er zu rechnen.

VORAUSSICHTLICHE MIETE FÜR 2019	
6 x 600 € (Januar bis Juni)	3.600 €
6 x 400 € (Juli bis Dezember)	2.400 €
Summe	**6.000 €**

Die übliche Miete wäre 12 x 800 € = 9.600 €; hiervon 66 % also 6.336 €. Er muss also bereits für 2019 in einen entgeltlich und einen unentgeltlichen Vermietungsanteil berechnen. Im Dreisatz ermittelt er: 6.000 € (Miete Bellinda) x 100 : 9.600 € (übliche Miete) = 62,5 %.

Von all seinen schönen Werbungskosten darf er in 2019 nun nur noch knapp 2/3 als Ausgaben bei der Steuer ansetzen. Dabei fehlt ja gar nicht so viel an den besagten 66 % – gerade mal 336 €. Ich rede noch mal mit Bellinda, überlegt er. Vielleicht hat sie ja ein paar Ersparnisse und die neue Regelung mit der verbilligten Miete vereinbaren wir erst ab 1. September 2019. Das würde ihm, Pico Bello, den vollen Werbungskostenabzug zumindest erst einmal für 2019 erhalten: 8 x 600 € (Januar bis August)= 4.800 € + 4x400 € (September bis Dezember) = 1.600 €, das ergibt für 2019 total 6.400 €, also mehr als 66 %.

Bei diesen engen und starren Grenzen können Sie sicher schon erahnen, dass hohes Streitpotential gegeben ist. Vor allem, wenn es darum geht, die richtige Vergleichsmiete festzustellen. Wenn Sie vor Abschluss eines Mietvertrages versuchen, die ortsübliche Miete beim Finanzamt zu erfragen, werden Sie vermutlich keine klare, abgesicherte

Antwort bekommen. Die Finanzverwaltung schreibt in ihren Verwaltungsanweisungen dazu:

> *„Es ist von der ortsüblichen Marktmiete für Wohnungen vergleichbarer Art, Lage und Ausstattung auszugehen. Die ortsübliche Marktmiete umfasst die ortsübliche Kaltmiete zuzüglich der nach der 2.Berechnungsverordnung umlagefähigen Kosten."*

In Gemeinden, die einen örtlichen Mietspiegel haben, ist dieser maßgebend. Dabei ist laut Rechtsprechung jeder Wertansatz innerhalb der Mietpreisspanne vom Finanzamt zu akzeptieren, auch wenn es der niedrigste ist, wenn Lage und Ausstattung vergleichbar sind. Auf jeden Fall ist Vermietern, die die neuralgischen 66 % nur knapp überschreiten, anzuraten, immer zeitnah Nebenkostenabrechnungen zu erstellen und auch die Vorauszahlungen entsprechend anzupassen. Es wird ja stets die Kaltmiete einschließlich Nebenkosten verglichen. Das ist für den Vermieter eine günstige Berechnungsmethode, da die umlagefähigen Kosten im Vergleich zur Kaltmiete einen durchaus beachtlichen und stetig steigenden Kostenanteil ausmachen. Auch bei verbilligter Überlassung werden die Nebenkosten meist trotzdem vollständig vom Mieter getragen.

Urlaub und Erholung – Kein Zuschuss vom Finanzamt

Seit einigen Jahren steht die Vermietung von Ferienwohnungen ganz besonders im Fokus der Finanzämter. Haben Sie eine Ferienimmobilie ausschließlich zur eigenen Nutzung, müssen Sie keine Vermietungseinkünfte versteuern. Auch wenn Sie gelegentlich unentgeltlich die Wohnung an Familie, Freunde und Bekannte „vermieten", sind dies steuerlich keine Vermietungseinkünfte, selbst dann nicht, wenn Sie dafür eine kleine Aufwandsentschädigung für die Nebenkosten vereinnahmen. **Wenn Sie keine Einnahmen versteuern, können Sie auch keine Ausgaben als Werbungskosten geltend machen.**

Vermieten Sie hingegen die Immobilie ausschließlich gegen Entgelt, haben Sie steuerpflichtige Vermietungseinkünfte, die Sie, wie bereits beschrieben, in die Anlage V eintragen.

Gerade in den ersten Jahren erwirtschaften Ferienimmobilien meist deutliche Verluste. Für Sie als Vermieter ergeben sich entsprechend hohe Steuervorteile. Da schaut das Finanzamt natürlich ganz genau hin und zweifelt auch immer wieder Ihre Gewinnerzielungsabsicht an.

Wenn Sie Ihre Steuererklärung mithilfe eines PC-Steuerprogramms erstellen, werden Ihnen weitere Fragen über die genaue Art und Weise der Vermietung, die üblichen

Vermietungstage und die Eigennutzung gestellt. Genau diese Fragen stellt Ihnen im Zweifel auch das Finanzamt. Es soll ausgeschlossen werden, dass Sie die Immobilie auch teilweise selbst nutzen, denn bei einer anteiligen Eigennutzung sind auch die Werbungskosten nur anteilig absetzbar.

Es gibt Indizien, die **für** eine ausschließliche Fremdvermietung sprechen. Das wäre der Fall, wenn Sie eine weitere eigengenutzte Immobilie in der Nähe haben oder die Ferienwohnung über eine Agentur/Vermittler anbieten. Im Umkehrschluss ist eine Vermietung in Eigenregie ohne eine eigene Wohnung in der Nähe zu bewohnen, beim Finanzamt schnell unter Verdacht.

Keine Selbstnutzung ist Ihr kurzfristiger Aufenthalt in der Ferienimmobilie beispielsweise zu Kontrollzwecken, Renovierungs- und Reinigungsarbeiten, Schadensbeseitigung oder Schlüsselübergabe an Mieter.

→ **TIPP Teure Selbstnutzung**

Als Vermieter sollten Sie besser auf den Vorbehalt der Selbstnutzung gegenüber der Agentur verzichten. Während eventueller Leerstandzeiten können Sie sich noch immer kurzfristig für die eigene Nutzung einbuchen lassen.

Bei der Vermietung über eine Agentur geben Sie meist bereits zu Beginn des Jahres die „nicht vermietbaren Tage" an, beispielsweise weil Sie renovieren wollen. Ein ordentlicher Kaufmann wird hierfür nicht die Hauptsaison wählen. Behalten Sie sich für längere Zeit – insbesondere während der Saison – die Eigennutzung vor, geht das Finanzamt von der „gemischten Nutzung" aus.

Vermieten Sie hingegen in Eigenregie, wird das Finanzamt insbesondere skeptisch, wenn Ihre individuellen Vermietungstage deutlich – mindestens 25 % – unter denen der Mitanbieter liegen. Auskunft hierüber gibt Ihnen die Gemeinde oder das Touristikbüro. Das ist selbstverständlich unproblematisch, wenn Sie nachweisen können, dass die Immobilie beispielsweise infolge eines Sturmschadens längere Zeit unvermietbar war. Aber auch hier gilt für Sie: rechtzeitig an Beweissicherungen denken!

Nutzen Sie die Ferienimmobilie teilweise selbst, müssen Sie eine Aufteilung vornehmen. Entsprechend werden dann auch die Werbungskosten gekürzt. Unabhängig von den gekürzten Werbungskosten schwebt auch immer das Damoklesschwert „Gewinnerzielungsabsicht" und „Liebhaberei" über Ihnen. Das Finanzamt verlangt im Zweifel eine sogenannte **Totalüberschussprognose.** In der Regel ist dies erst nach ein paar „Verlustjahren" der Fall. Häufig ergehen allerdings bereits die ersten Steuerbescheide diesbezüglich unter Vorbehalt (→ Seite 201). Ihnen wird unterstellt, dass Sie die Immobilie vorrangig aus privaten Gründen, aus Spaß an der Freud – eben als Liebhaberei angeschafft haben und gar nicht ernsthaft an einem Überschuss aus der Vermietung interessiert sind. Das ist Ihnen natürlich gestattet, aber dann will der Fiskus sich auch nicht mit Steuergeldern an Ihrer „Liebhaberei" beteiligen. Nun liegt es an Ihnen, Ihre Gewinnerzielungsabsicht glaubhaft zu machen. Nachweisbare, intensive Vermietungsbemühungen, geringe bis keine Selbstnutzung in der Saison, eine weitere eigengenutzte Wohnung in der Nähe – das sind Ihre guten Argumente.

Bei der Aufteilung der Werbungskosten Vermietung/privat müssen Sie auf die Tage abstellen. Wenn Sie die eigengenutzten Tage genau nachweisen (zum Beispiel bei Vermietung über die Agentur), ist die Rechnung sehr einfach nach dem guten alten Dreisatz.

BEISPIEL: Gustav Genius hat ein Ferienhaus an der Nordsee. Außerdem vermietet er über eine Agentur seine Ferienwohnung in der Nähe. Für 2018 hatte er keine Eigennutzung angemeldet und die Agentur vermietete die Wohnung an 100 Tagen. Im Herbst kam sein Sohn Gangolf mit Familie für ein paar Tage zu Besuch. Die Wohnung stand leer und Gustav meldete der Agentur „Eigennutzung" für sieben Tage. Selbstverständlich überließ Gustav seinem Sohn die Wohnung kostenlos.

Für seine Steuererklärung berechnet Gustav Genius wie folgt:
Für die Vermietung vorgehaltenen Tage: 365
tatsächlich vermietete Tage: 100

Leerstands-Tage	258
eigengenutzte Tage	7
7 Tage x 100 : 365 Tage	1,92 % Eigennutzung
100 vermietete Tage + 258 Leerstandstage = 358 Tage x 100 : 365	98,08 %

Daraus folgt der Ansatz aller Werbungskosten mit immerhin 98,08 %. Das sind bei 16.000 € Werbungskosten rund 307 € Abzug. Das entspricht bei ihm über 100 € Steuermehrbelastung. Nicht gerade wenig für nur sieben Tage Familienurlaub in der eigenen Wohnung...

Ferienwohnung und Liebhaberei

Uwe Schmidt ist Steuerberater: „Wer eine Ferienwohnung vermietet, macht im ungünstigsten Fall sogar Verluste damit. Diese Verluste können grundsätzlich mit anderen positiven Einkünften verrechnet werden. Finanzbeamte versuchen daher, die Vermietung der Ferienwohnung als Liebhaberei abzutun mit der Folge, dass die Verluste steuerlich nicht mehr berücksichtigt werden können. Gerade zu Beginn der Vermietung kann es passieren, dass die Mieteinnahmen nicht ausreichen, um alle anfallenden Kosten, wie etwa Zinsen, Abschreibung auf das Gebäude oder das Inventar oder der Kauf von Einrichtungsgegenständen, zu decken. Der Bundesfinanzhof hat hierzu entschieden, dass die Vermietung einer Ferienwohnung nicht nur als Hobby betrieben wird, auch wenn über einen längeren Zeitraum nur Verluste erwirtschaftet werden.

Wenn die Finanzverwaltung diese Verluste nicht mehr anerkennen möchte, muss vom Steuerpflichtigen aufgezeigt werden, wieso die Verluste entstanden sind und was er getan hat beziehungsweise zukünftig tun möchte, um die Verluste zu reduzieren und insgesamt einen Totalgewinn ausweisen kann."

Gustav Genius überlegt, ob er nicht in Zukunft ohne die Agentur vermietet, also in Eigenregie. Er könnte dann die Vermittlungsgebühren sparen. Auf der anderen Seite würde sich seine Berechnung bei „nachgewiesenen" Tagen der Eigennutzung verändern. Er müsste dann auch die Leerstandstage verteilen, so die Rechtsprechung.

Leerstandstage: 258 : 107 = 2,41

2,41 x 7 Tage = Anteil Leerstand, der auf die Eigennutzung entfällt gerundet 16 Tage. Somit entfallen auf die Vermietung 242 Tage Leerstand (eigengenutzte/tatsächlich vermietete Tage = 7 + 100 = 107).

Anteil der Werbungskosten bei teilweiser Eigennutzung:

7 Tage Eigennutzung + anteilige Leerstands-Tage 16 = 23 Tage

23 Tage x 100 : 365 Tage = 6,3 % nicht abzugsfähige Werbungskosten.

Das entspricht einer Reduzierung der Werbungskosten um 1.008 €, wenn er davon ausgeht, dass diese wieder rd. 16.000 € betragen. Bei seinen steuerlichen Verhältnissen sind das etwa 340 € mehr an Steuerbelastung. Gustav Genius überlegt, ob er in diesem Fall nicht besser seinen Sohn bei einem Vermieter-Kollegen unterbringen sollte. Dort kostet die Wohnung pro Woche nur 315 €. Vielleicht bekommt er sogar einen Kollegenrabatt...

Gustav Genius weiß, es ist eine Herausforderung, tatsächlich den Nachweis über die eigengenutzten Tage gegenüber dem Finanzamt zu erbringen. Gelingt ihm das nicht, geht Finanzamt im Wege der Schätzung von 50 % der Leerstands-Tage aus. Das würde für ihn bedeuten:

365 Tage/Jahr – Vermietete Tage: 100 = Leerstand 265 Tage x 50 % ergibt gerundet 132 Tage, die ihm als eigengenutzt zugerechnet werden. Er ermittelt wieder im Dreisatz:

132 Tage x 100 : 365 Tage = 36,16 % nicht abzugsfähige Werbungskosten.

Gustav Genius ahnt, das ist unter dem Strich kein gutes Geschäft!

Insgesamt betrachtet sind die Grenzen bei der Vermietung von Ferienwohnungen zu den Einkünften aus Gewerbebetrieb fließend (→ Seite 32). Auch die Vermietung mit Umsatzsteuer mag sinnvoll sein (→ Seite 76). Auf jeden Fall ist es zu empfehlen fachkundigen Rat von einem Steuerberater einzuholen. Lohnsteuerhilfevereine haben bei kurzfristiger Vermietung/Ferienwohnungen keine Beratungsbefugnis, wohl aber bei „normaler" Vermietung.

Auch für die AfA-Berechnung bei erstmaliger Vermietung ist derartig Vieles zu bedenken, dass Sie schon ein wenig Erfahrung mitbringen sollten, bevor Sie sich ganz allein ans Werk machen. Wenn Sie unsicher sind, sollten Sie unbedingt fachkundige Hilfe in Anspruch nehmen. Sie wissen ja jetzt, wie Sie die Belege vorbereiten sollten, welche Fragen zu stellen sind und auch wie Sie alles kontrollieren und nachvollziehen können. Sie sind vorbereitet auf Gespräche in Augenhöhe mit einem Menschen vom Fach.

Und welche sonstigen Einkünfte haben Sie?

In diesem Kapitel lesen Sie, was alles zu den sonstigen Einkünften zählt – zum Beispiel Renten – und wann Sie bei der Veräußerung Ihres Eigenheims Steuern zahlen müssen.

In der 7. und letzten Einkunftsart ist unter dem Oberbegriff „sonstige Einkünfte" alles zusammengefasst, was auch noch der Besteuerung nach dem deutschen Steuererrecht unterliegt beispielsweise:

„§ 22 Einkommensteuerrecht:
Arten der sonstigen Einkünfte
Sonstige Einkünfte sind [...]
1.a) aa) Leibrenten und andere Leistungen, die aus der gesetzlichen Rentenversicherung, den landwirtschaftlichen Alterskassen, den berufsständischen Versorgungseinrichtungen [...]
bb) [...] bei denen in den einzelnen Bezügen Einkünfte aus Erträgen des Rentenrechts enthalten sind. Auf Antrag auch für Leibrenten [...] bis 31.12.2004.
[...]

Der Ertrag des Rentenrechts (Ertragsanteil) ist aus der nachstehenden Tabelle zu entnehmen.
1a. Einkünfte aus Unterhaltsleistungen, soweit sie nach §10 (1) Nr.1 vom Geber abgezogen werden können [...].
2. Einkünfte aus privaten Veräußerungsgeschäften im Sinne des § 23.
3. [...] Einkünfte aus gelegentlichen Vermittlungen und aus der Vermietung beweglicher Gegenstände. Solche Einkünfte sind nicht einkommensteuerpflichtig, wenn sie weniger als 256 € im Kalenderjahr betragen haben. Übersteigen die Werbungskosten die Einnahmen, so darf der übersteigende Betrag bei der Ermittlung des Einkommens nicht ausgeglichen werden[...].
5. Leistungen aus Altersvorsorgeverträgen[...]."

Renten – Rente ist nicht gleich Rente

Fast alle Renten werden Ihnen als „Brutto-Renten" bescheinigt, jedoch als „Netto-Renten" überwiesen. In der Regel wird vom Rententräger für Sie Kranken- und Pflegeversicherung einbehalten. Diese gezahlten Beiträge sind steuerlich „Sonderausgaben" (→ Seite 161) und als solche auf der Anlage Vorsorgeaufwand einzutragen. Zur Berechnung der steuerpflichtigen Rentenanteile gehen Sie stets von den Brutto-Renten-Werten aus.

Viele Ruheständler haben rechtzeitig vorgesorgt um der Altersarmut entgegen zu wirken und sich Immobilien angeschafft. Die bewohnen sie zum Teil selbst und sparen so im Alter die Miete; zum anderen generieren sie durch Mieteinnahmen ein Zubrot zur Rente. Diese Einkünfte aus Vermietung und Verpachtung sind steuerpflichtig, allerdings unter der Einkunftsart 6 (→ Seiten 64 ff.).

Gesetzliche Renten

Mit der ersten Rubrik sind vereinfacht ausgedrückt die „normalen" gesetzlichen Renten gemeint. Während der langen Jahre Ihrer Berufstätigkeit haben Sie und Ihr Arbeitgeber die Beiträge zur Rentenversicherung jeweils zur Hälfte einbezahlt. Bis 2005 waren diese Renten bei der Auszahlung weitestgehend steuerfrei. Ab 2005 werden nun auch diese Renten besteuert und zwar schrittweise bis zum Jahr 2040 nach dem sogenannten „Kohortenprinzip". Eine Kohorte war einst eine militärische Einheit im antiken Römischen Reich – eine genau definierte geschlossene Gruppe von Kriegern. Die Einteilung der Rentner erfolgt auch in Einheiten. Die erste Kohorte bilden die Rentner, die bereits vor oder in 2005 Rente bezogen haben. Die zweite Kohorte sind die Rentner mit Rentenbeginn 2006, die dritte Kohorte die „Neurentner" aus dem Jahr 2007 usw. bis 2040.

Durch dieses ausgefeilte System sollen stufenweise auch die gesetzlichen Renten der „nachgelagerten Besteuerung" unterworfen werden. Nachgelagert bedeutet, die Besteuerung erfolgt jeweils in dem Jahr, in dem die Beträge auch zur Auszahlung kommen. Ähnlich wie der Versorgungsfreibetrag der Pensionen (→ Seite 51 abgeschmolzen wird, wird bei den gesetzlichen Renten der Besteuerungsanteil jährlich um 2 Prozentpunkte erhöht. Durch das „Kohortenprinzip" wird – abhängig vom Jahr des Rentenbeginns – Ihr steuerfreier Anteil der Rente ermittelt. Für die Rentner mit Rentenbeginn in 2005 (oder früher) bleiben 50 Prozent der gesetzlichen Rente frei – und zwar bis zum Ende dieser Rentenzahlungen. Eine Rentner-Kohorte hat also jeweils den Prozentsatz des steuerpflichtigen Rentenanteils gemeinsam. Dieser Besteuerungsanteil ist im EStG § 22 Nr. 1 Buchstabe a) aa) als Tabelle abgedruckt. Die Rent-

ner-Kohorte 2040 muss demnach die Rente zu 100 Prozent bei der Ermittlung des ZVE hinzurechnen. Die steuerfreien Beträge werden sozusagen bis zum Ende der Rentenzahlungen „eingefroren". Sie werden anteilig sogar weitergeführt bei Hinterbliebenenrenten (Witwer-/Witwenrenten). Jahr des Rentenbeginns ist dann jeweils das Jahr in dem die Ursprungsrente – nämlich die des Rentners – begonnen hat.

Wenn Sie in 2018 in Rente gegangen sind, beträgt Ihr Besteuerungsanteil 76 %; für die Neurentner des Jahres 2019 entsprechend 78 %. Ausführliche Beispiele und Berechnungen finden Sie in unserem Ratgeber „Steuererklärung für Rentner und Pensionäre": www.ratgeber-verbraucherzentrale.de.

Zertifizierte Basisrenten (Rürup-Renten)

Die eigenen zertifizierten Basisrentenverträge, sogenannte Rürup-Renten, sind vollständig von Ihnen selbst finanziert worden und werden dennoch exakt so versteuert, wie eine gesetzliche Rente – eben sowie zuvor beschrieben. Zertifizierte Basisrentenverträgen werden in der Regel von Selbstständigen, nicht rentenversicherungspflichtigen Berufstätigen zur privaten Altersversorgung abgeschlossen. Über die Zertifizierung stellt der Gesetzgeber sicher, dass die Ansparungen ausschließlich für die Sicherung im Alter genutzt werden. Es kann sich durchaus

lohnen, auch noch einige wenige Jahre vor Rentenbeginn in eine Rürup-Rente einzuzahlen. Die Beträge sind als Sonderausgaben steuermindernd absetzbar. Bis 2014 war der jährliche steuerlich zu berücksichtigende Höchstbetrag auf 20.000 € pro Steuerpflichtiger begrenzt. Zwischenzeitlich steigt der Höchstbetrag alljährlich an, weil er ab 2015 an die Beitragsbemessungsgrenze der knappschaftlichen Rentenversicherung gekoppelt wurde. 2018 konnte ein Ehepaar maximal 47.424 € einzahlen. Davon wurden maximal 86 % als absetzbare Sonderausgaben/Altersvorsorgeaufwendungen anerkannt, das waren immerhin 40.784,64 €, die Ihr ZVE (zu versteuerndes Einkommen) mindern. Bis 2025 wird sich der Höchstbetrag gewiss weiter erhöhen und auch der maximal absetzbare Prozentsatz in Stufen auf 100 Prozent ansteigen. Bei einer so großzügigen steuerlichen Förderung während der Ansparphase ist im Gegenzug die nachgelagerte Besteuerung bei der Auszahlung vom Steuerpflichtigen hinzunehmen. Der Vorteil bei dieser Rente liegt darin, dass der persönliche Steuersatz in der Ansparphase, also während der Berufstätigkeit, meist deutlich höher ist. Wird dann später die Rürup-Rente ausgezahlt, sind häufig die Einkünfte viel geringer und somit auch der persönliche Steuersatz (→ Seite 15, Progression). Egal wie sehr der Steuervorteil lockt, Sie sollten auch all die anderen Bedingungen dieser Verträge genau prüfen und mit Ihrer persönlichen Situation abstimmen. Auch für Ihre Rürup-Renten-Auszahlungen bekommen Sie von dem Anbieter alljährlich eine entsprechende Bescheinigung, die Sie in der Anlage R Ihrer Steuererklärung eintragen müssen.

Wenn Sie Ihre Steuererklärung in Papierform beim Finanzamt einreichen, füllen Sie für jeden Ehegatten eine eigene Anlage R aus. Sie können durchaus mehrere (gesetzliche) Renten mit sogar unterschiedlichem Rentenbeginn haben.

Tragen Sie all diese Renten in einer Anlage R, Seite 1, Zeilen 4-10 ein.

In **Zeile 4** tragen Sie je nach Art Ihrer Rente die entsprechende Kennziffer ein. Für die gesetzliche Rente „1"; Rente aus der landwirtschaftlichen Alterskasse „2"; Renten der Freiberufler (etwa Architekten, Ärzte, Apotheker) aus berufsständischen Versorgungseinrichtungen „3"; eigene zertifizierte Basisrentenverträge (Rürup-Rente) „4" und Renten aus ausländischen Renten-/Versicherungsverträgen „9".

Wenn Sie den steuerpflichtigen Teil all Ihrer gesetzlichen Renten errechnet haben, tragen Sie die entsprechenden Werte in Ihre ZVE-Tabelle) Seite 20/21 für beide Ehegatten getrennt ein. Sollten Sie mehrere gesetzliche Renten erhalten, können Sie die steuerpflichtigen Werte zusammenfassen.

Auch Rentner können Steuern sparen
Christian Staller ist seit über 15 Jahren Vorstand des Aktuell Lohnsteuerhilfevereins e. V. und Altbayerischen Lohnsteuerhilfevereins e. V. Seit 2017 ist er Vorstandsmitglied im Bundesverband Lohnsteuerhilfe e. V. Berlin:

„Auch Rentner haben Möglichkeiten, Steuern zu sparen. Eine Steuererklärung müssen Rentner im Regelfall dann abgeben, wenn ihr zu versteuerndes Einkommen den jeweiligen Grundfreibetrag übersteigt (→ Seite 21). Hierbei ist nur ein Teil der Rente als steuerpflichtig zu behandeln.

Häufig haben Rentner daneben aber noch andere Einkünfte, etwa aus Vermietung oder aus Kapitaleinkünften. Bei vorgenannten Einkunftsarten trägt der zutreffende Ansatz der Werbungskosten erheblich zum Steuersparen bei. Auch ist bei Rentnern ein besonderes Augenmerk auf Gesundheits- oder Pflegekosten zu legen, die die Steuerlast mindern."

Private Renten

Die zweite Rentenrubrik sind die **privaten Renten**. Sie werden eben nicht von den gesetzlichen Rentenkassen, sondern von privaten Anbietern ausgezahlt. Das sind meist Versicherer oder sogenannte Zusatzversorgungskassen. Die jeweiligen Anbieter senden Ihnen alljährlich eine Jahresbescheinigung zu. In der Regel sind die Bescheinigungen bereits so gestaltet, dass Sie mühelos die Eintragungen in der Steuererklärung vornehmen können. Die Eintragungen erfolgen auf der Anlage R, Seite 1, **Zeilen 14-20.** Mit „privaten Renten" sind Renten gemeint, die der Steuerpflichtige – also Sie – vollständig selbst finanziert hat und zwar **ohne** staatliche Förderung oder Arbeitgeberbeteiligung. Das sind unter anderem Unfallrenten, Berufsunfähigkeitsrenten und ausgezahlte Lebensversicherungen auf Rentenbasis. Bitte verwechseln Sie nicht private Unfallrenten mit Renten der Berufsgenossenschaft – diese sind nämlich komplett steuerfrei (→ Seite 153).

Im Gegensatz zu den gesetzlichen Renten wird in diesen Fällen nur der erheblich geringere „Ertragsanteil" von 1 % bis 59 % der Steuer unterworfen. **Je älter Sie bei Renteneintritt sind, desto weniger wird von Ihrer privaten Rente versteuert.** Wenn Sie beispielsweise mit 63 Jahren in Rente gehen beträgt der Ertragsanteil 20 %. Bei einer Jahresrente von 24.000 € werden also 4.800 € besteuert. Ist Ihr Rentenbeginn erst mit 67 Jahren, so sinkt der zu versteuernde Ertragsanteil auf 17 %; das entspricht bei der Jahresrente von 24.000 € dann nur noch 4.080 €.

Der Ertragsanteil wird nach versicherungsmathematischen Berechnungen ermittelt und ist im EStG § 22 Nr.1 Buchstabe bb) als Tabelle leicht nachvollziehbar abgedruckt. Ausführliche Berechnungen können Sie in unserem Ratgeber „Steuererklärung für Rentner und Pensionäre" nachlesen: www.ratgeber-verbraucherzentrale.de

Das Ergebnis Ihrer Ertragsanteile tragen Sie in der Tabelle ZVE Seiten 20/21 getrennt für jeden Ehegatten ein. Sollten Sie mehrere private Renten bekommen, können Sie Ihre steuerpflichtigen Ertragsanteile selbstverständlich addieren.

Altersvorsorgeverträge, Pensionsfonds, Direktversicherungen

Gemeinsam haben diese „Zusatzrenten", dass sie **nachgelagert besteuert** werden.

Das bedeutet im Grunde genommen, dass Ihnen ein Aufschub der Steuerzahlungen gewährt wird. In der aktiven Ansparphase zahlen Sie in die Versicherungen ein. Teilweise leistet sogar Ihr Arbeitgeber einen steuerfreien Zuschuss oder aber Sie erhalten staatliche Zuschüsse (zum Beispiel Riester-Förderung). Außerdem können Ihre Einzahlungen teilweise als Sonderausgaben (→ Seite 161) in Ihrer jährlichen Steuererklärung steuermindernd einsetzen.

Wenn dann diese Renten später ausgezahlt werden – sei es als „Einmalzahlung" oder monatliche Zusatzsatzrente, hält der Fiskus die Hände auf und begehrt die Versteuerung sozusagen nachträglich. Bei Einmalauszahlungen sofort im Jahr der Auszahlung; bei jährlichen Zahlungen eben jährlich und zwar in voller Höhe. Sie erhalten also kein wirkliches Steuergeschenk, sondern vielmehr eine zeitliche Verschiebung der Steuerzahlung. Der Gedanke dahinter: Meist ist der Steuersatz aufgrund der geringeren Einkünfte im Rentenalter niedriger als in den Jahren der aktiven Berufstätigkeit. (→ Seite 16, Progression).

Mit dem Alterseinkünftegesetz gab es eine wesentliche Änderung für Verträge, die nach dem 31.12.2004 abgeschlossen wurden.

Die sogenannten „Altverträge" aus vor 2005 genießen „Vertrauensschutz" und bleiben in der Regel steuerfrei. Das betrifft jedoch nicht Riester-Verträge, die ab 2002 aufgrund des Altersvermögensgesetzes eingeführt wurden. Die nachgelagerte Besteuerung war von vorn herein vorgesehen.

Es wartet noch eine weitere böse Falle auf Sie bei der Auszahlung einer Direktversicherung. Neben der grundsätzlichen Steuerpflicht besteht auch noch Sozialversicherungspflicht. Bei einer **Direktversicherung** wird während der Ansparphase meist ein Teil Ihres Brutto-Lohns „umgewandelt" und mit oder auch ohne Arbeitgeberzuschuss steuer- und sozialversicherungsfrei in die entsprechende Versicherung eingezahlt. Seit 2005 zahlen weder Sie noch Ihr Arbeitgeber auf diese Beträge Steuern; aber auch keine Sozialversicherung. Bei der Auszahlung verlangt dann die Krankenkasse entsprechend die Zahlung der Beiträge und zwar von Ihnen allein. Sie zahlen also Arbeitgeber- **und** Arbeitnehmeranteil (fast 20 %) zur Kranken- und Pflegeversicherung, sofern Sie gesetzlich krankenversichert sind. Lediglich Privat-Versicherte bleiben hiervon verschont.

Vor einer Auszahlung erfragt der Versicherer bei Ihnen in der Regel wie (gesetzlich, freiwillig oder privat) und bei wem Sie krankenversichert sind. Der Versicherer meldet dann Ihrer Krankenkasse die Auszahlung. Diese wiederum errechnet die Höhe der von

Ihnen zu zahlenden Beiträge und bietet – je nach Betrag – auch eine einmalige Zahlung an. Lediglich „Kleinst-Renten" fallen unter die Bagatellgrenze (1/20 der Bezugsgröße) und bleiben kranken- und pflegeversicherungsfrei. In 2018 betrug die Grenze monatlich 152,25 €. Wenn Sie also beispielsweise 152,30 € monatlich bekommen, sind nicht nur die übersteigenden 0,05 € (152,30 € – 152,25 €) der Kranken- und Pflegeversicherung zu unterwerfen, sondern gleich der gesamte Betrag von 152,30 €. Die gezahlten Beiträge bescheinigt Ihnen Ihre Krankenkasse alljährlich. Diese Beträge werden als Sonderausgaben ebenfalls in der Anlage Vorsorgeaufwand eingetragen. Ehepaare machen die Angaben gemeinsam auf nur **einem** Formblatt.

Wenn Sie eine solche Rente aufgrund von Altersvorsorgeverträgen und/oder betrieblicher Altersversorgung beziehen, erhalten Sie ebenfalls jährlich eine Bescheinigung für die Steuer. Die entsprechenden Eintragungen in Ihrer Steuererklärung machen Sie ebenfalls in Anlage R, jedoch auf Seite 2, **Zeilen 31 bis 51**, falls Sie Ihre Steuererklärung noch in Papierform einreichen wollen. Jeder Ehegatte hat dann eine eigene Anlage R.

Auch die Ergebnisse dieser steuerpflichtigen Rentenbezüge tragen Sie bitte getrennt für die Ehegatten in Ihrer ZVE-Tabelle (→ Seiten 20/21) ein. Mehrere Beträge können sie zusammenfassen.

 GUT ZU WISSEN

Stärkung der Betriebsrenten

Das neue Betriebsrentenstärkungsgesetz, in Kraft getreten am 1.1.2018, beinhaltet etliche Änderungen, die jedoch hauptsächlich die Ansparphasen und sogenannte Neuverträge betreffen. Für Riester-Renten mit Auszahlung ab 2018 gilt die „Fünftelregelung" allerdings nur für Kleinstrenten.

Unterhaltsleistungen von (Ex-)Ehegatten

Unter die „sonstige Einkünfte" fallen unter bestimmten Voraussetzungen auch erhaltene Unterhaltszahlungen eines dauernd getrennt lebenden Ehegatten (Trennungsunterhalt) oder der nacheheliche Unterhalt eines geschiedenen Ehepartners. Der Steuerfachmann spricht von „Realsplitting". Kindesunterhalt oder Unterhalt für andere Personen gehört niemals dazu (mehr dazu → 171 ff. Auch ein eventueller Vermögensausgleich ist hier nicht gemeint!

Wenn Ehegatten auf Dauer getrennte Wege gehen, gelten Sie steuerlich als „dauernd getrennt lebend". In der Steuererklärung ist entsprechend auf dem Mantelbogen, erste Seite,

Zeile 15 im 4. Kästchen das Trennungsdatum einzutragen. Ab dem auf die Trennung folgendem Jahr wird das Finanzamt dann automatisch zwei Einzelveranlagungen – für jeden Ehegatten getrennt – vornehmen. Die in der Regel günstigere Zusammenveranlagung ist nur noch für das Trennungsjahr möglich.

Sollten Sie sich also in der Silvesternacht 2018/19 entzweien, schauen Sie sofort auf die Uhr – war es VOR Mitternacht, gilt das auslaufende Jahr 2018 als Trennungsjahr und bereits für den Veranlagungszeitraum 2019 werden Sie steuerlich wie zwei Singles behandelt. War aber Ihre Trennung erst NACH Mitternacht, gilt das Jahr 2019 als Trennungsjahr und es bietet sich somit auch die Möglichkeit der gemeinsamen Veranlagung. Diese Regelung gilt völlig unabhängig von einer eventuellen Scheidung. Es gibt durchaus Ehepaare, die zwar seit 20 Jahren dauernd getrennt lebend, aber keinesfalls geschieden sind.

Sie sollten dem Finanzamt gegenüber Ihre Trennung bekannt geben. Dazu gibt es entsprechende Formblätter.

Die Unterschrift **eines** Ehegatten ist dabei ausreichend. Das Finanzamt wird automatisch dann auch gegebenenfalls eine Änderung der Steuerklassen vornehmen (→ Seite 183). Früher wurden diese Erklärungen beim Einwohnermeldeamt der Gemeinde abgegeben. Sollten Sie eine einmal abgegebene Getrenntlebenderklärung wieder aufheben wollen, ist zwingend eine gemeinsame Erklärung **beider** Ehegatten notwendig.

→ **TIPP Trennen Sie auch die Zahlungen**
Für alle Beteiligten ist es deutlich einfacher, wenn Sie bereits bei den Zahlungen die Beträge für Kindesunterhalt und Ex-Ehegattenunterhalt beziehungsweise Trennungsunterhalt und Vermögensausgleich getrennt ausweisen oder gar einzeln überweisen!

Während der Zeit zwischen Trennung und Scheidung erhält der wirtschaftlich schwächere Partner häufig vom Ehepartner den sogenannten Trennungsunterhalt. Nach der Scheidung spricht der Jurist von nachehelichem Unterhalt. Genau diese Zahlungen sind es, die in den Veranlagungsjahren nach der Trennung, also bei der Einzelveranlagung steuerpflichtig werden können.

Der Empfänger der Unterhaltszahlungen muss eine Anlage U ausfüllen und unterschreiben.

Bevor Sie diese wirklich bedeutende Unterschrift leisten, sollten Sie unbedingt fachkundigen Rat einholen. Zum einen können Sie die Unterschrift nicht so ohne weiteres verweigern. Der Jurist spricht von „Wohlverhalten". Auf der anderen Seite gilt Ihre Unterschrift gegenüber dem Finanzamt bis auf Widerruf. Ein Widerruf muss bis zum Jahresende für das folgende Kalenderjahr beim Finanzamt schriftlich abgegeben werden. Es kann zu ganz erheblichen Steuernachzahlungen kommen, für die der Empfänger der Unterhaltsleistungen gegenüber dem Finanzamt gerade stehen muss, denn nur er ist im Zweifel der Steuerschuldner. Auf der anderen Seite wird die Anlage U auch vom Unterhaltszahler unterschrieben. Die Anlage U wird immer vierfach ausgedruckt; zwei Exemplare mit Originalunterschriften für das Finanzamt und sowohl für Unterhaltsempfänger als auch für Unterhaltszahler jeweils ein Original. Mit Ihrem Original sollten Sie sehr sorgfältig umgehen. Der Unterhaltszahler ist gesetzlich verpflichtet, den eventuellen Nachteil dem Unterhaltsempfänger zu erstatten. Als Nachteil sind nicht nur eventuelle Steuernachzahlungen und Beratungskosten, sondern auch gekürzte Sozialleistungen zu sehen. Eine Angabe in der Steuererklärung ist nur dann notwendig, wenn der Zahlende in seiner eigenen Steuererklärung die Zahlungen als „Sonderausgaben" geltend macht. Er ganz allein hat das Wahlrecht, ob und in welcher Höhe er die Beträge steuermindernd ansetzt – höchstens jedoch 13.805 € je Kalenderjahr. Er kann auch alljährlich neu wählen. Das wird er davon abhängig machen, wie hoch sein eigener Steuervorteil im Verhältnis zu dem zu erstattenden Steuernachteil ist. Als Unterhaltsleistungen gelten auch Naturalleistungen, zum Beispiel kostenlose Wohnung, übernommene Versicherungen, aber auch Steuerzahlungen.

Wenn Sie also diese besagte Anlage U unterschrieben haben, sollten Sie bei Ihrer Steuererklärung auf jeden Fall dem Finanzamt gegenüber Angaben dazu machen. Wenn Sie möglichst zeitig im Jahr Ihre Steuererklärung einreichen, wissen Sie oft noch gar nicht, ob und in welcher Höhe der Ex-Partner Unterhaltsbeträge geltend machen möchte. Sie können dann symbolisch 1 Euro eintragen und zwar in das Formular SO, Seite 1, **Zeile 6**. Das Finanzamt wird dann ohne den Unterhalt einen Bescheid erlassen; diesen jedoch bei Bedarf später korrigieren. Für Sie ist dann auch die Berechnung des „Nachteils" – also des Steuerbetrages, den Ihnen Ihr Ex-Partner erstatten muss, recht einfach.

! GUT ZU WISSEN

Keine Vorauszahlungen

Sollte das Finanzamt Ihnen aufgrund der erhaltenen Unterhaltsleistungen Einkommensteuer-Vorauszahlungen auferlegen – wehren Sie sich mit einem Einspruch dagegen. Mitunter reicht auch ein einfacher Anruf beim Sachbearbeiter zur Klärung, denn oft werden die Vorauszahlungen automatisch berechnet. Steuerrechtlich wird für Sie der erhaltene Unterhalt nur dann zu steuerpflichtigen Einnahmen, wenn der Unterhaltsleistende, also der „Zahler" diese Ausgaben in seiner eigenen Steuererklärung steuermindernd geltend macht. Da Sie – und vor allem auch das Finanzamt – im Voraus gar nicht wissen, ob und in welcher Höhe diese Beträge vom Zahlenden künftig angesetzt werden, brauchen Sie auch nicht in Vorleistung zu treten.

BEISPIEL: Svetlana Fischer lebt seit einigen Jahren von ihrem Ehemann Dragan getrennt. Dragan zahlt für Svetlana regelmäßig den Immobilienkredit der von ihr bewohnten Eigentumswohnung und überweist ihr auch monatlich Unterhaltsleistungen in Höhe von 800 €. Insgesamt hat Svetlana von Dragan Unterhaltsleistungen in Höhe von 17.478 € im Jahr 2017 erhalten. Sozialleistungen erhält Svetlana nicht. Die Anlage U hat sie bereits in 2015 unterschrieben und nicht widerrufen.

Svetlana hat selbst nur geringe eigene Einkünfte und gibt ihre Steuererklärung zeitig im Frühjahr 2018 beim Finanzamt ab. Sie erhält ihren Einkommenssteuerbescheid 2017 bereits nach einigen Wochen. Das Finanzamt überweist ihr eine Erstattung von 248,33 €. Sie hatte eine Lebensversicherung ausgezahlt bekommen und u. a. Kapitalertragssteuer bezahlt. Den Unterhalt von Dragan hat sie mit 1 € in ihrer Steuererklärung angeben.

Anfang Februar 2019 bekommt sie einen korrigierten Einkommenssteuerbescheid für 2017. Das Finanzamt hat Unterhaltsleistungen in Höhe von 13.805 € nachträglich berücksichtigt. Svetlana soll nun innerhalb von vier Wochen über 700 € an das Finanzamt überweisen; Vorauszahlungen wurden für 2019 auch festgesetzt.

Svetlana ruft beim Finanzamt an und der Sachbearbeiter setzt die Vorauszahlungen auf Null Euro. Ein korrigierter Vorauszahlungsbescheid geht ihr – wie vom Sachbearbeiter versprochen – einige Tage später zu.

Svetlana wendet sich auch an Dragan. Dragan bestätigt, dass er die insgesamt an Svetlana gezahlten Unterhaltsleistungen in Höhe von 17.478 € in seiner eigenen Steuer steuermindernd eingesetzt hat. Allerdings wurde bei ihm nur der Höchstbetrag, also

13.805 € vom Finanzamt anerkannt. Entsprechend ist der Korrekturbescheid von Svetlana richtig. Sie schickt eine Kopie beider Steuerbescheide des Jahres 2017 an Dragan und bittet ihn, den nachzuzahlenden Betrag direkt an das Finanzamt zu überweisen. Svetlana denkt, damit sei für sie alles erledigt.

Aber Svetlana irrt sich – denn nach ein paar Wochen flattert ihr eine Mahnung des Finanzamtes ins Haus. Zusätzlich zu der Nachzahlung sind nun auch noch weitere Kosten entstanden. Svetlana kann Dragan nicht erreichen. Er ist in Urlaub und hat offensichtlich die Zahlung an das Finanzamt vergessen.

Wohl oder übel überweist nun Svetlana selbst aus ihren eigenen Reserven an das Finanzamt. Sie ist verärgert und will die unterschriebene Anlage U beim Finanzamt zurückziehen. Der nette Sachbearbeiter beim Finanzamt, den sie ja schon bezüglich der Vorauszahlungen gesprochen hatte, erklärt ihr, dass ihr Widerruf erst zum 31.12.2019 wirksam wird. Das bedeutet für Svetlana, dass sie in den Veranlagungsjahren 2018 und 2019 noch daran gebunden ist.

Svetlana hofft nun, dass Dragan bald aus dem Ausland zurückkommt und sich die Angelegenheit klärt. Im Zweifel – so rät ihr eine Freundin – muss sie juristisch gegen Dragan vorgehen und den Nachteilsausgleich einzufordern.

Svetlana hat Glück, denn Dragan hat die Überweisung ans Finanzamt wirklich nur vergessen – wie sich später herausstellt. Aber künftig will sie stets selbst die Überweisung

an das Finanzamt vornehmen. Sie kann so besser kontrollieren, dass die Zahlung rechtzeitig erfolgt. Dragan soll ab sofort die Steuernachzahlung an Svetlana überweisen – dafür hat er 14 Tage Zeit.

Im nächsten Jahr war Dragan schneller. Er hat ebenfalls zeitig im Frühjahr seine eigene Steuer beim Finanzamt eingereicht und wieder den Höchstbetrag von 13.805 € steuermindernd eingetragen. Svetlana hatte wie in den Jahren zuvor den obligatorischen 1 € angegeben. Das Finanzamt schickt Svetlana nun einen Einkommensteuerbescheid – aber anstelle der erwarteten Erstattung in Höhe von 26,57 € soll sie nun 214,92 € nachzahlen. Sie kopiert für Dragan den Bescheid und außerdem Ihre Berechnungen – einmal MIT und einmal OHNE Unterhaltszahlungen. Glücklicherweise hat sie ihre Steuererklärung mit einem einfachen Steuerprogramm am PC erstellt und abgespeichert. So ist es für sie gar keine große Mühe. Sie berechnet für Dragan auch ihren „Nachteil" 26,57 € mögliche Erstattung plus Nachzahlung 214,92 € also: 241,49 €.

Dragan hat zwischenzeitlich seine eigene Steuererstattung bekommen und überweist pünktlich an Svetlana. (Auswirkungen bei Dragan → Seite 164 ff., Realsplitting).

Private Veräußerungsgeschäfte

Auch ganz private Verkäufe können unter die „sonstigen Einkünfte" fallen. Früher sprach man von „Spekulationsgeschäften". Es ist also nicht von gewerbsmäßigem Handeln, sondern tatsächlich Privatgeschäften die Rede. Es soll also eine mögliche Wertsteigerung zwischen Anschaffung und Veräußerung besteuert werden. Ausgenommen sind von dieser Regelung sind inzwischen mit dem sogenannten „Brautkleider-Erlass" Gegenstände des alltäglichen Gebrauchs die häufig – meist mit Verlust – privat verkauft werden, zum Beispiel eben Brautkleider, Auto, Schützenfestkleider, Kinderspielzeug, Möbel usw. Der Gesetzgeber denkt dabei eher an Schmuck, Raritäten, Antiquitäten, Sammlungen, Münzen, Briefmarken, Oldtimer und Wertpapiere. Wenn zwischen Anschaffung und Veräußerung weniger als ein Kalenderjahr liegt und ein Gewinn erzielt wurde, hält im Zweifel der Fiskus die Hand auf. Die Eintragungen erfolgen in der Anlage SO, Seite 2, **Zeilen 41 ff.** Es ist also hilfreich, geradezu notwendig, Daten und Preise schriftlich festzuhalten sowie Belege sehr sorgfältig aufzubewahren.

Privater Immobilienverkauf

Weitaus höhere Beträge ergeben sich, wenn private Grundstücke veräußert werden. Die Besteuerung bezieht sich auf bebaute und unbebaute Grundstücke, die im Privatvermögen – also NICHT zu einem Betriebsvermögen gehören. Das sind zum Beispiel auch Ihre vermietete Eigentumswohnung oder das Ferienhäuschen an der See. Der Zeitraum zwischen Ankauf und Verkauf beträgt hierbei jedoch zehn Jahre. Für die Berechnung der Zehnjahresfrist gilt jeweils das „obligatorische Rechtsgeschäft". Grundstücksveräußerungen müssen zwingend bei einem Notar abgewickelt werden.

→ **TIPP So bleibt der Grundstücksverkauf steuerfrei**
Für die Zehnjahresfrist gilt das Datum der Unterschrift bei Kauf beziehungsweise Verkauf auf der Urkunde des Notars; zwischen beiden Terminen müssen mehr als zehn Jahre liegen. Die Zehnjahresfrist bezieht sich **nicht** auf die Eintragung im Grundbuch und auch **nicht** auf das steuerliche Datum des wirtschaftlichen Eigentums (Übergang Lasten und Nutzen)!
Von der Besteuerung ausgenommen sind Immobilien die mindestens im Jahr der Veräußerung **und** mindestens zwei Jahre davor selbst bewohnt wurden.

Wenn Sie also Ihre Immobilie vor mehr als zehn Jahren angeschafft haben, droht Ihnen absolut keine Besteuerung des eventuellen Veräußerungsgewinns. Steuerlich ohne Bedeutung ist es auch, wenn Sie sich beispielsweise in 2016 eine kleine stadtnahe Eigentumswohnung gekauft haben. Sie bewohnen die Wohnung selbst. Inzwischen hat Ihre Tochter gebaut und Sie entscheiden sich jetzt doch, nach den Feiertagen ab Februar 2019 zu den Kindern zu ziehen. Das Glück ist Ihnen hold und Sie können Ihre Wohnung noch im Februar 2019 mit einem Gewinn von 10.000 € verkaufen. Das ist auch steuerlich ein Glücksfall, denn eine Besteuerung fällt **nicht** an.

Die Steuerfalle schnappt aber unbarmherzig im folgenden Fall zu: Beispielsweise verzögert sich die Veräußerung aus welchen Gründen auch immer. Sie sind bereits früher zu den Kindern gezogen, Ihre bisherige Wohnung steht jetzt leer und Sie vermieten ihre alte Wohnung nun vorübergehend für sechs Monate – bis zum Verkauf. Der komplette Veräußerungsgewinn wird nun sehr wohl versteuert, denn Sie haben die zehnjährige „Haltefrist" nicht beachtet **und** die Wohnung auch nicht bis zur Veräußerung selbst bewohnt -, sondern eben die letzten sechs Monate vermietet

Gleiches gilt übrigens auch, wenn Sie dauerhaft in eine Pflegeeinrichtung ziehen und Ihr erst kürzlich erworbenes Haus zu-

nächst vermieten. Wenn Sie sich zur endgültigen Veräußerung entscheiden UND die zehn Jahre-Haltefrist noch nicht vorüber ist, wird der Veräußerungsgewinn steuerpflichtig.

Zieht nur EIN Ehepartner ins Pflegeheim und der andere verbleibt bis zur Veräußerung im Eigenheim, gilt die Nutzung weiterhin als „eigene Wohnzwecke", falls nicht ein Teil vermietet wird. Ein Verkauf ist dann auch innerhalb der 10 Jahre steuerunschädlich, wenn Sie mindestens auch die zwei Jahre vor der Veräußerung selbst dort gewohnt haben. Als eigengenutzt gilt auch die Nutzung durch eigene Kinder, wenn für diese Kindergeldanspruch besteht. Ganz genau verlangt der Gesetzgeber die eigene Nutzung im Jahr der Veräußerung und im Jahr davor sowie im vorletzten Jahr.

BEISPIEL: Ehepaar Peter und Petra Pfiffig aus dem Sauerland erwerben am 17. August 2013 ein kleines Einfamilienhaus in Dortmund am Phönixsee als Renditeobjekt. Sie kennen die zehnjährige Haltefrist und hoffen auf einen Verkauf mit einem satten Gewinn eben **nach** diesen zehn Jahren.

Nach kleinen Renovierungen vermieten sie es ab 1.10.2013 sehr lukrativ an ein Beamtenehepaar. Sie sind mit ihren ordentlichen Mietern zufrieden und freuen sich über die Einnahmen. Leider kündigen die Mieter mit einer dreimonatigen Frist zum 15. Dezember 2017. Das Haus wurde ihnen zu klein, weil sich Nachwuchs angekündigt hatte. Pfiffigs wissen: Der Marktwert der Immobilie ist stark angestiegen, aber leider – **noch** sind die zehn Jahre nicht vorbei! Versteuern wollen sie aber den erhofften Gewinn auch nicht. Also verkaufen kommt für sie gar nicht in Frage. Aber ob sie jemals wieder solch angenehme Mieter finden, ist ebenso fraglich. Dann haben sie eine gute Idee. Ihr Sohn Fabian, 20 Jahre jung, studiert ab Wintersemester 2017 in Dortmund Informatik. Er sucht sich keine Studentenbude, sondern pendelt ab Oktober vom Sauerland aus zur Uni. Nach Weihnachten zieht er dann am 28.12.2017 in das inzwischen frei gewordene Haus der Eltern am Phönixsee. Miete zahlt er nicht. So geht das Jahr 2018 dahin und Fabian verkündet seinen Eltern im Herbst, dass er ab Anfang 2019 erst einmal ins Ausland will. Das Haus wird somit ab Mitte Januar 2019 wieder frei. Umgehend machen sich die Pfiffigs auf Käufersuche. Im März 2019 haben sie einen Käufer für das Haus gefunden. Sie verkaufen das Haus mit einem erfreulichen Gewinn direkt nach Ostern am 3. April (Notartermin). Der Veräußerungsgewinn bleibt steuerfrei. Das Haus wurde selbst genutzt (von Kind Fabian) im Jahr der Veräußerung, also 2019 bis Mitte Januar; im Jahr davor also 2018 **und** im vorletzten Jahr, nämlich ab 28. Dezember 2017.

Treten Sie auch hier in die Fußstapfen

Eine weitere Besonderheit gibt es bei den geerbten Immobilien. Es gilt die sogenannte Fußstapfentheorie (→ Seite 70). Wenn Sie beispielsweise im Juli 2018 ein vermietetes Mehrfamilienhaus von Ihren Eltern geerbt haben, wird Ihnen das ursprüngliche Kaufdatum zugerechnet. Der Steuerrechtler spricht von „unentgeltlichem Erwerb". Das Gebäude haben einst Ihre Eltern 1996 gekauft. Sie können vom Immobilienboom profitie-

---

 **HINTERGRUND**

Verkehrswert – Einheitswert

Im Steuerrecht werden unterschiedliche Begriffe verwendet, wenn es um Preise oder korrekter ausgedrückt Bewertungen und Bemessungsgrundlagen geht. Ist vom „Marktwert" die Rede, meint man den Wert, der nach dem Bewertungsgesetz § 9 (BewG) „gemeiner Wert" heißt.
„[....] Dabei wird der gemeine Wert durch den Preis bestimmt, der im gewöhnlichen Geschäftsverkehr nach der Beschaffenheit des Wirtschaftsgutes bei seiner Veräußerung zu erzielen wäre. Dabei sind alle Umstände, die den Preis beeinflussen, zu berücksichtigen. Ungewöhnliche oder persönliche Verhältnisse sind nicht zu berücksichtigen (§ 9 Abs. 2 BewG)".

Handelsrechtlich spricht der Fachmann auch von dem „beizulegenden Wert". Handelt es sich nicht um einen aktiven Markt, ist der beizulegende Zeitwert mit Hilfe allgemein anerkannter Bewertungsmethoden zu bestimmen. Bei Grundstücken und Gebäuden ist der Marktwert ein geschätzter Wert. In der Immobilienwirtschaft spricht man auch häufig von „Verkehrswerten", die dem Marktwert entsprechen. Der „Einheitswert" hingegen ist ein rein steuerlicher Wert, der zum Beispiel für die Berechnung der Grundbesitzabgaben Bedeutung hat. Der „Buchwert" ist der Betrag, mit dem die Wirtschaftsgüter eben in den Geschäftsbüchern stehen (→ Seite 84, Abschreibungen).

ren und veräußern im Mai 2019 mit hohem Gewinn. Eine Besteuerung fällt nicht an, weil zwischen dem Kauf 1996 und der Veräußerung 2019 mehr als zehn Jahre liegen. Es ist in diesem Fall ohne Bedeutung, dass Ihnen das Haus erst seit knapp einem Jahr wirklich selbst gehört; Sie sind in die Fußstapfen der Eltern getreten.

Und doch lauert eine Steuerfalle. Häufig glaubt man nur, ein Haus geerbt – unentgeltlich erworben – zu haben. Wenn Sie beispielsweise eine Hypothek, die auf dem Haus liegt, übernehmen und abzahlen oder aber Geschwister auszahlen müssen, haben Sie das Objekt ja nur zum Teil unentgeltlich bekommen – einen Teil haben Sie de facto bezahlt. Jetzt spricht das Finanzamt von teilentgeltlichem Erwerb und ermittelt die Entgeltlichkeitsquote, und Sie sollten auf das Afa-Volumen achten (→ Seite 87).

BEISPIEL: Poly erbt am 18.7.2018 (Todestag der Mutter) von ihrer Mutter Lycra ein Mehrfamilienhaus. Die Eltern hatten einst das Haus am 6.2.1996 (Notarvertrag) gekauft. Der Vater ist bereits vor einigen Jahren verstorben. Die Eheleute Perlon hatten ein „Berliner Testament", sodass das Haus nunmehr Mutter Lycra allein gehörte. Im Testament hatte die Mutter verfügt, dass Ihre Tochter Poly das Haus erben soll und sie, Poly, die Tochter Ester wertmäßig ausbezahlt. Schulden waren nicht mehr auf dem Haus. Poly lässt nach dem Tod der Mutter ein Wertgutachten erstellen. Der Gutachter ermittelt einen Wert von 1 Million Euro. Poly nimmt einen Kredit auf und überweist Ihrer Schwester Ester 500.000 €. Das Haus gehört ihr nun allein. Steuerlich hat sie es zur Hälfte geerbt und zur anderen Hälfte gekauft. Wenn sie nun innerhalb von 10 Jahren das Objekt gewinnbringend veräußert, muss sie die entgeltlich erworbene Hälfte als Veräußerungsgewinn versteuern. Die geerbte Hälfte ist und bleibt steuerfrei bezüglich des Veräußerungsgewinns.

Die Berechnung des Veräußerungsgewinns an sich ist nicht weiter schwierig:

BERECHNUNG DES VERÄUSSERUNGSGEWINNS
Verkaufspreis
./. ursprüngliche Anschaffungskosten einschließlich der Nebenkosten
./. Veräußerungskosten (zum Beispiel Makler, Notar)
+ als Werbungskosten geltend gemachte AfA-Beträge (→ Seite 84)
= Veräußerungsgewinn
eventuell x Entgeltlichkeitsquote (zum Beispiel 50 %)

Sollte sich bei dieser Berechnung ein Verlust ergeben, kann dieser nur mit anderen Veräußerungsgewinnen verrechnet werden. Ein Gewinn erhöht also sofort Ihr ZVE; während ein Verlust sich nur dann auswirkt, wenn Sie irgendwann einmal einen Veräußerungsgewinn erwirtschaften. Gleichwohl sollten Sie den Verlust vom Finanzamt festschreiben und alljährlich vortragen lassen. Wer weiß denn schon, welche Überraschungen die Zukunft bereithält.

 GUT ZU WISSEN

Aufpassen – auch nach der Haltefrist

Auch außerhalb der zehnjährigen Haltefrist hält eventuell das Finanzamt die Hand auf. Bei der Veräußerung von mehr als drei Objekten innerhalb von fünf Jahren geht das Finanzamt von „gewerblichem Grundstückshandel" aus. Im Zweifel nicht erst ab dem vierten Objekt, sondern sogar rückwirkend für die ersten drei Grundstücke. Die Drei-Objekt-Grenze gilt pro Ehepartner; allerdings gibt es Grundstücke, die nicht „zählen", zum Beispiel Garagen, eigengenutzte und ererbte Immobilien. Die Grenzen zwischen steuerfreier Vermögensverwaltung und steuerpflichtigem gewerblichen Grundstückshandel sind mitunter fließend.

Versicherungsschutz ist wichtig

Winfried Schröder, Bankbetriebswirt und Versicherungsexperte: „Neben der steuerlichen Betrachtung einer Immobilie sind natürlich auch noch andere wichtige Aspekte zu beachten: unter anderem die Finanzierung, Versicherung und Absicherung. Insbesondere sollte der richtige Wert der Immobilie versichert sein – damit Immobilienbesitzer im Schadensfall nicht auf hohen Kosten sitzenbleiben. Abhängig von der Lage des Objekts ist auch der Abschluss einer Elementarschadenversicherung sinnvoll. Es gibt viele Risiken im Zusammenhang mit einer Immobilie, die abzuwägen sind. Dazu zählt auch die persönliche Absicherung."

Entlastungen
der Steuerpflichtigen

Das Finanzamt gewährt von Amts wegen „automatisch"
Entlastungsbeträge für ausgewählte Personenkreise.
In diesem Kapitel stellen wir Sie Ihnen vor.

Altersentlastungsbetrag
§ 24a EStG

Der Altersentlastungsbetrag ist zwar ein „Auslaufmodell", betrifft aber auf jeden Fall Vermieter im besten Alter, im Ruhestand:

Der Altersentlastungsbetrag wird einem Steuerpflichtigen gewährt, der vor dem Beginn des Kalenderjahres, in dem er sein Einkommen bezogen hat, das 64.

Lebensjahr vollendet hatte. Im Fall der Zusammenveranlagung von Ehegatten zur Einkommensteuer sind die Sätze 1 bis 3 für jeden Ehegatten gesondert anzuwenden. Der maßgebende Prozentsatz und der Höchstbetrag des Altersentlastungsbetrags sind der nachstehenden Tabelle zu entnehmen:

Die vollständige Tabelle ist im EStG §24a abgedruckt.

DAS AUF DIE VOLLENDUNG DES 64. LEBENS-JAHRES FOLGENDE KALENDERJAHR (ein Auszug)	ALTERSENTLASTUNGSBETRAG	
	in % der Einkünfte	Höchstbetrag in Euro
2015	24,0	1 140
2016	22,4	1 064
1017	20,8	988
2018	19,2	912
2019	17,6	836
2020	16,0	760
2021	15,2	722
2022	14,4	684

Bevor Sie die Tabelle anwenden, prüfen Sie, ob Sie die Bedingungen für die Gewährung des Altersentlastungsbetrags überhaupt erfüllen. Für jeden Ehegatten ist diese Prüfung getrennt vorzunehmen, denn es kann durchaus sein, dass Ihnen der Altersentlastungsbetrag gleich zweimal zusteht.

Erste Voraussetzung: Sie müssen in dem Jahr, für das Sie die Steuer abgeben wollen, mindestens 65 Jahre alt geworden sein.

Zweite Voraussetzung: Sie müssen Einkünfte in dem Veranlagungszeitraum gehabt haben, die **nicht** zum Arbeitslohn oder zu den Versorgungsbezügen zählen. Beispielsweise Einkünfte aus Vermietung und Verpachtung, selbständiger Tätigkeit usw. Haben Sie verschiedene dieser Einkünfte, dürfen Sie alles als Bemessungsgrundlage zusammenrechnen.

Erfüllen Sie diese beiden Bedingungen, schauen Sie in der Tabelle nach. Es ist für Sie das Jahr maßgeblich, in dem Sie 65 Jahre alt geworden sind. Anhand der Tabelle ermitteln Sie den für Sie gültigen Prozentsatz und den Höchstbetrag. Diese beiden Beträge bleiben bis zu Ihrem Lebensende gültig.

Der Altersentlastungsbetrag wird bis 2040 auf **Null** abgeschmolzen sein. Für Geburtenjahrgänge ab 1975 gibt es dieses Steuerbonbon also nicht mehr.

BEISPIEL: Tom und Tamara Trucker sind verheiratet und geben eine gemeinsame Steuererklärung für 2018 ab. Tamara ist am 18. Juli 1952 geboren; Tom am 17. August 1950. Sie beziehen beide Versorgungsbezüge und haben außerdem noch ein gemeinsames Mehrfamilienhaus. Im Veranlagungszeitraum betragen die Einkünfte aus Vermietung und Verpachtung jeweils 2.536 €. Außerdem arbeitet Tom gelegentlich als geringfügig beschäftigter Lkw-Fahrer und hatte in 2018 pauschal versteuerten Arbeitslohn in Höhe von 4.800 €. Tamara hingegen ist nebenbei noch als selbständige Schriftstellerin tätig. Mit ihren Groschenromanen machte sie einen Gewinn von 5.400 €.

Tamara erreichte in 2017 das Alter von 65 Jahren. Laut Tabelle kann Sie also 20,8 % höchstens jedoch 988 € Altersentlastungsbetrag beanspruchen. Ihre Bemessungsgrundlage sind die Einkünfte aus Vermietung und Verpachtung in Höhe von 2.536 € sowie der Gewinn aus selbständiger Tätigkeit (Schriftstellerin) mit 5.400 €. Gesamt also 7.936 € x 20,8 % = 1.650,86 €. Sie kann nun den Höchstbetrag laut Tabelle von 988 € als Altersentlastungsbetrag von Ihrem ZVE abziehen.

Tom feierte schon 2015 den Beginn des 65. Lebensjahres. Laut Tabelle kann er also 24 %, höchstens jedoch 1.140 € Altersentlastungsbetrag erhalten. Seine Bemessungsgrundlage sind nur die Einkünfte aus Vermietung und Verpachtung aus dem gemeinsamen Mehrfamilienhaus; sein Lohn als Lkw-Fahrer zählt nicht dazu. Er rechnet: 2.536 € x 24 %= 608,64 €. Der Höchstbetrag von 1.140 € ist für ihn bei Weitem nicht erreicht. Er darf also lediglich 608,64 € gerundet 609 € Altersentlastungsbetrag vom ZVE abziehen.

Eine Verrechnung zwischen den Eheleuten ist leider nicht möglich. Insgesamt ziehen die beiden 988 € + 609 € = 1.597 € von Ihrem gemeinsamen ZVE als Altersentlastungsbetrag ab.

Tom überlegt. Hätte er seiner Frau nicht vor einigen Jahren die Hälfte des Mehrfamilienhauses übertragen, würden die Gesamt-einkünfte aus Vermietung und Verpachtung ihm allein zugerechnet. Dann wäre seine Bemessungsgrundlage 5.072 € (2 x 2.536 €) x 24 % = 1.217,28 €; höchstens jedoch 1.140 €. Beide hätten dann den Höchstbetrag erreicht und gemeinsam (988 € + 1.140 €) 2.128 € als Altersentlastungsbetrag vom ZVE abziehen können. Der Unterschied von 531 € macht bei einem Steuersatz von 25 bis 30 % eine Steuerersparnis von 130 bis 150 € aus. Das wäre jedes Jahr ein nettes Abendessen oder Konzertbesuch gewesen. Der Notar hatte ihm seinerzeit sogar geraten, einen Steuerberater zu fragen. Er wollte die Kosten sparen. Jetzt fragt er sich, ob es wohl steuerlich bessere Lösungen gegeben hätte.

Alleinerziehungsfreibetrag § 24b EStG

Dieser Freibetrag soll „echte" Alleinerziehende steuerlich ein wenig entlasten. Er ist in der Steuerklasse II bereits „eingearbeitet" (→ Seite 182, Steuerklassen). Dieser Freibetrag ist keine Jahrespauschale, sondern wird jeweils rückwirkend anteilig für die Monate gewährt, in denen die Voraussetzungen vorgelegen haben. Sie können den Freibetrag nur dann beanspruchen, wenn Sie eine Einzelveranlagung durchführen – die Anwendung der Splitting-Tabelle schließt den Alleinerziehungsfreibetrag aus.

Die erste Bedingung: Sie brauchen mindestens ein Kind in Ihrem Haushalt. Dabei ist nicht von Bedeutung, wie alt das Kind ist oder wie aufwendig die Erziehungsarbeit ist. Steuerlich ist ein Kind nur dann ein Kind, wenn Sie Anspruch auf Kindergeld für dieses Kind haben. Das können ebenso Enkel oder Pflegekinder sein. Es ist auch nicht ausschlaggebend, dass das Kind minderjährig ist. Selbst wenn das Kindergeld nicht gezahlt wurde, weil Sie beispielsweise vergessen haben, den Antrag zu stellen – sobald Kindergeld**anspruch** besteht, haben Sie ein Kind. Ein Kind gehört zu Ihrem Haushalt, wenn es bei Ihnen wohnt und in der Regel mit Haupt- oder Nebenwohnsitz bei Ihnen gemeldet ist. Allerdings folgt das Steuerrecht nicht zwingend dem Melderecht. Mitunter wechseln Kindern die Wohnsitze zwischen getrennten Eltern und vergessen sich umzumelden. Für das Finanzamt gelten auch die tatsächlichen Verhältnisse – die Sie allerdings glaubhaft machen müssen.

→ **TIPP Zweitwohnsitz bei den Eltern**
Einige – meist größere Universitätsstädte oder beliebte Urlaubsdomizile – erheben eine Zweitwohnungssteuer. Um deren Zahlung zu vermeiden, melden sich studierende Kinder mit ihrem ersten Wohnsitz am Studienort an. Sie sollten dann aber bei den Eltern den Zweitwohnsitz beibehalten – vorausgesetzt, dort wird nicht auch Zweitwohnungssteuer erhoben.

Zweitens darf keine weitere erwachsene Person bei Ihnen leben. Mit einem Erwachsenen ist steuerlich jeder gemeint, für den eben **kein** Kindergeldanspruch besteht. Das können Lebenspartner oder andere Familienangehörige sein. Auch weitere erwachsene Kinder, für die eben kein Kindergeldanspruch mehr besteht, weil sie zum Beispiel zwischenzeitlich berufstätig sind, zählen leider dazu.

Der Alleinerziehungsfreibetrag beträgt jährlich 1.908 €; das entspricht monatlich 159 € für das erste Kind und 240 € monatlich für jedes weitere Kind im Haushalt.

→ **TIPP Eigener Haushalt**
Das Steuerrecht versteht unter „in einem Haushalt leben", dass Sie gemeinsam wirtschaften. Sollte also Ihr erwachsener Sohn – ohne Kindergeldanspruch – in einem separaten Appartement in Ihrem Haus wohnen und für sich selbst sorgen, besteht keine steuerschädliche Haushaltsgemeinschaft.

BEISPIEL: Eugenia Sorge ist geschieden. Sie wohnt jetzt allein mit ihrer pubertären 15-jährigen Tochter Melissa zusammen in Heidelberg. Ihr bisheriger Lebenspartner Hans Dampf hatte die Beziehung beendet und ist Ende Februar bei ihr ausgezogen. Ihr Sohn Felix, inzwischen 19 Jahre alt, wohnte bislang bei seinem alleinstehenden Vater Max in Kamen. Die beiden hatten so eine richtig coole Männerwirtschaft. Nach seinem tollen Abitur hat Felix für das Wintersemester tatsächlich einen Studienplatz für Astronomie in Heidelberg bekommen. Im August zieht Felix mit Sack und Pack zu seiner Mutter Eugenia nach Heidelberg. In den Umzugswirren vergisst er die polizeiliche Ummeldung zunächst völlig.

Der Alleinerziehungsfreibetrag für dieses Jahr berechnet sich wie folgt:

Vater Max: 1.1.-31.7. also 7 Monate x 159 € = 1.113 € Alleinerziehungsfreibetrag anzusetzen in seiner Einkommensteuererklärung.

Mutter Eugenia:
Januar/Februar: 0 Euro (aufgrund der eheähnlichen Gemeinschaft mit Hans Dampf)
1.3.-31.7.
5 Monate x 159 € (Melissa)
= 795 €
1.8.-31.12.
5 Monate x (159 €+20 €) 895 €
(Melissa und Felix)
Insgesamt also 1.690 € Alleinerziehungsfreibetrag anzusetzen in Eugenias Steuererklärung.

Die vergessene Ummeldung von Felix ist steuerlich unerheblich. Die Studienbescheinigung und eine Erklärung der Mutter reichen aus, das Finanzamt zu überzeugen. Mit den Meldebehörden muss sich Felix allerdings sehr wohl auseinandersetzen. Mutter Eugenia Sorge reicht zudem beim Finanzamt das Formular „Versicherung der Alleinerziehung" ein.

Ermitteln Sie anhand des Beispiels Ihren persönlichen Alleinerziehungsfreibetrag und tragen Sie diesen in Ihrer persönlichen Berechnungstabelle ZVE ein (→ Seite 20/21).

Besondere Steuerbegünstigungen

Auch wenn Sie nicht vermieten, sondern Ihre Immobilie ausschließlich selbst bewohnen, könnte Ihnen eine Steuerersparnis zustehen: Die Steuerbegünstigung nach § 10f EStG

„... für zu eigenen Wohnzwecken genutzte Baudenkmale und Gebäude in Sanierungsgebieten und städtebaulichen Entwicklungsbereichen..."

Lassen Sie sich Ihre Renovierungs- und Sanierungsaufwendungen von der zuständigen Behörde bestätigen. Dann können Sie über 10 Jahre hinweg einen Sonderabzug bei Ihrem ZVE vornehmen. In unserem Musterfall (→ Bescheinigung, rechts) sind das für die Jahre 2015 bis 2024 jeweils 10 % der Investitionssumme von 21.028,66 € – also 2.103 € pro Jahr. Bei der Steuererklärung müssen Sie die Angaben hierzu auf der Anlage FW machen. In unserem Ratgeber können Sie zur Berechnung Ihres ZVE den Betrag auf Seite 21 als „Steuerbegünstigung" eintragen.

Der Bürgermeister
als Untere Denkmalbehörde

(Untere Denkmalbehörde)

▓▓▓▓ , den 17.03.2016

(Ort, Datum)

Herrn / Frau / Firma

Betr.: Steuervergünstigung für Baudenkmäler, die zur Einkunftserzielung oder zu eigenen Wohnzwecken genutzt werden

Bezug: Ihr Antrag vom 22.02.2016

Anlg.: Rechnungen

Sehr geehrte ▓▓▓▓

es wird hiermit bescheinigt, dass

1. das Gebäude ▓▓▓▓

   X am ▓▓▓▓ in die Denkmalliste eingetragen (§ 3 DSchG) worden ist,

   innerhalb des Denkmalbereichs liegt (§§ 5, 6 Abs. 4 DSchG)

2. die durchgeführten und in der Anlage gekennzeichneten Arbeiten

   X mit mir am 08.07. und 24.08.2015 abgestimmt worden sind und

   X zur Erhaltung oder sinnvollen Nutzung des Baudenkmals erforderlich waren

   zur Erhaltung des geschützten Erscheinungsbildes des Denkmalbereichs erforderlich waren

3. die in Nrn. 1 und 2 bescheinigten Arbeiten insgesamt zu Aufwendungen in Höhe von geführt haben 21.028,66 EUR

4. für die Arbeiten ein Zuschuss von

   Stadt / Gemeinde EUR

   Kreis EUR

   Landschaftsverband EUR

   Bezirksregierung EUR

   insgesamt EUR

   ausgezahlt worden ist.

Es wird vorbehalten, diese Bescheinigung hinsichtlich Nr. 4 zu ändern, sofern weitere Zuschüsse von den genannten Stellen ausgezahlt werden.

Zu den begünstigten Aufwendungen gehören Funktionsträgergebühren. Begünstigt ist nur der Anteil, der nach den Feststellungen der Finanzbehörden (Richtlinie 83 b Einkommensteuer-Richtlinien) zu den Anschaffungskosten im Sinne des § 7 i Abs. 1 Satz 5 EStG oder den Herstellungskosten gehört, die auf die begünstigten Baumaßnahmen entfallen.

Hinweise:

Diese Bescheinigung ist nicht alleinige Voraussetzung für die Inanspruchnahme der Steuervergünstigung. Die Finanzbehörde prüft weitere steuerrechtliche Voraussetzungen, insbesondere die Abziehbarkeit der Aufwendungen als Betriebsausgaben, Werbungskosten oder Sonderausgaben und die Zugehörigkeit der Aufwendungen zu Anschaffungskosten, Herstellungskosten, Erhaltungsaufwand oder zu nicht abziehbaren Kosten. Sofern die Unterschutzstellung aufgehoben wird, wird hiervon das Finanzamt unterrichtet.

Rechtsbehelfsbelehrung

Mit freundlichen Grüßen

Formular drucken

Abb. 6: Behördliche Bestätigung für Renovierungs- und Sanierungsaufwendungen.

§ 3 EStG – Ihr neuer Lieblingsparagraph?

In diesem Kapitel zeigen wir, welche legalen Möglichkeiten es gibt, Ihre steuerfreien Einnahmen zu optimieren.

Es ist kaum zu glauben, aber tatsächlich bleiben sogar nach deutschem Steuerrecht einige Einnahmen steuerfrei. In § 3 des Einkommensteuergesetzes werden über 70 Einnahmen aufgelistet, die ganz oder teilweise von der Besteuerung ausgenommen sind. Zugegebenermaßen handelt es sich dabei zum Teil um recht exotische Ausnahmefälle wie zum Beispiel „Ehrensold für bedürftige Künstler" oder aber Selbstverständlichkeiten wie „Trinkgelder" oder die „Erstattung von Reisekosten". Gleichwohl gibt es einige recht interessante Regelungen. Hier ein paar Beispiele:

Unfallrenten

Komplett steuerfrei bleiben Unfallrenten aus der **gesetzlichen** Unfallversicherung – kurz BG Rente genannt. Diese in- und auch aus-ländischen Renten brauchen Sie in Ihrer Steuererklärung gar nicht zu erwähnen.

Übungsleiterpauschale versus Ehrenamts- und Betreuungspauschale

Vollständig steuer- und sozialversicherungsfrei bleibt nach §3 Nr. 26 EStG auch die s.g. „Übungsleiterpauschale" mit immerhin 2.400 € jährlich. Ihre Einnahmen müssen Sie zwar in der Steuererklärung angeben, gleichwohl bleibt aber der Jahreshöchstbetrag immer steuerfrei und zwar pro Person. Das gilt auch dann, wenn Sie beispielsweise in nur zwei Monaten die 2.400 € verdient haben. Lediglich darüberhinausgehenden Einnahmen werden versteuert. Sie können innerhalb eines Jahres durchaus auch von mehreren verschiedenen Institutionen sogar zeitgleich diese steuerfreien Einnahmen bekommen. **Es zählt allein die Gesamtsumme.**

Es ist absolut unerheblich, ob Sie Rentner, Hausfrau, Hausmann, Selbständiger oder Arbeitnehmer sind, solange Sie „nebenberuflich" tätig werden.

Eine weitere Voraussetzung ist, dass Sie bei einer öffentlich-rechtlichen Institution zum Beispiel Städte und Gemeinden, (Hoch-)Schulen, Kammern, Volkshochschulen, bei einem gemeinnützigen Verein, der Kirche o. ä. tätig sind.

Außerdem muss es sich um eine Tätigkeit als Übungsleiter, Ausbilder, Erzieher, Betreuer, oder die Pflege alter, kranker oder behinderter Menschen oder eine künstlerische Tätigkeit handeln.

Die Ehrenamtspauschale gemäß §3 Nr. 26a EStG ist ähnlich angesiedelt. Das ehrenamtliche Engagement soll gefördert werden. Wenn Sie sich also ehrenamtlich bei einem gemeinnützigen Verein engagieren, kann Ihnen der Verein steuer- und sozialversicherungsfrei bis zu 720 € jährlich als pauschalierte Aufwandsentschädigung auszahlen. Das kann beispielsweise für die Tätigkeit als Vereinsvorsitzender, als Platzwart, als Fahrdienst o. ä. sein. Es muss sich um eine nebenberufliche Tätigkeit im gemeinnützigen, kirchlichen oder mildtätigen Bereich handeln – gleichgültig welcher Art.

Die Betreuungspauschale gem. § 3 Nr. 26b EStG beträgt ebenfalls maximal 2.400 € und betrifft ausschließlich die ehrenamtliche Betreuung; ausdrücklich also keine Berufsbetreuer. Allerdings bleiben für jeden Steuerpflichtigen nur insgesamt 2.400 € jährlich für Übungsleiter- und Betreuungspauschale zusammen steuerfrei.

Sie können sowohl die Übungsleiterpauschale als auch die Ehrenamtspauschale bekommen, sofern es sich nicht um ein und dieselbe Tätigkeit handelt.

BEISPIEL: Anton und Berta Rührig genießen bereits seit einiger Zeit ihr Rentnerdasein. Sie sind fit und verdienen sich gern ein „Zubrot". Große Pläne haben die beiden, denn sie wollen Ihr Häuschen renovieren und die Einliegerwohnung zur Vermietung ertüchtigen. Wer weiß, wie lange sie fit genug sind, sich sportlich zu betätigen. Da kommt eine künftige Mieteinnahme sehr gelegen.

Anton trainiert die Jugendmannschaft des örtlichen Fußballvereins. Dafür erhält er vom Verein 1.800 € im Jahr als Übungsleiter steuerfrei.

Außerdem ist er als Platzwart beim Sportverein des Nachbarortes tätig. Der zahlt ihm dafür jährlich eine Ehrenamtspauschale von 720 € steuerfrei.

Anton ist vom Gericht als ehrenamtlicher Betreuer für seine 98-jährige, verwirrte Tante

Cäcilie bestellt. Als Aufwandsentschädigung werden ihm steuerfrei 600 € im Jahr ausgezahlt.

Berta Rührig hingegen gibt als ehemalige Lehrerin bei der VHS Yogakurse. Es fanden dieses Jahr alle geplanten sieben Kurse tatsächlich statt und sie erhält ein Honorar von 2.800 €.

Anton und Berta rechnen zusammen:

ANTON	
Übungsleiterjob Trainer	1.800 €
Betreuungspauschale Tante Cäcilie	600 €
Steuerfreie Summe	**2.400 €**
Plus Ehrenamtspauschale Platzwart	720 € steuerfrei
BERTA	
Übungsleiterjob VHS	2.800 € (2.400 € steuerfrei, 400 € steuerpflichtig)

Immerhin hat Ehepaar Rührig es auf beachtliche steuerfreie Einnahmen von 5.520 € gebracht. Nun überlegt Berta, ob sie im nächsten Jahr nicht besser einen VHS-Kurs weniger macht. Dann hätte sie zwar nur 2.400 € VHS-Honorare, die wären dann allerdings komplett steuerfrei. Sie könnte stattdessen lieber das Angebot des Fußballvereins annehmen. Der Verein wollte sie schon länger als ehrenamtliche „Wäscheomi" gewinnen. Sie soll die Wäsche und Pflege der Trikots der „Pampersliga" übernehmen. 720 € Ehrenamtspauschale will der Verein jährlich springen lassen. Die beiden Rührigs würden es dann auf 6.240 € legales Zubrot bringen, absolut steuer- und sozialversicherungsfrei. Die beiden fragen sich nur, wie sie dann die Zeit finden sollen für die geplanten Renovierungen ihres Eigenheims.

Weil all diese Pauschalen „Aufwandentschädigungen" darstellen, dürfen Sie nicht noch zusätzlich Ihre Ausgaben (etwa Fahrkosten, Strom, Telefon, Waschpulver, Wasser...) davon abziehen. Allerdings könnte der

Verein beispielsweise anstelle der Pauschale höhere **nachgewiesene** Kosten steuerfrei erstatten.

Sie können nun Ihre steuerfreien Einnahmen eintragen. Die Eintragungen erfolgen für jeden Ehegatten getrennt in Anlage S – selbständige Tätigkeit. Die Erklärung muss zwingend elektronisch übermittelt werden. Auf Seite 1, **Zeile 11** der Anlage S werden die nicht steuerfreien Beträge eingetragen; auf Seite 2, **Zeile 44/45** erfolgt der Eintrag, der steuerfreien Beträge.

Zur Berechnung Ihres ZVE tragen Sie in das Formblatt nur die steuerpflichtigen Beträge ein (→ Seite 20/21).

Steuerfreie Lohnersatzleistungen mit einem großen ABER

Ebenfalls in §3 EStG geregelt ist die grundsätzliche Steuerfreiheit der Lohnersatzleistungen wie zum Beispiel: Krankengeld, Verletztengeld, Übergangsgeld, Mutterschaftsgeld, Arbeitslosengeld, Kurzarbeitergeld, Insolvenzgeld und Elterngeld. **Aber** all diese Lohnersatzleistungen unterliegen dem „Progressionsvorbehalt" (→ Seite 16). Da hat so mancher Steuerpflichtige schon böse Überraschungen erlebt. Die Lohnersatzleistungen müssen allesamt in der Steuererklärung angegeben werden. Die Eintragungen erfolgen im Mantelbogen Seite 4, **Zeile 91**, getrennt für beide Ehegatten.

Lohnersatzleistungen werden von der auszahlenden Stelle automatisch gemeldet; „vergessen" hilft also nicht, der Steuer zu entkommen. Wenn Sie unsicher sind, können Sie auch den obligatorischen 1 € eintragen.

Es bleiben nur ganz wenige Leistungen von der Steuer vollständig unberührt wie beispielsweise die Sozialhilfe, Arbeitslosengeld II, Betreuungsgeld u.ä.

Aussteller (Bezeichnung und Anschrift der steuerbegünstigten Einrichtung)
SV 1911 Lüttringen e. V.
Am Gelke 2
59469 Ense

Bestätigung über Geldzuwendungen/Mitgliedsbeitrag

im Sinne des § 10b des Einkommensteuergesetzes an eine der in § 5 Abs. 1 Nr. 9 des Körperschaftsteuergesetzes bezeichneten Körperschaften, Personenvereinigungen oder Vermögensmassen

Name und Anschrift des Zuwendenden

Betrag der Zuwendung - in Ziffern -	- in Buchstaben -	Tag der Zuwendung:
720,00	siebenhundertundzwanzig	07.08.2017

Es handelt sich um den Verzicht auf Erstattung von Aufwendungen   Ja ☐   Nein ☒

☒ Wir sind wegen Förderung (Angabe des begünstigten Zwecks / der begünstigten Zwecke)

des Sports

nach dem Freistellungsbescheid bzw. nach der Anlage zum Körperschaftsteuerbescheid des Finanzamtes
Soest   StNr.   vom **21.04.2015**   für den letzten
Veranlagungszeitraum   **2013**   nach § 5 Abs. 1 Nr. 9 des Körperschaftsteuergesetzes von der
Körperschaftsteuer und nach § 3 Nr. 6 des Gewerbesteuergesetzes von der Gewerbesteuer befreit.

☐ Die Einhaltung der satzungsmäßigen Voraussetzungen nach den §§ 51, 59, 60 und 61 AO wurde vom Finanzamt
                 StNr.   mit Bescheid vom   nach § 60a AO gesondert
festgestellt. Wir fördern nach unserer Satzung (Angabe des begünstigten Zwecks / der begünstigten Zwecke)

Es wird bestätigt, dass die Zuwendung nur zur Förderung (Angabe des begünstigten Zwecks / der begünstigten Zwecke)

des Sports

verwendet wird.

Nur für steuerbegünstigte Einrichtungen, bei denen die Mitgliedsbeiträge steuerlich nicht abziehbar sind

☒ Es wird bestätigt, dass es sich nicht um einen Mitgliedsbeitrag handelt, dessen Abzug nach § 10b Abs. 1 des Einkommensteuergesetzes ausgeschlossen ist.

Ense, den 4. September 2017
(Ort, Datum und Unterschrift des Zuwendungsempfängers)

Hinweis:
Wer vorsätzlich oder grob fahrlässig eine unrichtige Zuwendungsbestätigung erstellt oder veranlasst, dass Zuwendungen nicht zu den in der Zuwendungsbestätigung angegebenen steuerbegünstigten Zwecken verwendet werden, haftet für die entgangene Steuer (§ 10b Abs. 4 EStG, § 9 Abs. 3 KStG, § 9 Nr. 5 GewStG).

Diese Bestätigung wird nicht als Nachweis für die steuerliche Berücksichtigung der Zuwendung anerkannt, wenn das Datum des Freistellungsbescheides länger als 5 Jahre bzw. das Datum der Feststellung der Einhaltung der satzungsmäßigen Voraussetzungen nach § 60a Abs. 1 AO länger als 3 Jahre seit Ausstellung des Bescheides zurückliegt (§ 63 Abs. 5 AO).

034122 Bestätigung über Geldzuwendung / steuerbegünstigte Einrichtung / Verein (2013)

Abb. 7: Beispiel Spendenbescheinigung.

Werbungskosten
und Sonderausgaben

Dieses Kapitel handelt von Werbungskosten, Sonderausgaben und davon,
wo Sie Ihre(n) Ex absetzen können.

Wie werden aus Einnahmen Einkünfte?
Diese Frage lässt sich in einem simplen Satz
beantworten. Ziehen Sie von Ihren Einnahmen die Werbungskosten ab, und schon
kennen Sie Ihre Einkünfte der jeweiligen Einkunftsart.

Einnahmen

Der steuerliche Begriff der „Einnahmen" ist
in §8 (1) des EStG klar definiert: …

> *„alle Güter die in Geld oder Geldeswert
> bestehen und dem Steuerpflichtigen im
> Rahmen einer der Einkunftsarten […]
> zufließen."*

Zu jeder der Einkunftsarten wurde hierzu in
den vorangegangen Kapiteln bereits ausführlich geschrieben.

Werbungskosten

Der steuerliche Begriff der „Werbungskosten"
ist in §8 (1) des EStG ebenfalls definiert:

> *„[…] Aufwendungen zur Erwerbung,
> Sicherung und Erhaltung der Einnah-
> men […]."*

Auch dieser Begriff wurde in den vorherigen
Kapiteln schon häufiger erwähnt. Die Werbungskosten werden von der jeweiligen
Überschuss-Einkunftsart abgezogen und
können daher sehr unterschiedlich sein. Im
Gesetz sind beispielhaft einige häufig vor-
kommende Werbungskosten aufgeführt. Allerdings handelt es sich dabei lediglich um
eine unvollständige Aufzählung. Abhängig
vom Einzelfall stellen viele Ausgaben denkbare Werbungskosten dar. Denken Sie allein
an die verschiedenen Berufe bei den Einkünf-

ten aus „Nichtselbständiger Arbeit". Auf Ihre Argumentation kommt es an: Die Ausgaben müssen verwendet werden, um eine Einkunft entweder zu bekommen, zum Beispiel Bewerbungskosten **oder** zu sichern und erhalten, zum Beispiel Fortbildungen. Werbungskosten können auch entstehen, **bevor** Einnahmen erzielt werden. Es handelt sich um „vorweggenommene" Werbungskosten wie beispielsweise Kosten für eine Rentenberatung. Zum Thema Werbungskosten Vermietung und Verpachtung haben wir bereits im Kapitel Seite 65 ff. ausführlich geschrieben.

Nicht abzugsfähige Ausgaben sind hingegen die Kosten der privaten Lebensführung. Das Finanzamt argumentiert die Ablehnung von Werbungskosten recht häufig mit diesem §12 EStG. Die Abgrenzung zwischen privater und beruflicher Veranlassung ist tatsächlich nicht immer einfach. Ihr Besuch beim Friseur oder Nagelstudio sowie der Kauf erotischer Unterwäsche sind in der Regel gewiss privat veranlasst; allerdings bei einem Model oder einer Go-Go-Tänzerin sind diese Ausgaben durchaus denkbare Werbungskosten beziehungsweise Betriebsausgaben.

Eine Erleichterung für die Steuerpflichtigen sind die **Pauschbeträge** des §9a EStG. Ohne Nachweise, ohne Prüfung stehen diese Pauschbeträge den Steuerpflichtigen zu. Nur wer höhere Werbungskosten geltend machen möchte, muss Belege sammeln, Beträge notieren und auswerten.

 GUT ZU WISSEN

Werbungskosten – wofür?

Fortbildungen mit dem Ziel die steuerfreien Übungsleiterpauschalen zu erhalten stellen **keine** Werbungskosten dar. Streben Sie hingegen eine steuerpflichtige Teilzeitbeschäftigung an, haben Sie sehr wohl Werbungskosten!

Der Pauschbetrag für Versorgungsbezüge (etwa bei Pensionen) liegt bei 102 €. Für sonstige Einkünfte (zum Beispiel Renten) können Sie ebenfalls pauschal 102 € als Werbungskosten abziehen. Alle Pauschbeträge gelten pro Steuerpflichtigem je Einkunftsart – allerdings nur einmal. Werbungskostenpauschalen für die anderen Einkunftsarten (beispielsweise aus Vermietung und Verpachtung) gibt es nicht.

Der Arbeitnehmerpauschbetrag beträgt seit einigen Jahren 1.000 € pro Person.

Besondere Ausgaben – Sonderausgaben?

Nicht all Ihre besonderen Ausgaben stellen „Sonderausgaben" im Sinne des Steuerrechts dar. Auch bei den „Sonderausgaben" handelt es sich um einen steuerlichen Fachbegriff. §10 EStG beschreibt die Sonderausgaben als grundsätzlich private Ausgaben, die jedoch ganz oder zumindest teilweise Ihr ZVE beachtlich mindern können. Die Sonderausgaben werden im Gesetz aufgelistet. Man kann sie in zwei Gruppen einteilen: „Vorsorgeaufwendungen" und „sonstige Sonderausgaben".

Vorsorgeaufwendungen (Versicherungen)

Mit diesen Aufwendungen sorgen Sie für sich und Ihre Familie vor (Alter, Krankheit, Pflege, Unfall usw.). Zu den Vorsorgenaufwendungen gehören die „Basis-Altersvorsorge" mit Beiträgen zur gesetzlichen Rentenversicherung und vergleichbaren Versicherungen wie Rürup-Renten (→ Seite 129); aber auch die „Zusatz Altersversorgung" Riester. Sie merken, der Kreis schließt sich. Auf der einen Seite dürfen Sie mit Ihren Aufwendungen Ihre Steuerlast mindern. Die absetzbaren Höchstbeträge sind beachtlich und steigen stetig. Auf der anderen Seite wird dann bei Auszahlung der Renten die „Steuerhand" wieder aufgehalten.

Die „sonstigen Vorsorgeaufwendungen" unterscheiden sich nochmals nach „Basisversorgungen", die unbeschränkt in voller Höhe als Sonderausgaben abzugsfähig sind, und „Übrigen Vorsorgeaufwendungen", mit einer „Deckelung" von 1.900 € pro Person jährlich. Zur unbeschränkt abzugsfähigen Basisversorgung gehören die Beiträge zur Kranken- und Pflegeversicherung; jedoch nur der Anteil, der auf den Basisschutz auf sozialhilfegleichem Niveau entfällt. Das entspricht in der Regel bei einer gesetzlichen Krankenversicherung auch den tatsächlich gezahlten Beiträgen. Die privaten Krankenkassen bescheinigen alljährlich ihren Mitgliedern den Anteil Basis-Versorgung und Zusatzversorgung. Von den Kranken- und Pflegekassen zurückerstattete Beiträge müssen anteilig für die Basisversorgung wieder abgezogen werden.

Weitere sonstige Vorsorgeaufwendungen sind gezahlte Beiträge zur Arbeitslosenversicherung, Erwerbs- und Berufsunfähigkeitsversicherung, Unfallversicherung, Haftpflichtversicherungen, Risikolebensversicherungen (**nicht** jedoch Hausrat- und Kaskoversicherungen). Seit 2010 haben diese Versicherungen allerdings an Bedeutung bei der Steuerentlastung eingebüßt.

Aufgrund der neuen Sonderausgaben-Höchstbetrag-Berechnungen haben sich die Gewichtungen verschoben. All die Mühe, die Sie sich mit dem Heraussuchen, Auflisten und Eintragen der einzelnen Versicherungsbeiträge geben, bleiben nun meist ohne steuerliche Auswirkungen. Das Finanzamt teilt Ihnen das auch in Ihrem Steuerbescheid regelmäßig mit; allerdings derartig verklausuliert, sodass es kaum auffällt. Auf einer der letzten Seiten unter Erläuterungen finden Sie dann den Textbaustein-Passus: „[...]Der Höchstbetrag für sonstige Vorsorgeaufwendungen wurde bereits durch die Berücksichtigung Ihrer Beiträge zur Krankenversicherung (Basisversorgung) und zur gesetzlichen Pflegeversicherung ausgeschöpft; ein darüber hinausgehender Abzug von sonstigen Vorsorgeaufwendungen ist daher nicht möglich[...]." In schlichte Worte übersetzt heißt das: Sparen Sie sich die Arbeit, denn es bringt Ihnen nichts. Konzentrieren Sie sich auf das Wesentliche.

Für Sie wesentlich ist die Berechnung Ihrer Höchstbeträge, die Ihr ZVE mindern und somit letztlich Ihre Steuerlast.

BEISPIEL: Kassandra Klug ist gut verdienende Angestellte und ihr Ehemann Kunibert Rentner. Kassandra hat in jungen Jahren einige Jahre den Haushalt geführt und die Kinder versorgt. Dank einer kleinen Erbschaft kann sie zusätzlich zu Ihrer gesetzlichen Rente Beiträge in eine Rürup-Rente einzahlen. Kunibert hat als Rentner keine Altersvorsorgebeiträge eingezahlt. Die beiden wissen, der steuerliche Höchstbetrag für Altersvorsorgebeiträge beträgt derzeitig pro Person 23.712 €, also für beide gemeinsam maximal 47.424 €. In 2018 werden von den gezahlten Beiträgen jedoch nur 86 % steuerlich anerkannt. Dieser Prozentsatz wird jedes Jahr um 2 %-Punkte angehoben, bis 2025 dann die vollen gezahlten Beiträge anerkannt werden.

Frau Klug nimmt ihren „eTIN-Zettel" (→ Seite 46 zur Hand und rechnet:

Arbeitnehmeranteil zur gesetzlichen Rentenversicherung (Zeile 23)	6.350 €
Arbeitgeberanteile zur gesetzlichen Rentenversicherung (Zeile 22)	6.350 €
Einzahlungen in die Rürup-Rente (lt. Versicherungsbescheinigung)	36.000 €
Summe	48.200 €
jedoch maximal anzuerkennen 2018	47.424 €

Anmerkung: Kassandra Klug hatte zu Jahresbeginn ihren Rürup-Beitrag genau berechnet, aber in ihre Berechnungen konnte die Sonderzahlung ihres Arbeitgebers zuvor nicht einfließen. Davon hat sie erst im November erfahren – sonst wäre ihre Kalkulation sicher aufgegangen. So hat sie jetzt 776 € in ihre Rürup-Rente eingezahlt, die leider steuerlich keine Auswirkung haben.

Auf den Höchstbetrag ist nun der %-Satz für 2018 anzuwenden:

47.424 x 86 %	40.785 €
abzüglich Arbeitgeberleistungen (denn die hat Kassandra ja nicht selbst gezahlt)	6.350 €
ergibt den als Sonderausgaben abzugsfähigen Altersvorsorgebetrag	34.435 €

Als übrige Vorsorgeaufwendungen stellt Kassandra zusammen:

eigene Beiträge zur gesetzlichen Krankenkasse (eTIN, Zeile 25)	3.654 €
diesen Betrag von 3.654 € muss sie um 4 % kürzen, da sie Krankengeldanspruch hat	- 146 €
zuzüglich Krankenkassenbeiträge Kunibert lt. Rentenbescheinigung	2.200 €
Plus eigene Beiträge zur gesetzlichen Pflegekasse (eTIN, Zeile 27)	665 €
zuzüglich Beiträge Pflegeversicherung Kunibert lt. Rentenbescheinigung	440 €
als unbeschränkt abzugsfähige Sonderausgaben ergeben sich	6.813 €

Zusammen mit den Altersvorsorgeaufwendungen sind das immerhin 41.248 €, die sie vom ZVE abziehen kann.

Die Klugs haben noch eine Vielzahl weiterer Versicherungen, die grundsätzlich als Sonderausgaben abgezogen werden könnten. Kassandra überschlägt nur ganz grob

rund 6.000 €: Kürzung der Krankenkassenbeträge wegen Lohnfortzahlung gemäß ihrer Aufstellung oben 146 €; Arbeitslosenversicherung laut eTIN Zeile 27 rund 800 €, Hundehalterhaftpflicht 200 €; Privathaftpflicht 100 €; Unfallversicherungen 600 €; Krankenzusatzversicherungen 2.000 €; KFZ-Versicherungen (Haftpflichtanteil) 400 € ; Risikolebensversicherungen 300 €; Berufsunfähigkeitsversicherung 1.200 €; Auslandskrankenversicherung und Schutzbrief 250 €.

Kassandra Klug erinnert sich an ihren letzten Steuerbescheid mit dem Hinweis des Finanzamtes zu den Vorsorgeaufwendungen und Höchstbeträgen. Da war doch was...

Kassandra Klug rechnet im Kopf: Höchstbetrag für übrige Vorsorgeaufwendungen 1.900 € für mich und noch einmal 1.900 € für Kunibert pro Jahr, also zusammen nur 3.800 €.

Weil allein die unbeschränkt abzugsfähigen Vorsorgeaufwendungen lt. ihrer Rechnung 6.813 € betragen, verschwendet sie keine weitere Energie darauf. Es bleibt bei dem Abzug als Sonderausgaben/Vorsorgeaufwendungen von 41.248 €. Alle anderen Versicherungen – gleichgültig wie hoch – wirken sich nicht mehr aus.

Ziehen Sie getrost das Fazit: Durch den Ansatz Ihrer gezahlten Beiträge zur Kranken- und Pflegekasse wird der Höchstbetrag von jährlich 1.900 € pro Person in den meisten Fällen bereits überschritten. Nur in seltenen

Ausnahmefällen leisten Sie monatlich weniger als 160 € (1.900 : 12) Beitrag zur Kranken/Pflegeversicherung.

Alle Eintragungen hierzu machen Sie und gegebenenfalls Ihr Ehepartner in einer **Anlage Vorsorgeaufwendungen** gemeinsam. Altersvorsorgeaufwendungen Seite 1, **Zeilen 4 bis 10**; Basisvorsorgeaufwendungen Kranken- und Pflegeversicherungen Seite 1, **Zeilen 12 bis 29**. Die weiteren Vorsorgeaufwendungen werden auf der 2. Seite in den **Zeilen 46 bis 52** eingetragen. Außerdem müssen Sie in **Zeile 11** auf der 1. Seite eine Kennziffer angeben (In der Regel „1"). Letztlich sind auf der zweiten Seite in den **Zeilen 53 bis 58** Kennziffern zur Rentenversicherungspflicht einzutragen. Falls Sie ein Steuerprogramm zur Erstellung Ihrer Einkommensteuererklärung nutzen, erfolgt der Eintrag durch das Programm. Sie brauchen nur noch die Angaben überprüfen, denn ein falsches Häkchen ist ganz schnell mal gesetzt.

Andere Sonderausgaben

Für „andere Sonderausgaben" gewährt Ihnen das Finanzamt automatisch mindestens eine Pauschale von 36 € pro Person; sogar wenn Sie in Ihrer Steuererklärung keine weiteren Angaben dazu machen.

Andere Sonderausgaben sind
→ Unterhaltszahlungen an Ex-Ehegatten (Realsplitting);
→ die gezahlten Kirchensteuer; Spenden und Mitgliedsbeiträge;
→ Ausbildungskosten für die erste Ausbildung (höchstens 6.000 € für Ledige beziehungsweise 12.000 € für Verheiratete);
→ Schulgeld für Kinder (30 % höchstens jedoch 5.000 €).

Die Eintragungen erfolgen auf dem **Mantelbogen**: Unterhaltsleistungen in **Zeile 40 bis 42**; Kirchensteuer in der **Zeile 43**; **Berufsausbildungskosten in den Zeilen 44/45** und Spenden/Mitgliedsbeiträge in den **Zeilen 46 bis 57**.

Unterhaltszahlungen für Ex-Ehegatten (Realsplitting)

Wenn Sie an Ihren dauernd getrennt lebenden Ehegatten Trennungsunterhalt oder Unterhaltsleistungen für Ihren geschiedenen Ehegatten zahlen, sind die tatsächlich gezahlten Leistungen bei Ihnen als Sonderausgaben absetzbar. Voraussetzung hierfür ist die unterschriebene Anlage U (sonstige Einkünfte). Sie als Unterhaltsleistender verpflichten sich, dem Unterhaltsempfänger den „Nachteil" auszugleichen. Der Empfänger der Unterhaltsleistungen ist verpflichtet, die erhaltenen Unterhaltsleistungen zu versteuern;

allerdings nur dann (und in der Höhe), wenn Sie als Zahlender die Beträge in Ihrer Steuererklärung als Sonderausgaben einsetzen. Sie als Zahlungsleistender haben ganz allein das Wahlrecht, ob und in welcher Höhe Sie Ihre geleisteten Unterhaltszahlungen als steuermindernde Sonderausgaben einsetzen wollen. Durch Eintragungen in Ihrer Steuererklärung üben Sie automatisch Ihr Wahlrecht gegenüber dem Finanzamt aus. Wer die Wahl hat, hat auch die Qual. Denn Sie sind – wie bereits erwähnt – dem Unterhaltsempfänger gegenüber verpflichtet, den Nachteil, der beim Empfänger anfällt, zu erstatten. Der Nachteil beim Ex-Ehegatten entsteht meist in Form von Steuernachzahlungen; jedoch nicht zwingend und auch nicht ausschließlich. Eigentlich können Sie eine richtige Entscheidung erst treffen, wenn Sie über die steuerlichen Verhältnisse des Ex-Partners genau informiert sind. Sollten Sie noch mit dem Ex-Partner im Gespräch sein, bitten Sie ihn, eine „was-wäre-wenn"-Steuerberechnung zu erstellen (oder auch fachkundig erstellen zu lassen). Erst wenn Sie wissen, wie sich die zu zahlende Steuer Ihres Ex-Partnern **mit** und **ohne** Ihre Unterhaltsleistungen verändert, kennen Sie den durch Sie zu bezahlenden Nachteils-Ausgleich. Eine weitere „was-wäre-wenn"-Steuerberechnung für Sie selbst zeigt Ihnen dann Ihren eigenen Steuervorteil. Erst wenn dieser wirklich höher ist als die an den Unterhaltempfänger zu zah-

lenden Steuern, ist das sogenannte **Realsplitting** für Sie sinnvoll. Wenn Sie Ihre Entscheidung getroffen haben, sollten Sie diese dem Unterhaltsempfänger schriftlich mitteilen. Dann kann auch der Ex-Ehepartner seiner Steuerpflicht korrekt nachkommen.

Unterhaltsleistungen können in Form von Geld, übernommen Zahlungen (etwa für Versicherungen oder Kredite) und Sachleistungen (zum Beispiel mietfreie Überlassung der Wohnung) gezahlt werden. Auch die im Wege des „Nachteils-Ausgleich" an den Empfänger überwiesenen Beträge sind im Folgejahr steuermindernd ansetzbar. Der Höchstbetrag beträgt pro Jahr insgesamt 13.805 €; allerdings je Zahlungsempfänger. Sollten Sie also an mehrere Ex-Ehepartner Unterhalt zahlen, dürfen Sie diesen Höchstbetrag mehrfach ausschöpfen. Dieses gilt natürlich für beide Ehegatten, sollten Sie zwischenzeitlich neu verheiratet sein.

BEISPIEL: Reiner Wahnsinn zahlt Trennungsunterhalt an seine dauernd getrennt lebende Ehefrau Heller in Höhe von monatlich 1.200 €. Heller Wahnsinn lebt bescheiden und mietfrei bei ihrer Tante. Sie lebt von Reiners Unterhalt und ihren Einnahmen aus einem pauschalversteuerten Minijob. Außerdem zahlt er an seine erste Ehefrau Holla Waldfee nachehelichen Unterhalt in Höhe von 3.600 € jährlich. Sowohl Holla als auch Heller haben die Anlage U unterschrieben und nicht widerrufen.

Reiner rechnet in seinem neuen Steuerprogramm: 12 x 1.200 € = 14.400 € für Heller. Bei Ansatz als Sonderausgaben mit dem Höchstbetrag von 13.805 € hat er einen Steuervorteil von fast 4.300 €. Er freut sich. Das sind 4.300 € für ihn! Bei Heller ergibt sich voraussichtlich gar keine zu zahlende Einkommensteuer, da sie keine weiteren steuerpflichtigen Einkünfte hat. Falls Heller zur Abgabe einer Steuererklärung aufgefordert wird, will er ihr gern die Steuerberatungskosten oder den Beitrag eines Lohnsteuerhilfevereins bezahlen.

Mit Holla hat Reiner weniger guten Kontakt. Im Vorjahr musste er nach langem Hin und Her an Holla Waldfee rund 200 € Nachteils-Ausgleich für Steuern bezahlen. Wenn er die Unterhaltsleistungen von 3.600 € plus die gezahlten Steuern des Vorjahres 200 €, also insgesamt 3.800 € als Sonderausgaben in sein eigenes Steuerprogramm eingibt, er-rechnet sich eine weitere Erstattung von gut 1.000 € für ihn. Leider will Holla ihm ihre eigenen Steuerzahlen nicht offenlegen. Aber Reiner ahnt nichts Gutes. Er weiß, dass Holla im November des Vorjahres einen neuen Job angetreten hatte. Allein deshalb war es zu den 200 € Steuernachzahlung für ihn gekommen. Im Vorjahr hatte er dann zwar den Ärger und die Schreiberei mit Holla, aber immerhin blieb ihn noch ein Steuervorteil von rund 700 € nach Abzug aller Kosten. Er vermutet, dass dieses Jahr die Zahlung an Holla für den „Nachteil" deutlich höher sein würde als der für ihn errechnete Steuervorteil. Immerhin hat Holla nun ganzjährig gearbeitet und sie ist wohl auch befördert worden – wie ihm Bekannte berichtet haben. Es ist ihm zu mühselig und heikel. Dieses Jahr verzichtet er deshalb auf den Ansatz dieser Unterhaltszahlungen an Holla Waldfee als Sonderausgaben.

Für nächstes Jahr will Reiner neu überlegen, denn **er** hat ja die Wahl; nur was soll er wählen? Eigentlich schade, denkt er sich – denn im Zweifel „gewinnt" nur das Finanzamt. Vielleicht kann er Holla Waldfee doch noch gnädig stimmen. Er könnte sie am eventuellen Steuervorteil beteiligen, wenn sie ihm ihre steuerlichen Verhältnisse offenlegt, philosophiert er.

Kirchenaustritt und Steuerersparnis

Die von Ihnen gezahlte Kirchensteuer stellt steuerlich betrachtet „Sonderausgaben" dar. Die Auswirkung ist einer Spende ähnlich. Zur Berechnung Ihrer gezahlten Kirchensteuer addieren Sie die Beträge (bei Zusammenveranlagung die, beider Ehegatten) laut eTin Zeilen 6/7 und 12/13 (→ Seite 48 und die gezahlten Kirchensteuern gemäß Vorauszahlungsbescheid sowie eventuelle Nachzahlungen aus dem Vorjahr. Erstattungen aus Vorjahren müssen Sie allerdings abziehen. Seit 2012 werden Erstattungen für Vorjahre im Jahr der Erstattung berücksichtigt. Kirchensteuererstattungen aus Vorjahren wirken oft wie eine „Negativ-Spende". Sind die Rückerstattungen höher als Ihre gezahlten Kirchensteuern, entsteht ein Kirchensteuerüberhang und Ihr ZVE erhöht sich. Wenn Sie Ihre Steuererklärung mit Hilfe eines Steuerprogramms ausfüllen, erledigt das Steuerprogramm diese Aufgabe für Sie automatisch, vorausgesetzt Sie tätigen die Eingaben richtig und vor allem vollständig.

Die Höhe der Kirchensteuer richtet sich nach Ihrer Einkommensteuer. Sie beträgt in den meisten Bundesländern 9 % der Einkommensteuer; lediglich Bayern und Württemberg bilden mit 8 % eine Ausnahme.

Ein Kirchenaustritt erspart Ihnen zwar die Zahlung der Kirchensteuern, mindert aber auch Ihre Sonderausgaben. Abhängig von der Höhe Ihres persönlichen Steuersatzes beträgt die tatsächliche Steuerersparnis nur 70 bis 80 Prozent der nicht mehr zu zahlenden Kirchensteuer.

BEISPIEL: Der Witwer Gustav Liebling ist zum 1.2.2018 aus der Kirche ausgetreten. Von seiner Pension wurde für den Januar laut eTIN noch 14 € Kirchensteuer einbehalten. In den Vorjahren betrugen seine Abzüge für Kirchensteuer immer 150 € bis 170 €. Er gibt in sein Steuerprogramm seine fiktive Kirchensteuerzahlung von 168 € (12 Monate x 14 €) ein. Enttäuscht stellt Gustav fest, bei einer Kirchensteuerzahlung für das ganze Jahr, hätte er fast 50 € Steuern weniger bezahlt. Seine wirkliche Einsparung beträgt also nur gut 100 € (168 € ./. 14 € ./.50 €).

Einige Wochen später bekommt Gustav Liebling vom Finanzamt seinen Steuerbescheid. Leider weicht das Ergebnis von seinen Berechnungen ab. Er soll an das Finanzamt sogar Geld bezahlen. Sein Steuerprogramm hatte eine Erstattung von gut 50 € errechnet. Schon auf den ersten Blick erkennt er – es muss an den Kirchensteuern liegen. Im Bescheid auf der zweiten Seite stehen unter unbeschränkt abziehbare Sonderausgaben ganz andere Werte und „Kirchensteuerüberhang". Zunächst glaubt Gustav an einen Fehler des Finanzamtes. Doch dann entdeckt er auf der vorletzten Seite seines Steuerbescheids: Erläuterungen. Recht unauffällig mitten in dem Kleingedruckten hat das Finanzamt eine Berechnung zur Kirchensteuer abgedruckt: gezahlte Kirchensteuer 14 €; erstattete Kirchensteuern 177,40 € (aus 2017 63,20 €; aus 2016 59,40 € und 2015 54,80 €). Das sind genau die Zahlen, die auch vorne im Bescheid stehen. Kirchensteuer: ./. 163,40 € (14 € abzüglich 177,40 €). Plötzlich fällt es Gustav ein. Ja, er hatte tatsächlich in 2018 mehrere korrigierte Steuerbescheide mit Erstattungen für die Vorjahre bekommen. Ihm war rückwirkend ab 2015 eine Schwerbehinderung bescheinigt worden. Das Finanzamt hatte aufgrund seines Antrags jeweils die Schwerbehindertenpauschale angesetzt. Das führte zur Neuberechnung der zurückliegenden Jahre mit entsprechend erfreulichen Erstattungen. Gustav merkt – es liegt doch kein Fehler des Finanzamtes vor. Er wird wohl oder übel zahlen müssen.

Spenden und Mitgliedsbeiträge

Spenden an gemeinnützige Organisationen, politische Parteien, aber auch **bestimmte** Mitgliedsbeiträge mindern als Sonderausgaben Ihr ZVE. Sie wirken ähnlich wie die gezahlten Kirchensteuern. Grundsätzlich benötigen Sie einen Nachweis für Ihre Spende. Bei kleineren Beträgen reicht auch ein Kontoauszug aus. Ab 200 € sollten Sie grundsätzlich eine vorschriftsmäßige Spendenbescheinigung haben. In Katastrophenfällen (zum Beispiel Überschwemmungen/Erdbeben) gibt es Sonderregelungen für vereinfachte Nachweise.

→ **TIPP** **Überweisung anstatt Kleingeld**
Wer kein Kleingeld in den Klingelbeutel
wirft, sondern stattdessen monatlich
oder halbjährlich eine Überweisung
als Spende tätigt, hat einen Nachweis
für die Steuer.

Zuwendungen zur Förderung mildtätiger, kirchlicher oder gemeinnütziger Zwecke sind alljährlich bis zum Höchstbetrag als Sonderausgaben abzugsfähig. Der Höchstbetrag ist gedeckelt auf 20 % des Gesamtbetrags Ihrer Einkünfte (GdE).

Übersteigen Ihre Spenden in einem Jahr diesen Höchstbetrag, geht aber trotzdem nichts verloren. Das Finanzamt stellt den übersteigenden Betrag mit Ihrem Einkommensteuerbescheid automatisch fest. Diese Spenden werden dann auf Folgejahre unbefristet vorgetragen.

Wenn Sie einer als Kirche anerkannten Religionsgemeinschaft angehören, die keine Kirchensteuer einzieht (etwa Neuapostolische Kirche, Zeugen Jehovas, Heilsarmee), gelten Ihre Zuwendungen an diese Kirche bis zur Höhe der vergleichbaren gesetzlichen Kirchensteuer als „Kirchensteuer". Nur die übersteigenden Beträge stellen Spenden dar, die in die erwähnte Höchstbetrag-Berechnung einfließen.

Auch bestimmte Mitgliedsbeiträge zu gemeinnützigen Vereinen sind wie Spenden steuermindernd absetzbar. Denken Sie dabei an die Fördervereine von Schulen und Kindergärten, Tierschutzvereine, Malteser, Johanniter, Naturschutzverein – um nur einige zu nennen. Ausgenommen sind Vereine, die der sportlichen Ertüchtigung, Freizeitgestaltung und Geselligkeit dienen. Mitgliedsbeiträge, die Sie als Werbungskosten (zum Beispiel Berufsverband, Haus und Grund) geltend machen können, gehören nicht dazu.

Ihre Spenden an politische Parteien und unabhängige Wählervereinigungen stellen eine Besonderheit dar. Jeweils die Hälfte Ihrer Spende an eine politische Partei, höchstens jedoch 825 € (bei Ehepaaren 1.650 €) können Sie sofort von Ihrer zu zahlenden Steuer absetzen. Neben der Parteispende gilt nochmals der gleiche Höchstbetrag für Ihre Spende an unabhängige Wählervereinigungen. Nur für politische Parteien gibt es dann für die übersteigenden Spendenbeträge nochmals einen Abzug als Sonderausgaben; höchstens jedoch weitere 1.650 € (bei Ehepaaren 3.300 €).

Außergewöhnliche
Belastungen

In diesem Kapitel geht es um außergewöhnliche Belastungen, die der Fiskus anerkennt und die dann Ihre Steuerschuld senken; vor allem, wenn Sie geschickt planen.

Alles – außer gewöhnlich

Bei „außergewöhnlichen Belastungen" handelt es sich um einen weiteren, ganz genau definierten Steuerfachbegriff. In § 33 EStG heißt es:

„[...] Erwachsen einem Steuerpflichtigen zwangsläufig größere Aufwendungen als der überwiegenden Mehrzahl [...]."

Für den steuermindernden Ansatz dieser privaten Aufwendungen müssen Ihnen diese **zwangsläufig** entstehen. In diesem Zusammenhang ist „zwangsläufig" das Gegenteil von „freiwillig". Beispielsweise spenden Sie freiwillig; während Sie zum Unterhalt an Familienangehörige in gerader Linie sogar gesetzlich verpflichtet sind. Außerdem müssen die Aufwendungen „außergewöhnlich"

sein – außergewöhnlich im Verhältnis zu anderen, vergleichbaren Steuerpflichtigen. Zu guter Letzt müssen die Aufwendungen Sie auch „belasten". Deshalb wird Ihnen bislang eine gewisse Eigenbelastung zugemutet, abhängig von der Höhe Ihres Einkommens und Ihrem Familienstand. Diese „zumutbare Eigenbelastung" ist derzeit strittig – noch liegt jedoch kein Urteil über die Verfassungsmäßigkeit vor. Alle Steuerbescheide ergehen aber seit einiger Zeit diesbezüglich „unter Vorbehalt" und werden gegebenenfalls rückwirkend korrigiert.

Solange die zumutbare Eigenbelastung noch nicht durch höchstrichterliches Urteil gekippt ist, können Sie anhand der nachfolgenden Tabelle Ihren persönlichen Betrag ermitteln. Bitte beachten Sie, dass sich die Berechnungsmethode zu Ihren Gunsten geändert hat. Seit Mai 2017 findet die stufen-

FAMILIENSTAND	GESAMTBETRAG DER EINKÜNFTE IN EURO		
	bis 15.340	bis 51.130	über 51.130
Ledige ohne Kind	5 %	6 %	7 %
Verheiratete ohne Kind	4 %	5 %	6 %
mit 1 oder 2 Kindern	2 %	3 %	4 %
mit mehr als 2 Kindern	1 %	1 %	2 %

weise Berechnung Anwendung. Bei Anzahl der Kinder sind Kinder im Haushalt gemeint, für die Sie Anspruch auf Kindergeld haben:

 FINANZEN

Beispielrechnung

Martin und Martina Trick-Reich sind verheiratet und haben keine kindergeldberechtigten Kinder. Ihr Gesamtbetrag der Einkünfte (GdE) beträgt in 2018 (ähnlich wie in den Vorjahren) 64.000 €. Sie berechnen ihre zumutbare Belastung:

15.340 € x 4 %	**= 613,60 €**
51.130 € − 15.340 € = 35.790 € x 5 %	
	= 1.789,50 €
64.000 € − 51.130 € = 12.870 € x 6 %	
	772,20 €
gesamt:	**3.175,30 €**

(Die alte Berechnung wäre gewesen: 64.000 € x 6 % = 3.840 €.)

Nach bisheriger Rechtsprechung müssen die Trick-Reichs also außergewöhnliche Belastungen bis zum Betrag von 3.175 € selbst tragen. Somit ergibt sich eine steuerliche Auswirkung für die beiden erst dann, wenn sie entsprechend höhere Aufwendungen innerhalb eines Kalenderjahres nachweisen können.

Und genau hier liegt durch geschickte Steuerung der Aufwendungen erhebliches Steuersparpotential. Wenn Sie die Ausgaben zum Beispiel für eine neue Gleitsichtbrille, die Anschaffung des Hörgerätes und auch die hohen Zahnarztzuzahlungen in einem Kalenderjahr „bündeln", wird zumindest in diesem einen Jahr die zumutbare Eigenbelastung steuermindernd überschritten.

Martin benötigt ein neues Hörgerät. Eigentlich wollte er sich erst Anfang 2019 darum kümmern; der Kostenvoranschlag hatte eine Eigenleistung von rund 2.000 € ausgewiesen. Er hatte bereits Zuzahlungen für seine Gleitsichtbrille im Sommer 2018 von fast 1.000 € bezahlt. Martina ließ im Frühjahr Implantate machen und hatte dafür etwa 1.250 € Versichertenanteil bezahlt. Auch die neue Brille für Martina – vermutlich weitere 1.000 Zuzahlung -, wollten die beiden auf nächstes Jahr verschieben. Obwohl – das Geld hätten sie ja schon gespart. Noch im Herbst 2018 rechnen die beiden:

Brille Martin: 1.000 € plus Zähne Martina 1.250 € sowie ein paar kleinere Apothekenzuzahlungen bisher 125 € ergibt bisherige Ausgaben in 2018: 2.375 €. Martin hat ab März 2018 eine Schwerbehinderung GdB 70 mit Buchstabe „G" (Gehbehinderung). Er kann noch private Fahrtkosten von 3.000 km x 0,30 € ansetzen; allerdings zeitanteilig für 10 Monate (3.000km / 12 Monate x 10 Monate x 0,30 €) weitere 750 €. Bei einer zumutbaren Eigenbelastung von 3.125 € keine Steuerauswirkung in 2018 (2.375 € + 750 € = 3.125 €) und voraussichtlich auch nicht für 2019. Da hatten die beiden ja geplant: Brille Martina 1.000 € und Hörgerät Martin 2.000 € zusammen bisher rund 3.000 € zuzüglich 900 € für Privatfahrten aufgrund der Behinderung.

Kurzfristig entscheiden sich die Trick-Reichs noch in 2018 sowohl Brille als auch Hörgerät anzuschaffen. Somit entstehen in 2018 insgesamt 6.125 € als außergewöhnliche Belastungen, die sich nach Abzug der zumutbaren Eigenbelastung mit immerhin 3.000 € auswirken werden. Dabei haben die beiden die Fahrten zu den Ärzten, zum Hörgeräteakustiker und Optiker noch gar nicht berücksichtigt.

Ob es sich bei Ihren Aufwendungen um außergewöhnliche Belastungen handelt, ist sicherlich im Zweifel im Einzelfall anhand der oben zitierten Definition zu prüfen.

Unbestritten sind krankheitsbedingte Kosten außergewöhnliche Belastungen. Allerdings müssen Sie die „Zwangsläufigkeit" dem Finanzamt nachweisen. So sind beispielsweise die Kosten einer Schönheits-OP nur in ganz seltenen Ausnahmefällen absetzbar. Das Finanzamt geht regelmäßig von einer Zwangsläufigkeit aus, wenn sich Ihre Krankenkasse an den Kosten beteiligt hat oder eine Verordnung vorliegt. Verordnen können zum Beispiel Optiker, Ärzte, Heilpraktiker, Zahnärzte. Auf jeden Fall sollten Sie Ihre Zuzahlungsbelege, Rezeptgebühren, aber auch Privatrezepte sammeln. Auch die mit der Krankheit verbundenen Fahrten zum Arzt, Zahnarzt oder Krankenhaus stellen außergewöhnliche Belastungen dar. Es lohnt sich durchaus, bereits ab Beginn des Jahres alle diesbezüglichen Fahrten in einer Liste oder einem Kalender einzutragen.

Am Jahresende errechnen Sie dann Ihre insgesamt gefahrenen Kilometer (hin und zurück). Pro km dürfen Sie 0,30 € als Kosten ansetzen. Wenn Sie eine Schwerbehinderung von mindestens 70 % mit Buchstabe G oder 80 % ohne Buchstabe haben, können Sie zusätzlich zum Behindertenpauschbetrag **ohne Einzelnachweis** 3.000 km x 0,30 € = 900 € jährlich für private Fahrten geltend machen. Tritt die Behinderung erst im Laufe des Jahres ein, werden die Kilometer-Kosten nur zeitanteilig berücksichtigt. Liegen die Merkzeichen aG; H oder Bl können sogar bis zu 15.000 km Privatfahrten angesetzt werden; allerdings müssen diese zum Beispiel durch eine Auflistung und Nachweise glaubhaft gemacht werden.

Außergewöhnliche Belastungen sind auch Ihre Kosten bei einer dauerhaften Heimunterbringung. Erstattungen der Kranken- beziehungsweise Pflegekasse werden gegengerechnet. Allerdings wird von den Aufwendungen die sogenannte „Haushaltsersparnis" in Abzug gebracht, wenn der eigene Haushalt aufgelöst wurde. Denn Kosten für Miete, Strom, Heizung usw. wären ja ohnehin angefallen. Bei einer nur vorübergehenden Unterbringung im Pflegeheim gilt dieses natürlich nicht, denn Ihre Kosten laufen ja weiter. Auch der Grund der Heimunterbringung ist von großer Bedeutung. Wenn Sie altersbedingt in ein Pflegeheim ziehen, handelt es sich nicht um außergewöhnliche Belastungen, weil das Altern eben **nicht** außergewöhnlich im Sinne des Steuergesetzes ist. Sie müssen den Nachweis der Pflegebedürftigkeit (Pflegestufe) oder der Hilflosigkeit (Kennbuchstabe H oder Bl im Behindertenausweis) erbringen.

Beerdigungskosten eines nahen Angehörigen sind ebenso unstrittig dem Grunde nach außergewöhnliche Belastungen. Trauerkleidung, Reisekosten und der Leichenschmaus gehören nicht zu den absetzbaren Aufwendungen. Allerdings müssen Sie ausgezahlte Sterbegeldversicherungen oder ein eventuelles Erbe gegenrechnen, denn grundsätzlich sind Beerdigungskosten zunächst aus dem Nachlass zu bestreiten.

Wenn Sie bei einer privaten Krankenversicherung versichert sind, haben Sie vielleicht einen kostengünstigeren Tarif mit Eigenbeteiligung gewählt. Diese Eigenbeteiligung ist ebenfalls eine außergewöhnliche Belastung; genau wie bei Beamten die einbehaltene Kostendämpfungspauschale. Auch Ihre Aufwendungen für die Zuzahlungsbefreiung bei der Krankenkasse und Krankenhauszuzahlungen stellen außergewöhnliche Belastungen dar.

Die Aufwendungen für eine Hochzeit galten noch nie als „außergewöhnliche Belastungen". Scheidungskosten und Zivilprozesskosten sind, bis auf ganz wenige Ausnahmen, seit 2013 auch keine außergewöhnlichen Belastungen mehr. Immerhin stehen hierzulande fast 40 % aller Ehen nach einigen Jahren vor einem Scherbenhaufen und werden geschieden, somit kann von „außergewöhnlich" keine Rede mehr sein.

 GUT ZU WISSEN

Falsche Steuerbescheide

Einige Bundesländer haben bereits bekanntgegeben, dass die Finanzämter in einer Sonderaktion falsche Steuerbescheide hinsichtlich der Neuberechnung „zumutbarer Eigenbelastung" korrigieren – auch für zurückliegende Jahre bis 2013. Die Prüfung erfolgt automatisch anhand der bekannten Daten. Ein Einspruch ist insofern nicht notwendig. Haben Sie hingegen keine Beiträge in der Steuererklärung eingetragen, in der Annahme, dass Sie die zumutbare Eigenbelastung ohnehin nicht erreichen, kann eine Korrektur von Amts wegen auch nicht erfolgen. Dann hilft nur ein Einspruch!

Außergewöhnliche Belastungen in besonderen Fällen

Neben den außergewöhnlichen Belastungen allgemeiner Art gibt es noch die außergewöhnlichen Belastungen in besonderen Fällen; und in diesen Fällen gibt es **keine** zumutbare Eigenbelastung.

Auswärtige Unterbringung von Kindern zu Ausbildungszwecken

Steuerrechtlich ist Ihnen ein Kind immer dann zuzurechnen, wenn Sie für dieses Kind Anspruch auf Kindergeld haben. Alle entsprechenden Angaben hierzu machen Sie auf der **Anlage Kind**. Grundsätzlich sind mit den gewährten Kinderfreibeträgen alle Aufwendungen für Ihr Kind abgegolten. Eine Ausnahme gibt es, wenn Ihr Kind zu Ausbildungszwecken auswärts untergebracht ist. Eintragungen auf Anlage Kind, Seite 2, **Zeilen 52 bis 55**. Es wird Ihnen je Kind eine Pauschale in Höhe von 924 € (anteilig monatlich 77 €) als außergewöhnliche Belastung (ohne zumutbare Eigenbelastung) gewährt. Beginnt oder beendet Ihr Kind innerhalb des Jahres die auswärtige Unterbringung, so wird der Pauschbetrag nur anteilig für die betreffenden Monate gewährt. Getrennt lebende Elternteile können sich diesen Betrag teilen. Dieser Betrag ist eine Pauschale ohne Nachweis einzelner Kosten. Auch wenn Sie tatsächlich weitaus höhere Aufwendungen hatten – mehr als die Pauschale wird nicht anerkannt. Die Eintragung erfolgt im Mantelbogen, Seite 3, **Zeilen 65/66**.

Unterhaltsleistungen an bedürftige Verwandte

Die zweite „besondere" außergewöhnliche Belastung ohne Anrechnung einer zumutbaren Eigenbelastung sind Ihre Unterstützungsleistungen an unterhaltsberechtigte Personen; jedoch keine Personen, für die ein Anspruch auf Kindergeld besteht. Nur wenn Sie für Ihre Kinder keinen Kindergeldanspruch mehr haben, sollten Sie prüfen, ob Sie außergewöhnliche Belastungen geltend machen können. Verwandte in gerader Linie (Großeltern, Eltern, Kinder) sind gesetzlich unterhaltsverpflichtet. Auch wer in wilder Ehe lebt, ist dem Partner gegenüber zum Unterhalt verpflichtet. Eine Bedürftigkeit liegt vor, wenn die unterstützte Person kein eigenes Einkommen und auch kein nennenswertes Vermögen hat. Sie können die Unterstützungen in Form von Naturalleistungen oder Geld leisten. Der als außergewöhnliche Belastung anerkannte Jahres-Höchstbetrag beträgt 9.000 € (8.820 € für 2017) zuzüglich eventuell übernommener Kranken- und Pflegeversicherungsbeiträge; allerdings nur die Basisversorgung. Auf diese Beträge angerechnet wird jedoch immer das gesamte eigene Einkommen der Person. Als Einkommen zählen sowohl eine Ausbildungsvergütung als auch Bafög (nicht das Darlehen; nur der Zuschuss), Rente, Wohngeld, Arbeitslosengeld, Mutterschaftsgeld, Elterngeld usw. Tragen mehrere Personen zum Unterhalt bei, werden als außergewöhnliche Belastungen Ihre Unterhaltsleistungen nur anteilig angesetzt. Lebt die unterstützte Person im Ausland, beispielsweise Ihre betagten Eltern mit einer ganz geringen Rente, gelten je nach Land andere Höchstbeträge und sehr strenge Anforderungen an die Nachweise. Sie müssen grundsätzlich Ihre Aufwendungen immer genau nachweisen und auch die Steuer-ID-Nr angeben. Lebt die unterstützte Person bei Ihnen im Haushalt, setzten Sie für die Naturalleistungen den Höchstbetrag an. Besonders häufig entsteht so eine Situation, wenn Kinder über 25 Jahren das Studium noch nicht beendet haben. Wenn volljährige Kinder aufgrund einer „aktiven Selbstfindungsphase" einfach nichts tun, besteht kein Kindergeldanspruch, gleichwohl aber eine Unterhaltspflicht der Eltern. Wenn Sie an einen Ex-Ehepartner Unterhaltszahlungen leisten und nicht das bereits erläuterte Real-Splitting/Sonderausgabenabzug (→ Seite 164) wählen, können Sie die Zahlungen als außergewöhnliche Belastungen geltend machen. Sie benötigen dann keine Unterschrift des Ex-Partners, sondern nur die Steuer ID Nr. und müssen keinen Nachteil ausgleichen. Allerdings gelten auch in diesem Fall sowohl der Höchstbetrag als auch die Anrechnung des eigenen Einkommens. Die entsprechenden Eintragungen machen Sie in der Anlage Unterhalt. Bitte verwechseln Sie nicht Anlage Unterhalt mit der Anlage U – letztere ist ausschließlich für Ehepartner beziehungsweise Ex-Ehepartner.

Schwerbehinderungspauschbeträge

Wenn Sie eine nachgewiesene Schwerbehinderung haben, können Sie die damit in Zusammenhang stehenden Kosten als außergewöhnliche Belastungen von der Steuer absetzen. Sie haben grundsätzlich ein Wahlrecht, ob Sie Ihre entsprechenden Ausgaben im Einzelnachweis mühselig auflisten oder einen Pauschbetrag ohne Einzelnachweise absetzen möchten. Wählen Sie die Einzelnachweise, gilt die bereits erläuterte „zumutbare Eigenbelastung". Wählen Sie die Pauschale, so gilt diese stets zusätzlich zu eventuellen anderen außergewöhnlichen Belastungen und es wird keine zumutbare Eigenbelastung abgezogen. Je nach Grad der Behinderung beträgt der jährliche Pauschbetrag:

Behindertenpauschbetrag

GRAD DER BEHINDERUNG (IN PROZENT)	BEHINDERTEN-PAUSCHBETRAG (JÄHRLICH)
25–30	310,00 €
35–40	430,00 €
45–50	570,00 €
55–60	720,00 €
65–70	890,00 €
75–80	1.060,00 €
85–90	1.230,00 €
95–100	1.420,00 €

Beträgt der Grad der Behinderung weniger als 50 %, müssen weitere Voraussetzungen gegeben sein, um den Pauschbetrag zu bekommen. Entsprechende Hinweise stehen auf dem Schwerbehindertenbescheid zum Beispiel „dauerhafte Einbuße der körperlichen Beweglichkeit". Ein erhöhter Pauschbetrag von 3.700,00 € steht Blinden oder hilflosen Menschen zu. Im Behindertenausweis wird das Merkzeichen H für „hilflos" oder „Bl" für blind ausgewiesen. Sie können aber diesen Nachweis auch über Pflegegrad 4 oder 5 (früher Pflegestufe III) oder die Zahlungen von Blindengeld führen; mitunter wird gerade bei Schwersterkrankten versäumt, einen Antrag auf Feststellung einer Behinderung zu stellen. Ein Behinderten-Pauschbetrag wird immer jährlich gewährt. Dies gilt auch dann, wenn die Behinderung nur an einem einzigen Tag im Kalenderjahr vorgelegen hat. Auf dem Behindertenausweis oder dem Schwerbehindertenbescheid ist immer eine Gültigkeit/Befristung angegeben. Meist ist der Gültigkeitsbeginn der Tag der Antragstellung.

→ TIPP Rückwirkend
Häufig bestand jedoch eine gesundheitliche Beeinträchtigung bereits mehr oder weniger lange **vor** der Antragstellung. Es ist auf jeden Fall ratsam, im Zweifel bei der Antragstellung eine „Rückwirkung wegen Steuer" zu begehren.

Der Pauschbetrag kann vom Behinderten oder von dessen Eltern (Großeltern) in Anspruch genommen werden. Wenn behinderte Kinder (zum Beispiel in Berufsausbildung) eine eigene Steuererklärung abgeben, ist es mitunter steuerlich vorteilhaft, wenn der Behindertenpauschbetrag trotzdem auf die Eltern übertragen wird beziehungsweise bleibt.

Mit dem Pauschbetrag werden lediglich die typischen außergewöhnlichen Belastungen, die durch die Behinderung entstehen und ohnehin schwierig nachzuweisen sind, abgegolten. Das sind zum Beispiel Kosten für die Hilfe bei den gewöhnlichen und regelmäßig wiederkehrenden Verrichtungen des täglichen Lebens, erhöhter Wäschebedarf, Pflegeaufwendungen. Diese dürfen nicht nochmals geltend gemacht werden. Untypische außergewöhnliche Belastungen können trotzdem noch zusätzlich berücksichtigt werden. Beispielsweise zählen dazu Kurkosten, Operationskosten, Eigenleistungen für Körperersatzteile, Orthesen, Kfz-Kosten. Auch allgemeine, selbst getragene Krankheitskosten sind keineswegs mit dem Ansatz des Behinderten-Pauschbetrag erledigt. Bei einem Steuerpflichtigen, der seine Schwerbehinderung aufgrund einer Arm-Amputation hat, mögen beispielsweise die Spezial-Reinigungstücher zur Pflege der Armprothese oder Salbe zur Stumpfpflege mit dem Pauschbetrag abgegolten sein; nicht jedoch seine Zahnarztkosten. Auch die Zuzahlungen zur Brille, die Fahrten zum Arzt wegen einer Grippe sind wie bei jedem nicht behinderten Steuerpflichtigen entsprechend als außergewöhnliche Belastungen ansetzbar. Alle Eintragungen erfolgen auf Seite 3 des Mantelbogens.

Pflegepauschbetrag

Pflegen Sie einen Angehörigen, gewährt Ihnen das Finanzamt einen Pauschbetrag von 924 € pro Jahr je pflegebedürftiger Person. Der Betrag wird auch dann in voller Höhe angesetzt, wenn nur für einen Teil des Jahres die Voraussetzungen vorgelegen haben (ein Tag reicht aus). Teilen Sie sich die Pflege mit einem oder mehreren anderen Angehörigen, muss der Pauschbetrag aufgeteilt werden. Die Voraussetzung für die Pflegebedürftigkeit müssen Sie nachweisen (Pflegegrad 4/5 beziehungsweise Pflegestufe III; Kennzeichen H oder Bl im Behindertenausweis).

BEISPIEL: Holde Fürsorge pflegt seit Jahren sowohl Ihre erblindete Mutter als auch Ihnen pflegebedürftigen Vater. Sie darf zweimal 924 € = 1.848 € vom GdE abziehen.

Für das kommende Jahr hat Holdes Schwester Hilde Hilfe bei der Pflege zugesagt. Wenn die beiden sich die Pflege der Eltern tatsächlich teilen, dürfen im nächsten Jahr beide, Holde und Hilde, jeweils 924 € als außergewöhnliche Belastung absetzen.

Was Sie auch noch
kennen sollten

In diesem Kapitel erhalten Sie Tipps bei der Qual der Veranlagungswahl, und Zu- und Abflüsse erhalten für Sie ganz neue Bedeutungen.

Zu- und Abflüsse entscheiden

Vielleicht haben Sie sich schon einmal gefragt, in welches Jahr gehört dieser Beleg. Berechnet werden Ihnen Kosten für das zurückliegende Jahr 2018, aber die Rechnung kam erst Anfang 2019 und wurde dann auch erst bezahlt. Im Einkommensteuerrecht gilt prinzipiell das strenge Zu- und Abflussprinzip. Erst wenn Sie eine Zahlung tatsächlich erhalten haben, müssen Sie diese auch der Besteuerung unterwerfen. Im Umkehrschluss dürfen Sie Aufwendungen erst absetzen, wenn Sie diese auch bezahlt haben.

Einige Beispiele

Als Vermieter stunden Sie – mehr oder weniger freiwillig – Ihrem Mieter die Kaltmiete jeweils 500 € für die Monate Oktober bis Dezember 2017. Im März 2018 zahlt Ihr Mieter dann außer der regulären Miete auch noch die 1.500 € für die letzten drei Monate des Vorjahres. Diese Mietzahlungen sind Ihnen somit erst in 2018 „zugeflossen" und auch erst in 2018 zu versteuern. In 2017 setzen Sie nur ein, was Sie auch tatsächlich bekommen haben.

Ihre Krankenkasse teilt Ihnen im März 2019 mit, dass Sie ab Oktober 2018 monatlich 90 € Beiträge zu entrichten haben, weil Sie aus der Familienversicherung gefallen sind. Sie zahlen im April 2019 in einer Summe 630 € an die Krankenkasse für die 7 Monate Oktober 18 bis April 19 und richten dann einen Dauerauftrag ein. Auch die **in** 2019 **für** 2018 gezahlten 270 € (3 x 90 €) fließen auf Ihrem Konto erst in 2019 ab und können daher erst in 2019 als Sonderausgaben berücksichtigt werden.

Bei Barzahlungen oder Überweisungen ist das Zu- beziehungsweise Abflussdatum recht einfach zu erkennen. Schwieriger wird es, wenn Sie beispielsweise eine höhere Zahnarztrechnung in mehreren Raten bezahlen. Insbesondere bei den „außergewöhnlichen Belastungen" (→ Seite 171) ergeben sich ja ganz erhebliche Unterschiede in der Besteuerung. Für Sie wäre es auf jeden Fall vorteilhaft, die gesamte Rechnung in einem Kalenderjahransetzen zu können. Gewährt Ihnen der Zahnarzt selbst Teilzahlungsraten, so können Sie leider kalendarisch nur ansetzen was Sie tatsächlich auch bereits bezahlt haben. Allerdings tritt Ihr Zahnarzt meistens seine Forderung Ihnen gegenüber an ein Kreditinstitut ab. Sie zahlen dann die Raten gar nicht mehr an den Zahnarzt, sondern haben, ohne sich dessen bewusst zu sein, an ein Kreditinstitut gezahlt. In diesem Fall können Sie sehr wohl die gesamte Zahnarztrechnung auf einmal von der Steuer absetzen. (Natürlich dürfen Sie dann die Ratenzahlen nicht nochmals als außergewöhnliche Belastungen eintragen.) Auch wenn Ihr Optiker Ihnen im alten Jahr eine „Abschlagsrechnung" stellt und Sie diese noch im Dezember bezahlen, dürfen Sie den Betrag bei der Berechnung der außergewöhnlichen Belastungen bereits berücksichtigen und zwar auch dann, wenn die Auslieferung der Brille erst im neuen Jahr erfolgt.

Bei den haushaltsnahen Dienstleistungen kann es für Sie vorteilhaft sein, Zahlungen auf zwei Kalenderjahre zu verteilen.

Wenn sich Arbeiten über längere Zeit hinziehen, können Sie unter Umständen durch Abschlagszahlungen an den Handwerker Ihren Freibetrag verdoppeln. Gezahlte Abschlagsrechnungen werden im Zweifel prozentual aufgeteilt nach Material und Lohn.

Von dieser Regel gibt es nur ganz wenige Ausnahmen. Bei regelmäßigen Einnahmen und Ausgaben (zum Beispiel Miete) dürfen diese auch kurze Zeit (maximal 10 Tage) zubeziehungsweise abfließen. Laufender Arbeitslohn allerdings gilt immer als in dem Lohnzahlungszeitraum bezogen, auch wenn er erst verspätet ausgezahlt wird. Die Lohnabrechnung Dezember wird erst am 15. Januar bezahlt; gleichwohl gilt der Dezemberlohn auch im Dezember als zugeflossen.

Die Qual der Veranlagungswahl

Grundsätzlich wird jeder Steuerpflichtige als Steuer-Individuum zur Steuer veranlagt (Einzelveranlagung). Verheiratete, nicht dauernd getrennt lebende Ehepaare können die gemeinsame Veranlagung beantragen (Zusammenveranlagung). Gleichgeschlechtliche Paare, die eine Lebenspartnerschaft nach dem Lebenspartnerschaftsgesetz eingegangen sind, wurden zwischenzeitlich bezüglich der Besteuerung gleichgestellt. Zur Gewährung der gemeinsamen Veranlagung

reicht es aus, dass mindestens an einem Tag im Kalenderjahr die Voraussetzungen erfüllt waren. Die sogenannte „besondere Veranlagung" gibt es seit 2013 nicht mehr.

Bei der Zusammenveranlagung wird für beide Ehepartner zusammen nur **ein** gemeinsamer Steuerbescheid erlassen. Zunächst werden für beide Partner getrennt die Einkünfte ermittelt und danach zusammengerechnet (GdE). Die Ermittlung des zu versteuernden Einkommens (ZVE) erfolgt dann für beide gemeinsam. Auf das zu versteuernde Einkommen wird dann der Splittingtarif angewandt.

Insgesamt ergibt sich bei einer Zusammenveranlagung immer dann ein steuerlicher Vorteil für die Ehepartner, wenn die Einkünfte unterschiedlich hoch sind. Dies ergibt sich aufgrund des progressiven Steuersatzes, der bei der Besteuerung des zu versteuernden Einkommens zur Anwendung kommt (Steuerprogression, → Seite 16).

Beantragt einer der Ehepartner eine „Ehegatten-Einzelveranlagung" (früher getrennte Veranlagung), muss das Finanzamt diese durchführen. Hiergegen kann der andere Ehepartner nur vorgehen, wenn diese getrennte Veranlagung willkürlich beantragt wurde. Willkür kann gegeben sein, falls der beantragende Partner über keine oder nur geringe Einkünfte beziehungsweise über keine oder nur geringe Verluste verfügt.

Verstirbt ein Ehegatte, erfolgt im Jahr des Todes die Veranlagung ohne weitere Einschränkungen wie bei einer Zusammenveranlagung. Im Folgejahr ist keine Zusammenveranlagung mehr möglich. Es besteht jedoch Anspruch auf Anwendung des Splittingtarifes (sogenanntes Witwen- oder Gnadensplitting).Darüber hinaus gibt es, soweit beide Ehegatten Arbeitnehmer sind/waren, nochmals eine Verdoppelung der Vorsorgepauschale (Sonderausgaben).

Mit der Steuerklasse wählen Sie als Steuerpflichtiger eigentlich nur die Höhe Ihrer „Vorweg- Steuerabzüge". Sie sind ohnehin nur dann betroffen, wenn Sie Einkünfte aus Nichtselbstständiger Tätigkeit (→ Seite 44) haben. So große Auswahl haben Sie dabei auch nicht, denn die Steuerklassen sind je nach Ihrer persönlichen Lebenssituation bereits vorgegeben. So ist die Steuerklasse I für Alleinstehende. Bei der Steuerklasse II wurde bereits der Alleinerziehungsfreibetrag (→ Seite 145) für Alleinstehende, die auch alleinerziehend sind, in die Steuertabelle eingearbeitet. Der Steuerabzug ist entsprechend geringer. Steuerklasse IV ist für Verheiratete und entspricht weitestgehend der Steuerklasse I. Wenn Sie nach der Eheschließung dem Finanzamt gegenüber keine Erklärung abgeben, bekommen beide Ehegatten automatisch die Steuerklasse IV. Ehegatten können die Steuerklassenkombination III/V wählen. Die Steuerabzüge bei Steuerklasse III sind deutlich geringer als bei den anderen Steuerklassen. Diese „günstige" Steuerklasse gibt es aber nur **einmal** je Ehepaar. Haben beide Ehepartner Einkünfte aus nicht selbstständiger Tätigkeit, wird der andere dann automatisch mit Steuerklasse V abgerechnet. Kleine Eselbrücke: Die möglichen Steuerklassenkombinationen für Verheiratete ergeben immer eine „8": IV + IV oder III + V. Zu guter Letzt gibt es auch noch die Steuerklasse VI. Sie wird im Volksmund auch „zweite Steuerkarte" genannt. Arbeitnehmer mit mehreren Arbeitsstellen oder Rentner mit zwei Betriebsrenten müssen bei einer der beiden Arbeitgeber die Abzüge der Steuerklasse VI hinnehmen.

Ihr Arbeitgeber beziehungsweise Dienstherr führt von Ihrem Lohn oder der Pension Lohnsteuer, Solidaritätszuschlag und gegebenenfalls Kirchensteuer an das Finanzamt ab. Die Höhe der abzuführenden Steuer ermittelt die entsprechende Abrechnungsstelle anhand einer Steuer-Abzugstabelle unter Berücksichtigung Ihrer Steuerklasse. Diese Abzugstabelle wird regelmäßig vom Gesetzgeber angepasst. Diese so ermittelten Steuerabzüge sind aber nur bedingt korrekt. Ihr Arbeitgeber weiß ja zum Beispiel gar nichts über die Einkünfte Ihres Ehegatten oder Ihre anderen Einkünfte zum Beispiel aus Vermietung und Verpachtung. Eben deshalb geben Sie Ihre Steuererklärung ab, errechnen Ihr ZVE und ermitteln die tatsächlich zu zahlende Steuer. Die vom Arbeitgeber bereits für Sie gezahlten Steuern und Ihre eigenen Vorauszahlungen ziehen Sie ab. Erst dann ergibt sich Ihre Erstattung oder Nachzahlung. Sie können also mit der Wahl Ihre Steuerklasse keine Steuern sparen, gleichwohl aber Ihren Netto-Lohn beeinflussen.

→ TIPP Geschickt wählen, Steuerlast senken

Ihr Nettolohn hat mitunter Auswirkungen bei der Berechnung von Unterhaltszahlungen. Er ist auch die Berechnungsgrundlage für all Ihre Lohnersatzleistungen wie Arbeitslosengeld, Krankengeld, Insolvenzgeld, Mutterschaftsgeld, Elterngeld, Verletztengeld, Übergangsgeld, Kurzarbeitergeld usw. Eine geschickte Steuerklassenwahl kann die Höhe der Lohnersatzleistungen sehr deutlich verändern. Allerdings sollten Sie sich frühzeitig Gedanken dazu machen. Für die Berechnung werden stets zurückliegende Monate zugrunde gelegt.

Ihre Steuerklassen können Sie im Laufe eines Jahres nur einmal wechseln und auch nur bis zum 30. November. Ein weiteres Mal können Sie die Steuerklassen nur wechseln, wenn:

- ein Ehepartner keinen Arbeitslohn mehr bezieht
- ein Ehepartner nach Arbeitslosigkeit wieder ein Arbeitsverhältnis aufnimmt
- Sie sich auf Dauer getrennt haben
- ein Ehepartner verstorben ist

Auch die Wahl des Faktorverfahrens gilt als Steuerklassenwechsel. Beim Faktorverfahren haben beide Ehegatten die Steuerklasse IV. Sie können beim Finanzamt den Antrag stellen, die Steuerabzüge zu „egalisieren". Sie geben das voraussichtliche Einkommen beider Ehepartner an und das Finanzamt berechnet die einzubehaltende Steuer anhand des „Faktors". So soll die möglichst faire Verteilung der Steuerabzüge auf die beiden Ehegatten erreicht werden. Je genauer Ihre An-

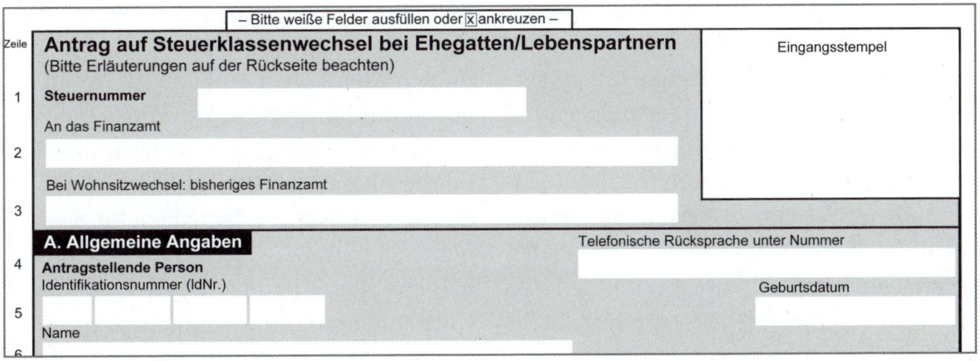
– Bitte weiße Felder ausfüllen oder [x] ankreuzen –

Zeile

Antrag auf Steuerklassenwechsel bei Ehegatten/Lebenspartnern
(Bitte Erläuterungen auf der Rückseite beachten)

Eingangsstempel

1 **Steuernummer**

An das Finanzamt

2

Bei Wohnsitzwechsel: bisheriges Finanzamt

3

A. Allgemeine Angaben

Telefonische Rücksprache unter Nummer

4 **Antragstellende Person**
Identifikationsnummer (IdNr.)

Geburtsdatum

5

Name

6

Abb. 8: Antrag auf Steuerklassenwechsel.

gaben mit den (sich ja erst später ergebenden) tatsächlichen Verhältnissen übereinstimmen, desto geringer werden Nachzahlungen beziehungsweise Steuererstattungen ausfallen.

Progressionsvorbehalt

Gewiss haben Sie auf Bescheinigungen des Arbeitsamts oder Ihrer Krankenkasse schon einmal einen Hinweis gelesen: „Diese Leistung ist steuerfrei, muss aber in der Steuererklärung angegeben werden und unterliegt dem ‚Progressionsvorbehalt'". Tatsächlich wird für Lohnersatzleistungen keine Steuer einbehalten. Sie bleibt auch steuerfrei, allerdings wird Ihr persönlicher Steuersatz angepasst.

Unter Progressionsvorbehalt stehen neben diversen Lohnersatzleistungen auch ausländische Einkünfte, die nach Doppelbesteuerungsabkommen in Deutschland steuerfrei bleiben. Der Gesetzgeber will so verhindern, dass Steuerpflichtige, die zum Teil steuerfreie Einkünfte haben, die restlichen steuerpflichtigen Einkünfte nur mit einem geringen Steuersatz versteuern.

Sie berechnen Ihr ZVE. Dann addieren Sie die unter Progressionsvorbehalt stehenden Leistungen hinzu. Mit diesem erhöhten „fiktiven" steuerpflichtigen Betrag ermitteln Sie Ihren persönlichen Steuersatz. Diesen nun-

mehr höheren Steuersatz wenden Sie dann auf Ihr ZVE (ohne die Progressionsleistungen) an (→ Seite 20/21).

Es gibt auch negative Progressionsleistungen. Diese wirken sich dann entsprechend steuermindernd aus. Sie haben beispielsweise negative Progressionsleistungen, wenn Sie Krankengeld oder Arbeitslosengeld zurückzahlen mussten oder ausländische Verluste einbezogen werden können.

Mäßige Ermäßigung „Fünftel-Regelung"

Hartnäckig hält sich das Gerücht, Abfindungen seien steuerfrei oder würden nur zu einem Fünftel besteuert. Tatsächlich waren Abfindungen noch bis 2003 steuerbefreit. Heute sind Abfindungszahlungen grundsätzlich in voller Höhe zu versteuern; allerdings sind sie meistens sozialversicherungsfrei. Abfindungen und Vergütungen für mehrjährige Tätigkeit zählen steuerrechtlich zu den „außerordentlichen Einkünften". Wenn Sie eine Abfindung für den Jobverlust erhalten, erhöhen sich in diesem einen Jahr Ihre Einkünfte außerordentlich. Aufgrund der Steuerprogression steigt dann auch Ihr persönlicher Steuersatz (→ Seite 16). Ohne die ermäßigte Besteuerung würden Sie unter Umständen auch außerordentlich stark mit Steuer belastet. Das Finanzamt prüft sehr genau, ob es sich überhaupt um eine Abfindung, Entlassungsentschädigung wegen Aufgabe des Arbeitsplatzes handelt. Überstunden, Urlaubsansprüche oder Bonuszahlungen sind nicht begünstigt. Auch Abfindungszahlungen in Raten führen meist zu einem Verlust der Steuerbegünstigung.

BEISPIEL: Selma Bleibtreu hat ein „normales" Einkommen abzüglich Werbungskosten von 50.000 € jährlich. In diesem Jahr erhält sie zusätzlich eine Abfindung für die Aufgabe ihres Arbeitsplatzes in Höhe von 20.000 €. Die Fünftel-Regelung findet Anwendung.

Zunächst wird die Steuer laut Steuertabelle auf das „normale" Einkommen (50.000 €) mit 12.636 € ermittelt.

Im nächsten Schritt wird 1/5 der Abfindung (20.000 € x 20 % = 4000 €) zu dem „normalen" Einkommen hinzugerechnet – also 50.000 € + 4.000 €, ergibt total 54.000 € – und die hierauf entfallende Steuer in der Tabelle abgelesen. Das sind bei Selma Bleibtreu 14.285 € fiktive Steuer.

Im dritten Rechenschritt wird die Differenz zwischen der „normalen" und der fiktiven Steuer ermittelt (14.285 € − 12.636 € = 1.649 €. Da ja nur ein Fünftel der Abfindung zugrunde gelegt wurde, muss dieses Ergebnis nun noch hochgerechnet werden. Also 1.649 € x 5 = 8.245 €. Diese Steuer muss Selma wohl oder übel auf Ihre Abfindung zahlen.

Würde die Fünftel-Regelung keine Anwendung finden, müssten 50.000 -€ + 20.000 € = 70.000 € mit 8.369 € besteuert werden. Die Steuermäßigung ist im Beispielfall mit 124 € mäßig, sehr mäßig. (8.369 € – 8.245 €). Je höher die Differenz zwischen dem normalen Lohn und der Abfindung ist, desto höher ist jedoch der Steuerspareffekt. Hinzu kommen dann auch noch die Ermäßigung beim Solidaritätszuschlag und gegebenenfalls der Kirchensteuer.

 GUT ZU WISSEN

Gleichgeschlechtliche Paare

Holen gleichgeschlechtliche Paare ihre Eheschließung am Standesamt nach (Umwandlung Lebenspartnerschaft in Ehe), können sie sogar rückwirkend für bereits bestandskräftige Steuerbescheide die gemeinsame Veranlagung beantragen.

Haushaltsnahe Dienstleistungen **und mehr**

Hier stellen wir dar, wie Sie mit der Anmeldung Ihrer Haushaltshilfe Steuern sparen können. Sogar Ihr Haustier kann zur Steuerentlastung beitragen.

Diese relativ neue Regelung im Steuerrecht § 35a EStG (erste Anwendung 1.1.2009) birgt ein interessantes Sparpotential. Regelmäßig gibt es gerade zu diesem Thema neue Urteile bezüglich Anwendung und Auslegung. Bevor Sie in den „Spargenuss" kommen, müssen Sie unbedingt einige Regeln beachten. Dafür ist dann aber die Steuerersparnis beachtlich – denn die Ermäßigungen nach § 35a EStG werden nicht wie die Werbungskosten, Sonderausgaben oder außergewöhnliche Belastungen vom ZVE abgezogen, sondern direkt von der geschuldeten Steuer.

Das bedeutet im Umkehrschluss – wer gar keine Steuer bezahlen muss, bekommt auch keine Erstattung für „Handwerkerleistungen", wie oft rechtsirrtümlich versprochen wird.

Mit dieser Gesetzesregelung wurde der Schwarzarbeit der Kampf angesagt. Wenn Sie Ihre entsprechenden Ausgaben geltend ma-

chen wollen, ist eine **ordnungsgemäße Rechnung** und **unbare Zahlung** – also zum Beispiel Überweisung oder Lastschrift – zwingend notwendig. Eine Barquittung reicht leider nicht aus. Auf der Rechnung müssen Material, Lohn, Maschinenstunden und Anlieferung getrennt aufgeführt werden. Maschinenstunden und Lieferung gehören wie der Arbeitslohn zu den begünstigten Leistungen und zwar zuzüglich 19 % Umsatzsteuer; also eigentlich alles, nur kein Material. Denken Sie beispielsweise daran, wenn Sie ein neues Elektrogerät kaufen. Auch bei einer neuen Einbauküche sollten Sie sich Lieferung und Montagekosten stets separat ausweisen lassen.

Eine weitere Voraussetzung ist, dass die Leistungen in Ihrem Haushalt erledigt wurden – nicht **für** Ihren Haushalt. Als Haushalt versteht der Gesetzgeber Ihre selbstbewohnte Wohnung oder Haus, aber auch eine eigen-

genutzte Zweit- oder Ferienwohnung in der EU/EWR (also auch die Finca in Spanien). Insofern gehört die Grabpflege des Friedhofgärtners ebenso wenig dazu wie die Reinigung von Gardinen und Teppichen, wenn Sie diese außer Haus geben. Holt der Dekorateur jedoch die Gardinen ab und bringt sie gewaschen und gebügelt retour, ist dieser Anteil für Abholung/Lieferung und Aufhängen begünstigt. Zum Haushalt gehörten auch das Grundstück und sogar die öffentlichen Gehwege, die Sie ja vom Laub befreien und im Winter schnee- und eisfrei halten müssen. Auch Ihr Haustier lebt in Ihrem Haushalt. Bringen Sie während des Urlaubs Hund oder Katze in eine Pension, besteht kein Zusammenhang mit Ihrem Haushalt. Sie können diese Kosten nicht absetzen, ebenso wenig wie die Hundesteuer.

→ **TIPP Hund zahlt – Hund spart**
Bestellen Sie jedoch einen „Haussitter", der die Blumen gießt, Post aus dem Kasten holt und Ihre Haustiere füttert, handelt es sich um eine begünstigte Dienstleistung. Inzwischen hat der Bundesfinanzhof (BFH Az. VI B 25/17) höchstrichterlich entschieden: Auch Gassi gehen mindert die Steuerlast. Das Ausführen eines Haustieres auch **über die Grundstücksgrenzen hinaus** ist steuerbegünstigt, denn es handelt sich um eine Dienstleistung mit einem Bezug zum Haushalt. Eine zeitliche Einschränkung gibt's dennoch: Der Vierbeiner darf maximal für ein bis zwei Stunden ausgeführt werden UND muss zum Ausführen im Haushalt des Herrchens abgeholt und dort auch wieder abgeliefert werden.

Wer mit mehreren Personen in einem Haushalt lebt, zum Beispiel in Wohngemeinschaften oder wilder Ehe, kann die Höchstbeträge nur **einmal je Haushalt** bekommen. Allerdings können Sie entsprechend der Zahlung eine genaue Zuordnung vornehmen.

Bei einem Umzug wird die neue Wohnung erst zu Ihrem Haushalt, wenn Sie auch darin wohnen. Steuerlich interessant ist es also, kleinere Renovierungen erst **nach** dem Einzug machen zu lassen.

Als Steuerabzug gibt es immer 20 % der begünstigten Leistungen. Die Höchstbeträge je Kalenderjahr und Haushalt sind insgesamt 5.710 € aufgeteilt in:

LEISTUNG/HÖHE	STEUERERSPARNIS MAXIMAL
Handwerkerleistungen: 6.000 €	1.200 €
Haushaltshilfe/Minijob: 2.550 €	510 €
Haushaltsnahe Dienstleistung/Pflege: 20.000 €	4.000 €

Die Grenzen sind häufig fließend. So gehört die Gartengestaltung beispielsweise zu den Handwerkerleistungen, während Rasenmähen und Heckeschneiden haushaltsnahe Dienstleistungen darstellen. Bei höheren Ausgaben innerhalb eines Jahres lohnt sich eine geschickte Aufteilung. Sollten Sie mit einem Steuerprogramm Ihre Erklärung erstellen, berechnet häufig das Programm selbstständig, welche Aufteilung zur größten Steuerersparnis führt. Wenn Sie Ihre Haushaltshilfe bei der Minijobzentrale/Haushaltsscheckverfahren angemeldet haben, können Sie den Lohn **und** die Sozialabgaben bis zu 2.550 € im Jahr bei der Steuer angeben. Ihre Haushaltshilfe ist ordnungsgemäß beschäftigt, die Pauschalsteuer wird abgeführt und Sie sparen sogar:

Drei Beispiele aus der Praxis

BEISPIEL 1: Die Haushaltshilfe Tilly Blitz-Blank ist Rentnerin und privat krankenversichert. Für vier bis fünf Stunden die Woche unterstützt sie die berufstätige Reni Redlich im Haushalt und erhält hierfür 180 € je Monat. Reni hat Tilly bei der Minijobzentrale angemeldet und zahlt ab 2018 monatlich 13,93 € an die Minijobzentrale sowie 180 € an Maria. Im Kalenderjahr 2018 also 12 x 193,93 € = 2.327,16 €. Für Tilly ist das Geld legal allerdings noch nicht versteuert; Reni hingegen kann sich 465,43 € (20 % von 2.327,16 €) vom Finanzamt als Steuererstattung zurückholen.

BEISPIEL 2: Schorsch Schlaumeier will seine Haushaltshilfe Perla Anonymus nicht anmelden, weil er die Sozialversicherungsabgaben sparen möchte. Ganz wohl ist ihm nicht dabei – er hat Krach mit dem Nachbarn und befürchtet immer, dass er eine Anzeige bekommt. Auch er zahlt 180 € im Monat – kann aber nichts bei seiner Steuererklärung angeben. Außerdem hat ihm sein Versicherungsberater eine private Unfallversicherung für die Haushaltshilfe empfohlen – weitere nicht absetzbare Kosten in Höhe von circa 60 € pro Jahr.

BEISPIEL 3: Von seiner Bekannten, Reni Redlich, erfährt er, dass die Minijobzentrale ja gar nicht so viel berechnet: im ganzen Jahr nur (12 x 13,93 €) 167,16 € abzüglich private Unfallversicherung 60 €, denn die braucht er dann ja auch nicht mehr. Das macht für ihn Mehrkosten von 107,16 € im ganzen Jahr und gibt ihm ein gutes Gewissen. Die Steuererstattung ist genau wie bei Reni ein zusätzliches „Bonbon" und die Anmeldung ist wirklich kinderleicht! Er liest, dass er mit nur 2 % Pauschalsteuer seiner Perla sogar die Versteuerung abnehmen kann. Das sind monatlich 3,60 € – im ganzen Jahr mal gerade 43,20 € und sogar hiervon würde er nochmals 20 %, also weitere 8,64 € vom Finanzamt erstattet bekommen. Jetzt muss er nur noch prüfen, wie Perla krankenversichert ist – privat so wie Tilly oder gesetzlich; denn dann kämen monatlich nochmals 9 € hinzu. Egal denkt er, denn auch die Beiträge wären steuerbegünstigt. 180 € x 12 Monate= 2.160 € an Perla und maximal monatlich

26,53 € an die Minijobzentrale = 318,36 € TOTAL: 2.478,36 €, hiervon Steuererstattung 20 %, also 495,67 €. Damit ist sogar seine Steuererstattung deutlich höher als die gezahlten Sozialabgaben.

Wenn Sie Rechnungen bereits bei den Werbungskosten (zum Beispiel Umzugskosten für den beruflich veranlassten Umzug), Sonderausgaben oder außergewöhnlichen Belastungen eingetragen haben, können Sie diese nicht nochmals als haushaltsnahe Dienstleistung ansetzen.

Mieter können die entsprechenden Beträge aus der jährlichen Nebenkostenabrechnung des Vermieters ablesen (→ Musterbescheinigungen Seite 193 ff.). Bei Wohnungseigentumsgemeinschaften stellt der Verwalter die Beträge für die selbstgenutzte Wohnung zusammen. Es gilt das Zu- und Abflussprinzip (→ Seite 181). Da Sie die Abrechnungen erst im Folgejahr bekommen, können Sie in Ihrer Steuererklärung 2018 die Nebenkosten des Jahres 2017 angeben.

Auch in Seniorenheimen und Einrichtungen „Betreutes Wohnen" sind meist neben der Miete begünstigte Pflegeleistungen, haushaltsnahe Dienstleistungen und Handwerkerleistungen enthalten. Diese sollten Sie sich bescheinigen lassen. Alles das wird im Mantelbogen auf Seite 3, **Zeilen 71-77** eingetragen.

Volksbank Sauerland
Hausverwaltung GmbH   -Musterabrg.
Drostenfeld 6-8   59759 Arnsberg

Volksbank Sauerland   Drostenfeld 6-8 59759 Arnsberg

Frau
Maria Mustermeier
Zur fröhlichen Strasse 1
0000 Musterstadt

26.08.2018

**Bescheinigung zur Vorlage beim Finanzamt für das Jahr 2017
über den Anteil der nach § 35a EStG begünstigten Aufwendungen**

Wohnung Nr. 1 W.E.G. Zur Fröhlichen Strasse 1, Musterstadt
Gesamt-Abrechnungs-Zeitraum vom 01.01.2017 bis 31.12.2017 = 365 Tage
Ihr Abrechnungs-Zeitraum: 01.01.2017 bis 31.12.2017 = 365 Tage

Bezeichnung	Gesamt-betrag EUR	nicht berücks. EUR	Lohn-anteil EUR	Schl.-Summe	Schlüssel Bezeichnung	Ihr Uml. Schl.	Ihr Uml.Ant. EUR	L. Art
Konto 40,25000 Hauswartkosten Hauswartkosten Lohnanteile	730,81	0,00	730,81	10000	Miteig.Anteil	1995	145,80	* 3
Konto 40,30000 Hausreinigung Hausreinigung 2017	502,69	30,37	472,32	10000	Miteig.Anteil	1995	94,23	* 3
Konto 41,30000 Heizung-Wartung Fa.Heizwarter547 Heizungswartu	109,92	0,00	109,92	10000	Miteig.Anteil	1995	21,93	* 2
Konto 43,60000 Gartenpflege Gartenmaxe22,Heckenschnitt	499,80	283,22	216,58	10000	Miteig.Anteil	1995	43,21	* 2
Konto 47,00000 Grossreparaturen WHG Gartenprofi,17/261 Doppelstegzaun	1.265,57	631,30	634,27	10000	Miteig.Anteil	1995	126,54	2
Malermeister541 Balkonanstrich	1.100,00	354,67	745,33	10000	Miteig.Anteil	1995	148,69	2
Konto 47,50000 Instandsetzungen u.Material Heizungswarter- Re Nr.10 Rep Ventile.	929,41	634,88	294,53	10000	Miteig.Anteil	1995	58,76	2

(* =umlagefähig wenn mietvertraglich vereinbart)

Summe L.Art 2 = Handwerkerleistungen EUR   399,13
Summe L.Art 3 = Minijob EUR   240,03

Der Verwalter haftet nicht für etwaige Steuerbegünstigungen oder Steuervorteile der
anspruchsberechtigten Wohnungseigentümer oder Mieter.
Volksbank Sauerland - Hausverwaltung GmbH - Musterabrechnung

Wohnung Nr. 1 W.E.G. Zur Fröhlichen Strasse 1, Musterstadt

Sie können Ihre Umlageberechnung wie folgt nachvollziehen:

Umlageschlüssel:	Berechnung Ihres Umlageanteils:
Miteig.Anteil	Umlage-Betrag / 10000 * 1995
Ext.HeizkAbr.	Ihr Umlageanteil ist auf der beiliegenden Heizkosten-Abrechnung dargestellt
Kabelansch	Umlage-Betrag / 4 * 1
Müllzuordn	Umlage-Betrag / 434,49 * 72,41

Aufwendungen nach §35a EStG

Handwerkerleistungen insges. EUR 326,50
Ihr Anteil, berechnet nach Miteig.Anteil (1995,00/10000,00) beträgt   EUR   65,14
Minijob insges. EUR 1.203,13
Ihr Anteil, berechnet nach Miteig.Anteil (1995,00/10000,00) beträgt   EUR   240,02

Abb. 9: Muster einer Verwalter-Bescheinigung für haushaltsnahe Dienstleistungen/
Handwerkerleistungen für Mieter.

Volksbank Sauerland
Hausverwaltung GmbH -Musterabrg.
Drostenfeld 6-8   59759 Arnsberg

<u>Volksbank Sauerland Drostenfeld 6-8 59759 Arnsberg</u>

Frau
Maria Mustermeier
Zur fröhlichen Strasse 1
0000 Musterstadt

MUSTERABRECHNUNG

26.08.2018

Abrechnung 2017

Wohnung Nr. 1 W.E.G. Zur Fröhlichen Strasse 1, Musterstadt
Gesamt-Abrechnungs-Zeitraum vom 01.01.2017 bis 31.12.2017 = 365 Tage
Ihr Abrechnungs-Zeitraum: 01.01.2017 bis 31.12.2017 = 365 Tage

Konto-Bezeichnung	Umlage Gesamt EUR	Gesamt-Schlüssel	Schlüssel-Bezeichnung	Ihr Umlage-Schlüssel	Ihr Umlage-Anteil EUR	
Grossreparaturen WHG	3.294,98	10000	Miteig.Anteil	1995	657,34	
Instandsetzungen u.Material	1.258,64	10000	Miteig.Anteil	1995	251,09	
Nebenk.des Geldverk.	113,48	10000	Miteig.Anteil	1995	22,64	
Sonstige Betriebskosten	472,43	10000	Miteig.Anteil	1995	94,25	
Verwalter-Vergütung	1.250,00	5	Wohneinheit	1	250,00	
Zwischensumme nicht umlagefähige Anteile					[EUR 1.275,32]	
Umlagefähig auf Mieter:						
Hauswartkosten	730,81	10000	Miteig.Anteil	1995	145,79	*
Hausreinigung	502,69	10000	Miteig.Anteil	1995	100,29	*
Heizung-Wartung	109,92	10000	Miteig.Anteil	1995	21,93	*
Niederschlagswasser	243,00	10000	Miteig.Anteil	1995	48,48	*
Allgemeinstrom / Verbrauch	236,66	10000	Miteig.Anteil	1995	47,22	*
Städt.Winterdienst	21,06	10000	Miteig.Anteil	1995	4,20	*
Gartenpflege	849,64	10000	Miteig.Anteil	1995	169,51	*
WGB Versicherung	661,97	10000	Miteig.Anteil	1995	132,07	*
Haftpflichtversicherung	117,26	10000	Miteig.Anteil	1995	23,40	*
Heizabrechner Hzg./Wasse	3.752,23	3752,23	Ext.HeizkAbr.	491,45	491,45	*
Kabel-TV	599,52	4	Kabelansch	1	149,88	*
Müll-Graue Tonne	434,49	434,49	Müllzuordn	72,41	72,41	*
Summe der Umlagekosten:	14.648,78			Ihr Anteil:	2.681,95	
Beiträge zu Rücklagen:						
Entnahme Rücklagen	-3.294,98	10000	Miteig.Anteil	1995	-657,34	
Jahresrücklage Wohnungen	2.700,00	10000	Miteig.Anteil	1995	538,65	
Abrechnungs-Summe:	14.053,80			Ihr Anteil:	2.563,26	
Hausgeldzahlungen					2.676,00	
Ihr Guthaben zum Ende des Abrechnungszeitraumes (Abrechnungsspitze)					112,74	

Ihr Guthaben wird bei Fälligkeit überwiesen.

Summe auf Mieter umlagefähige Anteile (*)   1.406,63 EUR
Summe nicht umlagefähige Anteile   1.156,63 EUR

Seite 1

Abb. 10: Jahresabrechnung für Wohnungseigentümer einschließlich der ausgewiesenen haushalts nahen Dienstleistungen/Handwerkerleistungen (➜ Markierung auf der zweiten Seite, rechts). Notwendig für Eigentümer, die ihre Wohnung selbst bewohnen (nicht für Mieter).

Wohnung Nr. 1 W.E.G. Zur Fröhlichen Strasse 1, Musterstadt

Sie können Ihre Umlageberechnung wie folgt nachvollziehen:

Umlageschlüssel:	Berechnung Ihres Umlageanteils:
Miteig.Anteil	Umlage-Betrag / 10000 * 1995
Wohneinheit	Umlage-Betrag / 5 * 1
Ext.HeizkAbr.	Ihr Umlageanteil ist auf der beiliegenden Heizkosten-Abrechnung dargestellt
Kabelansch	Umlage-Betrag / 4 * 1
Müllzuordn	Umlage-Betrag / 434,49 * 72,41

Kontoauszug 71,00000 Gegenkto. Rücklagen

Buchungen ab Buchungs-Datum 01.01.2017 bis 31.12.2017

Buchungstext	BelegNr	Gegenkonto	Bu.Datum	SollUms.	HabenUms.
Gartenmaxe 261 Doppelstegzaun	31	47,01000	17.05.2017	1.265,57	
Malermeister541 Balkonanstrich	33	47,01000	17.05.2017	1.100,00	
Rücklagen 2017	124	49,20000	30.06.2017		2.700,00
Heizungswarter 10-Wärmetauscher	48	47,01000	01.08.2017	929,41	
Anfangsbestand EUR					7.797,78
Umsätze im Abrechnungs-Zeitraum EUR				3.294,98	2.700,00
Kontostand 71,00000 am 31.12.2017 Haben EUR					7.202,80

Ausweis für Rücklagen-Konto Nr. 71,00000 Gegenkto. Rücklagen:		
Ihr ideeller Anteil, berechnet nach Miteig.Anteil (1995,00/10000,00) beträgt	EUR	1.436,96
Für Instandhaltungs-Aufwendungen aus Rücklagen-Kto.71,00000 entnommen	EUR	3.294,98
Ihr Anteil an diesen Aufwendungen, berechnet nach Miteig.Anteil beträgt	EUR	657,35
Aufwendungen nach §35a EStG		
Handwerkerleistungen insges.EUR 1.674,13, Ihr Anteil n.Miteig.Anteil	EUR	333,99
Aufwendungen nach §35a EStG		
Handwerkerleistungen insges.EUR 326,50, Ihr Anteil n.Miteig.Anteil umlagefähig	EUR	65,14
Minijob insges.EUR 1.203,13, Ihr Anteil n.Miteig.Anteil umlagefähig	EUR	240,02

 GUT ZU WISSEN

Nichts für Vermieter

Wenn Sie als **Ver**mieter in einem ausschließlich vermieteten Objekt Handwerker beschäftigen, finden die Arbeiten nicht in Ihrem eigenen Haushalt statt. Haushaltsnahe Dienstleistungen können Sie selbst somit auch nicht absetzen. Ihr Mieter kann jedoch den Lohnanteil in seiner eigenen Steuererklärung eintragen: Vorausgesetzt es handelt sich um umlagefähige Kosten wie beispielsweise Heizungswartung und Schornsteinfeger. Dies sollten Sie ihm entsprechend in der Nebenkostenabrechnung ausweisen.

Ist ein Teil des Gebäudes von Ihnen selbst bewohnt und ein Teil vermietet, können Sie die Lohnanteile der Handwerker beziehungsweise haushaltsnahen Dienstleistungen prozentual nach den Wohnflächen aufteilen, sofern es sich um Aufwendungen für das gesamte Gebäude handelt (→ Seiten 109 ff.). Das könnte beispielsweise Arbeiten an der Fassade oder dem Dach betreffen; aber auch Gartenpflege, wenn dem Mieter ebenfalls Gartennutzung gewährt wird.

Haushaltsnahe Dienstleistungen (HhnDL) & Handwerkerleistungen (HWL)

MASSNAHME	NICHT BEGÜNSTIGT	BEGÜNSTIGT ALS	
		HHNDL	HWL
Abflussrohrreinigung			X
Ablesedienste und Abrechnung bei Verbrauchszählern (Strom, Gas, Wasser, Heizung usw.)	X		
Arbeiten an Dach, Bodenbelägen, Fassade, Garage, Innen-/Außenwänden, Zu-/Ableitungen			X
Architektenleistung	X		
Aufstellen eines Baugerüstes			X
Aufzugnotruf	X		
Austausch/Modernisierung Einbauküche, Bodenbeläge, Fenster, Treppen, Türen			X
Carport, Terrassenüberdachung			X
Dachgeschossausbau			X
Dachrinnenreinigung			X
Dichtheitsprüfung von Abwasseranlagen			X
Elektroanlagen, Wartung/Reparatur			X
Energiepass	X		
Erstellung oder Hilfe bei der Erstellung der Steuererklärung	X		
„Essen auf Rädern"	X		
Fäkalienabfuhr	X		
Fahrstuhl Wartung/Reparatur			X
Friseur-, Hand-/Fußpflege-, Kosmetikleistungen		X**)	
Gartenpflegearbeiten (z. B. Rasen mähen, Hecken schneiden, inkl. Grünschnittentsorgung als Nebenleistung) innerhalb des Haushalts		X	
Grabpflege	X		
Graffiti-Beseitigung			X
Hausarbeiten/-reinigung (Bügeln, Putzen usw.)		X	
Haushaltsauflösung	X		
Hauslehrer	X		
Hausmeister, Hauswart, Hausreinigung		X	
Hausnotrufsystem		X***)	
Hausverwalterkosten/-gebühren	X		
Heizung: Verbrauch/Zählermiete, Ablesedienst-/Abrechnungskosten	X		
Heizung: Garantiewartungsgebühren, Wartung, Reparatur, Austausch Zähler, Schornsteinfeger			X

Haushaltsnahe Dienstleistungen (HhnDL) & Handwerkerleistungen (HWL)

MASSNAHME	NICHT BEGÜNSTIGT	BEGÜNSTIGT ALS	
		HHNDL	HWL
Kfz-Reparatur	X		
Klavierstimmer			X
Kleidungs-/Wäschepflege und -reinigung innerhalb des Haushalts		X	
TÜV-Kontrollmaßnahmen (z. B. Fahrstuhl, Treppenlift)			X
Legionellenprüfung			X
Makler	X		
Montageleistungen im Haushalt, z. B. beim Erwerb neuer Möbel			X
Pilzbekämpfung			X
Rechtsberatung	X		
Reparatur, Wartung, Pflege von Fenstern, Türen, Maschinen, Geräten (Herd, TV, PC usw.), Schränken			X
Schadensfeststellung, Ursachenfeststellung (z. B. bei Wasserschaden, Rohrbruch)			X
Schadstoffsanierung			X
Schädlings- und Ungezieferbekämpfung		X*)	X*)
Sperrmüllabfuhr	X		
Statiker	X		
Straßenreinigung bei Pflicht des Steuerpflichtigen		X	
Taubenabwehr		X*)	X*)
Tierbetreuung/-pflegekosten innerhalb des Haushalts		X	
Umzäunung, Stützmauer o. Ä. innerhalb des Haushalts			X
Umzugsdienstleistungen für Privatperson		X*)	X*)
Verwaltergebühr	X		
Wachdienst, innerhalb des Haushalts		X	
Wartung: Aufzug, Heizung/-Tankreinigung, Feuerlöscher, CO_2-Warngeräte, Pumpen, Abwasser-Rückstau-Sicherungen			X
Wasserschadensanierung (wenn nicht von Versicherung erstattet)			X
Zubereitung von Mahlzeiten im Haushalt des Steuerpflichtigen		X	

*) Abgrenzung im Einzelfall.

**) nur soweit sie zu den Pflege- und Betreuungsleistungen gehören, wenn sie im Leistungskatalog der Pflegeversicherung aufgeführt sind und der Behindertenpauschbetrag nicht geltend gemacht wird.

***) Kosten innerhalb des sogenannten „Betreuten Wohnens" im Rahmen einer Seniorenwohneinrichtung.

Das A und O – die AO

Der Schauspieler und Kabarettist Wolfgang Neuß sagte mal: „Die einzige abartige Veranlagung, die ich kenne, wird vom Steueramt verschickt." In diesem Kapitel erfahren Sie, warum es so wichtig ist, Ihren Steuerbescheid ganz genau zu lesen.

In der Abgabenordnung (AO) sind grundsätzliche Bestimmungen geregelt, die nicht nur das Einkommensteuerrecht betreffen. So werden zum Beispiel Begriffe wie Steuerpflichtiger, Wohnsitz und Betriebsstätte definiert. Es gibt Erläuterungen zu Ermessen, Befangenheit, Zuständigkeiten, Fristen, Einsprüchen und vieles mehr.

Die ganz neuen Abgabefristen

Bereits in 2017 ist das Gesetz zur Modernisierung des Besteuerungsverfahrens in Kraft getreten. Die Gesetzesänderung gilt aber erst für Steuererklärungen für das Jahr 2018, auch wenn die Medien mitunter missverständlich berichteten. Ohne Verspätung kann die Einkommensteuererklärung für das Jahr 2018 bis zum **31. Juli 2019** beim Finanzamt eingereicht werden. Aber Achtung: Für die Einkommenssteuererklärungen der alten Jahre (bis 2017) bleibt es hingegen noch bei der bislang geltenden Frist zum 31. Mai des Folgejahres.

Wenn Sie von einem Lohnsteuerhilfeverein oder Steuerberater vertreten werden, wird Ihnen ab VZ 2018 noch mehr Zeit gewährt. In diesem Fall verlängert sich die Frist vom 31. Dezember des Folgejahres auf den 28. beziehungsweise 29. Februar des übernächsten Jahres.

Allerdings kann Sie das Finanzamt mit einer „Vorweganforderung" auch zur vorzeitigen Abgabe auffordern.

Wer zu spät kommt, wird bestraft

Wenn Sie sich nicht rechtzeitig um die Abgabe Ihrer Steuererklärung kümmern beziehungsweise Fristverlängerung beantragen, kann es für Sie teuer werden. Selbst bei einer Steuererstattung müssen Sie mit Verspätungszuschlägen in Höhe von 10 % der festgesetzten Steuer rechnen. Außerdem kann das Finanzamt Zwangsgelder und – bei verspäteter Zahlung – Säumniszuschläge festsetzen.

→ **TIPP Vierjährige Frist nutzen**
Das Finanzamt berechnet außerdem Zinsen in Höhe von 0,5 % je voller Monat, das entspricht 6 % je Jahr – mehr als jede Bank zurzeit. Allerdings werden auch eventuelle Steuererstattungen ebenso verzinst. Wenn Sie auf Antrag Veranlagungen durchführen, lohnt es sich unter Umständen, bei dem derzeitigen Zinsniveau die vierjährige Frist auszunutzen.

Bei einer Pflichtveranlagung stellt allein die Tatsache der Nichtabgabe bereits eine Ordnungswidrigkeit oder Steuerstraftat dar. Sie müssen also, selbst wenn Sie einen Schätzungsbescheid vom Finanzamt bekommen und bezahlt haben, immer noch die Steuererklärung abgeben.

Das Finanzamt kann im Zweifel noch mehr als 10 Jahre später auf Sie oder Ihre Erben zukommen. Insofern ist es ratsam, wichtige Belege, Verträge und Kontoauszüge entsprechend lange aufzubewahren. Um eventuelle Baukosten und Investitionen im Zusammenhang mit Immobilien nachzuweisen, müssen Sie möglicherweise sogar 50 Jahre zurückgreifen (→ Seiten 71 ff.). Gewiss lassen sich mitunter Belege auch nachträglich nochmals beschaffen. Das kostet in der Regel aber viel Mühe, Zeit und Geld. Fertigen Sie auch immer Kopien von Ihrer Steuererklärung, bevor Sie diese beim Finanzamt einreichen.

→ **TIPP Daten sichern**
Falls Sie elektronisch übermitteln, sichern Sie Ihre Daten sorgsam, am besten mehrfach, und drucken Sie auf jeden Fall eine Kopie für Ihre Akten.

Ja, ich will: Antragsveranlagung

Grundsätzlich ist zunächst jeder zur Abgabe einer Steuererklärung verpflichtet. Wer jedoch ausschließlich Einnahmen aus Nichtselbstständiger Tätigkeit hatte, ist von der Abgabe befreit, denn seine Steuern wurden ja bereits vom Arbeitgeber abgeführt. Trotzdem kann jeder einen Antrag auf Veranlagung stellen; derjenige macht dann eine

Antragsveranlagung. Antragsveranlagungen können Sie für das letzte Jahr und drei weitere Jahre; insgesamt also höchstens vier zurückliegende Veranlagungszeiträume einreichen. Eine Antragsveranlagung kann grundsätzlich nur eine Steuererstattung ergeben. Wenn Sie jedoch – wenn auch nur zeitweise – nach Steuerklasse V oder VI beziehungsweise Faktor IV abgerechnet wurden, die Vorsorgepauschale berücksichtigt wurde, mehr als 410 € Progressionsleistungen hatten oder Steuerfreibeträge haben eintragen lassen, wird aus dem Antrag eine Pflicht – die Pflichtveranlagung.

Wenn aus der Kür die Pflicht wird – Pflichtveranlagung

Im Umkehrschluss ist also jeder, der entsprechende Steuerklassen-Kombinationen gewählt hat, mehr als 410 € Progressionsleistungen bekam oder andere unversteuerte Einkünfte hatte, zur Abgabe einer Steuererklärung verpflichtet. Sie als Vermieter haben auf jeden Fall weitere Einkünfte und müssen grundsätzlich eine Steuererklärung abgeben. Nur in Ausnahmefällen, bei sehr geringen Einkünften, wird das Finanzamt darauf verzichten. Das sollten Sie sich dann aber unbedingt schriftlich bestätigen lassen. Pflichtveranlagungen können für maximal 7 zurückliegende Veranlagungszeiträume ab-

gegeben beziehungsweise vom Finanzamt verlangt werden. Tatsächlich wartet das Finanzamt häufig mehrere Jahre und fordert dann erst kurz vor Ablauf der Verfristung zur Abgabe der Steuererklärung auf.

Bescheinigung, Bescheid und mehr

Es gibt so manchen Fachausdruck, der im alltäglichen Sprachgebrauch häufig benutzt wird, ohne auf die kleinen, feinen, aber sehr bedeutungsvollen Unterschiede zu achten.

So stellt Ihnen der Arbeitgeber, die Krankenkassen, der Rententräger oder das Amt eine **Bescheinigung** aus. Mithilfe dieser Bescheinigung **erklären** Sie dem Finanzamt in der jährlichen Steuer**erklärung** Ihre persönliche Steuersituation. Das Finanzamt **veranlagt** zur Steuer. Als Antwort vom Finanzamt bekommen Sie dann Bescheid – den Steuer**bescheid** und die Steuer wird **erhoben**.

Das Finanzamt kann einen Bescheid endgültig erlassen – das ist die Regel – oder auch nur **vorläufig** und **unter dem Vorbehalt der Nachprüfung**. Endgültig erlassene Steuerbescheide werden nach Ablauf der Rechtsbehelfsfrist (1 Monat) bestandskräftig, also grundsätzlich unabänderbar. Vorläufige Steuerbescheide werden erlassen, wenn beispielsweise ein bestimmter Sachverhalt überwacht werden soll, etwa die Vermietungsabsicht (→ Seite 64 ff.) oder Unterlagen nachgereicht werden müssen, etwa eine Arbeitgeberbescheinigung. Auch diese Bescheide werden nach einem Monat bestandskräftig; allerdings sind sie punktuell änderbar.

Bescheide unter Vorbehalt der Nachprüfung (VdN) hingegen sind vollständig änderbar.

Bescheide werden vom Finanzamt „erlassen", ganz genau gesagt, wird Ihnen ein Verwaltungsakt „bekanntgegeben". Hierbei können natürlich vielerlei Fehler vorkommen. Das betrifft nicht nur eine eventuell fehlerhafte Berechnung der Steuer, die sich meist noch relativ einfach prüfen lässt. Vielmehr kann bereits bei der „Bekanntgabe" ein Fehler entstehen. So ist ein Steuerbescheid erst mit der Bekanntgabe ein „richtiger" Steuerbescheid; er wird erst mit der korrekten Bekanntgabe „geboren". Die Rechtsfolgen sind außerordentlich bedeutungsvoll für Sie, denken Sie allein an die Einspruchsfristen. Letztlich geht es darum, dass der Bescheid beim richtigen Empfänger ankommen muss, denn erst danach beginnen die Fristen zu laufen. Beim Erlass eines Steuerbescheides unterscheidet der Finanzbeamte:

→ an wen er sich richtet = **Inhaltsadressat** (das ist meistens der Steuerschuldner, zum Beispiel die Erbengemeinschaft)

→ wem er bekannt gegeben wurde = **Bekanntgabeadressat** (das ist ein Vertretungsberechtigter, zum Beispiel derjenige, der für die Erbengemeinschaft alles regelt)

→ welcher Person er zu übermitteln ist = **Empfänger** (das ist derjenige dem der Bescheid zugeschickt werden soll).

BEISPIEL: Mutter Helene Witzka ist im hohen Alter von 97 Jahren verstorben. Rechtsnachfolger sind die Kinder als Erbengemeinschaft. Die Tochter Heide Witzka hat als Vertreterin der „Erbengemeinschaft Witzka" in Absprache mit Ihren Geschwistern die Einkommensteuererklärung der verstorbenen Mutter Helene erstellt und noch schnell kurz vor Weihnachten 2018 beim Finanzamt abgegeben. Sie hatte in der Erklärung ihre Sandkastenfreundin Hulla Bulla als Empfangsbevollmächtigte angegeben. Diese hatte zuverlässig versprochen, sich um die Steuersache zu kümmern – denn Heide Witzka hatte sich mit ihrem Erbe eine schöne Kreuzfahrt auf dem Traumschiff gegönnt. Drei Monate war sie über die Weltmeere gereist. Kurz vor Ostern kehrt sie braungebrannt zurück und findet außer ein paar Werbebriefen auch einige Schreiben des Finanzamtes vor. Sie ahnt nichts Gutes. Der Einkommensteuerbescheid 17 für die verstorbene Mutter (Datum vom 16. Januar 2018) war nicht – wie erwartet an Hulla Bulla geschickt worden, sondern an

Heide selbst. Noch dazu liegt offenbar ein Fehler vor, denn anstelle der errechneten Erstattung, wurde vom Finanzamt eine Nachzahlung gefordert. Bis zum 19. Februar hätte die Erbengemeinschaft rund 2.000 €uro an das Finanzamt zahlen sollen. Im März war bereits eine Mahnung mit weiteren Kosten (Säumniszuschläge und Zinsen) in der Post und schließlich musste wohl vor einigen Tagen das Schreiben mit der Vollstreckungsankündigung gekommen sein. Für Heide Witzka ist die Erholung dahin – umgehend nimmt sie die Vollstreckungsankündigung zur Hand rund ruft unter der angegebenen Telefon-Durchwahl aufgeregt beim Finanzamt an. Nach gefühlten 100 Versuchen erreicht sie endlich jemanden. Die Finanzbeamtin, Frau Gründlich, ist sehr freundlich, erklärt ihr aber, dass sie gar nichts machen könne. Sie sei schließlich nur von der **Erhebungsstelle**; und bezahlt worden sei die

Steuer ja offenbar nicht. Immerhin gibt Frau Gründlich der verzweifelten Heide Witzka die Durchwahl-Nummer der zuständigen **Veranlagungsstelle** im gleichen Finanzamt; allerdings ist der Sachbearbeiter, Herr Makel, erst nach Ostern wieder zu erreichen. Heide Witzka ist nun auch ärgerlich über Hulla Bulla. Die hätte ja merken müssen, dass kein Bescheid vom Finanzamt bei ihr angekommen war. Daraufhin ist nun auch Hulla Bulla verstimmt. Sie hatte ganz pflichtbewusst im Februar beim Finanzamt angerufen, um sich nach dem Stand der Dinge zu erkundigen. Eine Bandansage hatte Hulla Bulla informiert, dass aufgrund des hohen Erklärungsaufkommens mit mindestens 3-6 Monaten Bearbeitungszeit zu rechnen sei. Es wurde sogar ausdrücklich gebeten von Rückfragen Abstand zu nehmen. Genau daran hatte sie sich gehalten. Hulla Bulla versteht zwar den Ärger von Heide Witzka, fühlt sich aber unschuldig und ahnt: Irgendwas ist schiefgelaufen...

→ **TIPP Zeit sparen!**
Erfragen und unterscheiden Sie im Vorfeld die Zuständigkeiten beim Finanzamt. So können Sie unnötige Telefonate vermeiden.

Wenn Sie einen fehlerhaften Bescheid vorliegen haben, behalten Sie auf jeden Fall einen kühlen Kopf und vor allem setzen Sie

Ihre Lesebrille auf. Zunächst gilt es zu prüfen, ob der Bescheid **bestandskräftig** geworden ist oder aber (noch) geändert werden kann. In der Regel haben Sie einen Monat Zeit, um einen Einspruch einzulegen. So steht es als Rechtsbehelfsbelehrung auf der letzten Seite des Bescheides. Ist diese Frist verstrichen, blättern Sie zurück auf die erste Seite des Bescheides. Dort steht unmittelbar oberhalb der Berechnungen: Art der Festsetzung ... Und nun kommt es darauf an, denn wenn der Bescheid nach § 164 unter Vorbehalt der Nachprüfung (die gängige Abkürzung lautet VdN) ergangen ist, bedeutet es, dieser Bescheid ist abänderbar. Das wird oft vom Finanzamt gemacht, wenn ein Fall nicht abschließend geprüft werden kann oder aber wenn wegen Nichtabgabe der Steuererklärung eine Schätzung seitens des Finanzamtes erfolgt. Es kann sogar passieren, dass eine Schätzung sachlich völlig unberechtigt erfolgt ist. Es liegt immer an Ihnen, sich dagegen zu wehren. Solange dieser „VdN" nicht aufgehoben wurde, können auch Sie als Steuerpflichtiger gegebenenfalls eine Korrektur beantragen.

Über die Aufhebung des VdN, Vorbehalts der Nachprüfung, werden Sie ebenfalls vom Finanzamt mit einem Bescheid informiert. Dieser Bescheid sieht ähnlich wie ein Steuerbescheid aus; allerdings beinhaltet er keine Zahlen und wird in der Hektik des Alltags schnell zur Seite gelegt. Doch es handelt sich dabei um einen äußerst wichtigen Bescheid. Auch auf diesem Aufhebungsbescheid gibt es eine Rechtsbehelfsbelehrung mit einer entsprechenden Einspruchsfrist von einem Monat. Sollten Sie also beispielsweise nach einer erfolgten Schätzung aufgrund akuter Arbeitsüberlastung zunächst nur bezahlt, aber ansonsten nicht weiter reagiert haben – eben weil die Schätzung ja unter VdN stand – wird es nun allerhöchste Eisenbahn. Sie sollten umgehend Einspruch gegen die Aufhebung des VdN einlegen; **nicht** etwa gegen den Steuerbescheid! Da ein Einspruch stets begründet werden muss, fügen Sie Ihre fehlende Steuererklärung bei. Eine weitere Begründung erübrigt sich dann.

→ **TIPP „Nicht bekannt gegeben"**
Sollte der Bescheid über die Aufhebung des Vorbehalts der Nachprüfung – warum auch immer – nicht bei Ihnen angekommen sein, ist dieser Bescheid Ihnen nicht „bekannt gegeben". Sie werden dann so gestellt, als ob es dieses Schreiben nie gegeben hätte. Die Beweislast über die Bekanntgabe trägt das Finanzamt.

Die meisten Steuerbescheide werden teilweise vorläufig nach § 165 AO erlassen – wir sprechen von vorläufiger Steuerfestsetzung. Es kann ja durchaus vorkommen, dass einzelne Steuerfragen zurzeit unklar sind. Sie können das sogar bei Ihrem Finanzamt selbst beantragen, vorausgesetzt, es liegt eine entsprechende Unklarheit vor, etwa bei Erbangelegenheiten, damit Sie nicht monate- oder sogar jahrelang auf den Steuerbescheid warten müssen.

Das Finanzamt erlässt den Bescheid vorläufig – eben bis zur endgültigen Klärung –, wenn:

> *„1. ungewiss ist, ob und wann Verträge mit anderen Staaten über die Besteuerung, die sich zugunsten des Steuerpflichtigen auswirken, für die Steuerfestsetzung wirksam werden,*
> *2. das Bundesverfassungsgericht die Unvereinbarkeit eines Steuergesetzes mit dem Grundgesetz festgestellt hat und der Gesetzgeber zu einer Neuregelung verpflichtet ist,*
> *3. die Vereinbarkeit eines Steuergesetzes mit höherrangigem Recht Gegenstand eines Verfahrens bei dem Gerichtshof der Europäischen Gemeinschaften, dem Bundesverfassungsgericht oder einem obersten Bundesgericht ist oder*
> *4. die Auslegung eines Steuergesetzes Gegenstand eines Verfahrens bei dem Bundesfinanzhof ist."*

Im Bescheid muss der Grund der Vorläufigkeit vom Finanzamt angegeben werden. Weit hinten im Steuerbescheid steht im Kleingedruckten: Die Festsetzung ... erfolgt vorläufig hinsichtlich ... Anschließend werden dann die individuellen Gründe, aber auch die noch offenen Verfahren usw. aufgeführt. **Soweit** die Finanzbehörde eine Steuer vorläufig festgesetzt hat, kann sie die Festsetzung aufheben oder ändern. Das kleine Wörtchen „soweit" bedeutet, dass eine Korrektur eben nur bei diesen ganz genau aufgeführten Fällen beziehungsweise Unklarheiten erfolgen kann. Ihre Rechtsansprüche bleiben gewahrt, ohne dass Sie Einspruch einlegen müssen.

Entscheidet das Gericht in diesen sogenannten Massenverfahren positiv, zum Beispiel dass bestimmte Kosten anerkannt werden müssen, wird der Steuerbescheid automatisch vom Finanzamt zu Ihren Gunsten geändert. Vielleicht erinnern Sie sich an die Steuererstattungen aus der „Pendlerpauschale" vor einigen Jahren. Aktuell warten alle auf die Entscheidung zur Verfassungsmäßigkeit der „zumutbaren Eigenbelastung" bei den außergewöhnlichen Belastungen (→ Seiten 170 ff.). Fällt die Entscheidung des Gerichts für Sie negativ aus und wird beispielsweise die Vorschrift für verfassungsgemäß erklärt, bleibt es beim ursprünglichen Steuerbescheid.

Gibt es eine individuelle Unklarheit, etwa wem Mieteinnahmen zuzurechnen sind, weil Erbstreitigkeiten bestehen, warten Sie einfach auf die Einigung beziehungsweise bis das Gericht Ihren Fall entschieden hat.

Mitunter wird die Vorläufigkeit auch mit einer Steuerfestsetzung unter Vorbehalt der Nachprüfung verbunden.

BEISPIEL (FORTSETZUNG): Hulla Bulla möchte sich nicht auf Dauer mit Ihrer Freundin streiten – nicht wegen der Steuer. Sie merkt, die Steuer-Kenntnisse der beiden Freundinnen nebst Frauen-Power reichen nicht aus, um sich gegen das Finanzamt zu wehren. Sie müssen wohl andere Geschütze auffahren. Gemeinsam recherchieren sie und finden ganz in der Nachbarschaft eine Beratungsstelle des Lohnsteuerhilfevereins. Die beiden haben Glück und erreichen sogar noch am selben Abend die Beratungsstellenleiterin Carla Clever. Sie vereinbaren einen kurzfristigen „Nottermin" für Ostersamstag. Heide Witzka zeigt Frau Clever all die Steuerunterlagen der verstorbenen Mutter. Frau Clever schaut kurz in die Unterlagen und beruhigt die beiden Freundinnen schnell. Das Finanzamt hat offenbar Einnahmen irrtümlich doppelt erfasst – ein Fehler der schnell zu korrigieren ist. Viel wichtiger ist, so erklärt Carla Clever, dass der Bescheid falsch zugestellt wurde; also eben nicht an Hulla Bulla, sondern an Heide Witzka. Sie spricht von einem „Bekanntgabefehler" der „geheilt" werden kann und Aussetzung des Vollzuges und Wiedereinsetzung in den bisherigen Stand. Den beiden brummt der Kopf. Aber Carla Clever schreibt umgehend an das Finanzamt – dann hat Herr Makel, der Sachbearbeiter, wenn er nach Ostern wieder ins Amt kommt, schon alles auf dem Schreibtisch. Eine Vereinsbeitrittserklärung für Einmalberatung sowie eine Vollmacht hat Heide Witzka bereits unterschrieben – die fügt Carla Clever bei. Die beiden Freundinnen sind beruhigt, erleichtert und freuen sich auf ein paar schöne Ostertage. Ein gutes Gefühl haben sie – das wird! Nachsatz: bereits gut 14 Tage später hält Heide Witzka den korrigierten Bescheid in den Händen und hat den Erstattungsbetrag auf dem Konto. – Geht doch!

Was hat Carla Clever gemacht? Zunächst hat sie sich als von Heide Witzka Bevollmächtigte mit der Vollmacht legitimiert. Dann hat sie **Einspruch** gegen den Steuerbescheid vom 16. Januar 2019 eingelegt und mit der offenbaren Doppelerfassung begründet. Weiterhin hat sie Aussetzung des Vollzuges bis zur Klärung beantragt und erläutert, dass sie eine Steuer-Erstattung errechnet hat. **Antrag auf Aussetzung des Vollzuges** bedeutet, dass der Steuerpflichtige die berechnete Steuer zunächst nicht an das Finanzamt zahlen will. Wird dem Antrag vom Finanzamt (zuständig ist hierfür die Veranlagungsstelle) zugestimmt, erhält der Steuerpflichtige hierüber einen Bescheid, über den Betrag und darüber, bis wann der Vollzug ausgesetzt wird. Die Erhebungsstelle wird die Eintreibung des Betrages solange nicht weiter verfolgen. Wird der Antrag als unbegründet abgelehnt, erhalten Sie ebenfalls einen Bescheid – den „Ablehnungsbescheid". Dann müssen Sie auf jeden Fall die Steuer zunächst bezahlen.

 GUT ZU WISSEN

Zinsen

Stellt sich später heraus, dass Sie die Steuern doch zahlen müssen, berechnet das Finanzamt Zinsen; im Zweifel dann auch entsprechend für Teilbeträge, wenn Sie nur einen Teil der Steuer bezahlen müssen. **Vor** einem Antrag auf Aussetzung des Vollzuges (kurz AdV) sollten Sie das genau abwägen. Alternativ können Sie auch die geforderte Steuer bezahlen. Dann werden Ihnen zu viel gezahlte Beträge erstattet. Der Einspruch allein ändert zunächst nichts an der Zahlungspflicht!

Carla Clever hat dann das Finanzamt auf den Bekanntgabefehler hingewiesen und **Wiedereinsetzung in den bisherigen Stand** beantragt. In der Steuererklärung hatte Heide Witzka sehr vorausschauend ausdrücklich Hulla Bulla als Empfangsbevollmächtigte angegeben, weil sie ja wusste, dass sie selbst auf Weltreise sein würde, wenn der Bescheid eintrifft. Ganz sicher wollte sie gehen, dass die Post auch ankommt und sofort von Hulla Bulla kontrolliert wird. Diese Empfangsvollmacht hatte der Sachbearbeiter im Finanzamt schlicht und einfach übersehen und somit war der Bescheid während ihrer Abwesenheit doch bei Heide Witzka angekommen. Wo Menschen arbeiten, passieren Fehler – dieser Fehler ist ein sogenannter „heilbarer" Fehler bei der Bekanntgabe. Heilbar deshalb, weil letztlich der Bescheid ja doch bei dem richtigen Steuerpflichtigen angekommen ist – nur eben leider zu spät. Jetzt zählt der Tag, an dem Heide Witzka erstmalig den Bescheid in den Händen hatte und ab dann läuft die Einspruchsfrist von einem Monat. Wiedereinsetzung in den bisherigen Stand bedeutet also im Grunde genommen, dass der Steuerpflichtige so gestellt wird, als ob die Frist noch nicht abgelaufen sei. Das ist allerdings nur dann möglich, wenn den Steuerpflichtigen an dem verspäteten Zugang keine Schuld trifft. Das ist hier auf jeden Fall unstrittig.

Eigentlich ist der Bekanntgabefehler des Finanzamtes in diesem speziellen Fall sogar ein Glücksfall. Denn wenn der Bescheid tatsächlich bereits im Januar bei Hulla Bulla angekommen wäre, hätte diese sofort kontrollieren und auch reagieren müssen. Die

Einspruchsfrist von einem Monat hätte ja sofort zu laufen begonnen. Vorausgesetzt, Hulla Bulla hätte den Fehler der doppelten Einnahmen sofort erkannt – die erteilte **Empfangsvollmacht** ist keine **Vertretungsvollmacht**. Ohne eine gültige Vertretungsvollmacht von Heide Witzka hätte die gute Hulla Bulla gar keinen Einspruch einlegen können. Die Empfangsvollmacht berechtigt zwar zum Entgegennehmen dieses einen Bescheides, ist jedoch keine „Handlungsvollmacht", also keine Erlaubnis beispielsweise in Vertretung einen Einspruch einzulegen. Carla Clever hat sich deshalb die Vertretungsvollmacht unterschreiben lassen und dem Finanzamt vorgelegt.

Waffen der AO

Wenn Sie einen fehlerhaften Bescheid korrigieren lassen wollen, brauchen Sie eine sogenannte Korrekturnorm, eine gesetzliche Grundlage. Diese stehen in der AO an verschiedenen Stellen. Relativ bekannt ist der **Einspruch** § 357 AO. Einen Einspruch müssen Sie schriftlich beim Finanzamt einlegen, natürlich innerhalb der Rechtsbehelfsfrist (1 Monat), und der Einspruch ist zu begründen. Das ist inzwischen auch per E-Mail möglich; allerdings können elektronisch keine Anhänge wie Belege beigefügt werden. Für die Gewährung von AdV (→ Seite 206) ist ein Einspruch zwingend notwendig. Der Einspruch birgt allerdings auch ein häufig verkanntes Risiko – die „Verböserung". Bei ei-

---

 GUT ZU WISSEN

Empfangsbevollmächtigung

Sie können in der Erklärung als Empfangsbevollmächtigten angeben, wen immer Sie möchten: eine Person Ihres Vertrauens, also Ihr steuerlicher Berater, die Nachbarin, den Kegelbruder oder auch Ihre Haushaltshilfe. Das müssen Sie dem Finanzamt gegenüber nicht begründen – Ihr Wunsch reicht aus. Das macht durchaus Sinn, wenn Sie beispielsweise längere Zeit von Zuhause abwesend sind, sei es nun aus beruflichen Gründen, infolge Krankheit oder Urlaub oder gar weil Sie Bedenken haben, dass die Post bei Ihnen persönlich nicht ankommt. Beachten Sie aber bei Ihrer Wahl: Wenn Ihr Empfangsbevollmächtigter sich dann doch nicht kümmert, weil er beispielsweise selbst kurzfristig in Urlaub gefahren ist, laufen die Fristen unbarmherzig!

nem Einspruch wird der gesamte Steuerfall vollumfänglich erneut geprüft. Es kann also durchaus sein, dass nach erneuter Würdigung des Sachverhaltes, der zuständige Sachbearbeiter zu einer ganz anderen Erkenntnis gelangt und sich die Steuer sogar erhöht.

→ **TIPP Keine Verböserung**
Durch Rücknahme des Einspruchs kann die „Verböserung" abgewendet werden.

Auf der anderen Seite können auch Sie, wenn Ihr Steuerfall aufgrund eines Einspruchs „offen" ist, den Einspruch erweitern. Beispielsweise weil nachträglich noch weitere Ausgabenbelege aufgetaucht sind, die Sie als Werbungskosten geltend machen könnten.

Bei einem Einspruch ist es auch möglich, **Verfahrensruhe** zu beantragen. Beispielsweise wenn das Finanzamt von Ihnen beantragte pauschale haushaltsnahe Handwerkerleistungen, die in den Grundstücksentschließungskosten enthalten sind, nicht gewährt. Sie können sich dann entsprechend auf das einschlägige Gerichtsverfahren (zum Beispiel eine vor dem BFH anhängige Revision) beziehen und beantragen, dass Ihr Einspruch ruht, bis das Gerichtsverfahren entschieden wurde; und das kann Jahre dauern. Das ist immer dann sinnvoll, wenn es sich um relativ neue, aktuelle Gerichtsverfahren handelt, die noch nicht unter den Vorläufigkeitsvermerken im Steuerbescheid aufgeführt sind.

Ähnlich und doch anders ist die **schlichte Änderung** nach § 172 AO.

Einen Antrag auf schlichte Änderung können Sie auch telefonisch beim Finanzamt stellen. Es wird nicht wie beim Einspruch der gesamte Bescheid erneut überprüft, sondern lediglich der von Ihnen bemängelte Fehler kontrolliert. Auch für die schlichte Änderung gilt die Rechtsbehelfsfrist von einem Monat. Eine Erweiterung nach Ablauf der Frist ist – anders als beim Einspruchsverfahren – nicht mehr möglich und AdV kann Ihnen auch nicht gewährt werden. Bei einer telefonischen Antragsstellung sollten Sie sich auf jeden Fall notieren, wann genau (Uhrzeit und Datum) Sie mit wem (Name des Sachbearbeiters) was besprochen haben.

Unwissenheit schützt vor Strafe nicht

Steuerverkürzungen stellen eine Ordnungswidrigkeit dar; während es sich bei Steuerhinterziehung um eine Straftat handelt. Bei leichtfertiger Steuerverkürzung beträgt die Verjährungsfrist 5 Jahre; bei Steuerhinterziehung 10 Jahre.

Eine Steuerhinterziehung begeht, wer dem Finanzamt über steuerlich erhebliche Tatsachen bewusst unrichtige oder unvollständige Angaben macht oder es über steuerlich erhebliche Tatsachen in Unkenntnis lässt. Also wer falsche Angaben über zu hohe Werbungskosten macht; die erzielten Einnahmen aus der Vermietung der Ferienwohnung oder die belgische Rente bewusst verschweigt.

Zu einer Steuerverkürzung kann es auch „leichtfertig" kommen. Leichtfertigkeit bedeutet einen besonderen, höheren Grad an Fahrlässigkeit. So entspricht die Leichtfertigkeit in etwa der groben Fahrlässigkeit. Grobe Fahrlässigkeit ist gegeben, wenn der Steuerpflichtige aus besonderem Leichtsinn oder besonderer Gleichgültigkeit fahrlässig gehandelt hat. Welches Maß an Sorgfalt von dem Steuerpflichtigen verlangt werden kann, ist nach seinen persönlichen Kenntnissen und Fähigkeiten zu beurteilen. Diese Anforderungen sind an einen Steuerberater gewiss höher zu stellen als beispielsweise an einen Künstler.

Ein Steuerpflichtiger muss sich über seine steuerlichen Pflichten informieren, die ihn im Rahmen seiner Lebenssituation betreffen. Jeder muss sich um seine steuerlichen Pflichten kümmern. Hegt der Steuerpflichtige erhebliche Zweifel an der Richtigkeit seiner steuerlichen Auffassung, so muss er sich erkundigen. Die Erkundigungspflicht entfällt nicht durch Alter, Behinderung, oder Krankheit. Auch eine etwaige Arbeitsüberlastung stellt keinen Rechtfertigungsgrund dar. Der Nachbar oder Kumpel in der Kneipe ist meistens nicht der richtige Ansprechpartner in Sachen Steuerhilfe (→ Seite 212).

Mitunter spricht auch die Höhe der Steuerverkürzung für das Vorliegen der Leichtfertigkeit. Je größer die Abweichung des erklärten von dem wirklich zu versteuernden Einkommen ist, desto eher kann vom Steuerpflichtigen erwartet werden, dass ihm der Fehler auch auffällt.

Wer als Ausländer in Deutschland wohnt und arbeitet, kann sich nicht darauf berufen, mit den deutschen Steuergesetzen nicht vertraut zu sein.

Aber mitunter kommen selbst bei erfahrenen Steuererklärern Zweifel auf. Habe ich jetzt den Beleg an der richtigen Stelle eingetragen? Stellt meine Ausgabe wirklich Werbungskosten dar?

In der Vergangenheit war das kein großes Problem. Sie haben zusammen mit der Steuererklärung auch die Belege beim Finanzamt eingereicht und der Sachbearbeiter hatte Gelegenheit diese zu prüfen und ge-

gebenenfalls zu beanstanden. Hat er das versäumt und Ihren Fall „durchgewunken", konnte Ihnen zumindest kein Betrug vorgeworfen werden. Ohne weiteres war seitens des Finanzamtes auch keine nachträgliche Korrektur zu Ihrem Nachteil möglich, wenn der Bescheid erst einmal bestandskräftig war.

Doch die Zeiten haben sich geändert. In vielen Fällen gelangt Ihre Steuererklärung gar nicht mehr auf den Schreibtisch eines Sachbearbeiters. Die Finanzverwaltung spricht von einem automatisierten Prüfsystem, Risikofiltern und Stichprobenprüfungen. Das neue Kästchen auf Seite 4 des **Mantelbogens (Zeile 98)** hat eine wichtige Bedeutung gewonnen. Tragen Sie dort eine „1" ein, ist eine ausschließlich maschinelle Prüfung der Steuererklärung unmöglich. Ein Sachbearbeiter muss sich Ihres Falls annehmen. Sie haben die Möglichkeit, auf besondere Sachverhalte hinzuweisen. Auch wenn Ihre Rechtsauffassung von der des Finanzamtes abweicht, sollten Sie die „1" setzen. So kann Ihnen später auch keine Betrugsabsicht unterstellt werden.

Belege belegen

Seit einigen Jahren haben die Finanzämter nach und nach ihre Arbeitsweisen umgestellt. Die Elektronik gewinnt immer mehr Bedeutung. Insgesamt soll möglichst wenig

Papier hin- und hergeschickt werden. So kann es durchaus sein, dass Sie vom Finanzamt aufgefordert werden, künftig keine Belege mehr einzusenden. Das bedeutet aber keineswegs, dass Sie keine Nachweise mehr benötigen. Es empfiehlt sich, die Belege zusammen mit der Kopie der Erklärung ordentlich aufzubewahren. Es kann durchaus sein, dass in ein paar Jahren die Belege nochmals benötigt werden. Die Finanzverwaltungen sprechen von „Belegvorhaltepflicht" im Gegensatz zur bisherigen „Belegvorlagepflicht". Welche Belege wer, wann und wo vorlegen muss, ist regional unterschiedlich und ändert sich auch regelmäßig.

Elektronische Steuererklärung

Die Abgabe von Steuererklärungen wurde bereits in vielen Bereichen umgestellt und ist nur zum Beispiel bei Feststellungserklärungen nur noch elektronisch möglich. Zwar können Einkommensteuererklärungen noch nach wie vor „per Hand" mithilfe der Papiervordrucke erstellt werden, aber auch hier gewinnt die elektronische Übermittlung immer mehr Bedeutung. Neben der kostenlosen Software ELSTER des Finanzamtes, wird eine Vielzahl kommerzieller Steuerprogramme angeboten. Sogar im Discounter bekommen Sie zum Jahreswechsel recht gute Steuer CDs

für sehr kleines Geld. Die meisten Steuerprogramme sind leicht verständlich und bieten eine Menge an Zusatzinformationen und Erläuterungen. Mit PC-Grundkenntnissen, ein wenig Geduld und Übung ist die Erstellung der Steuererklärung kein Hexenwerk. Und wenn Sie sich noch nicht an die elektronische Übermittlung heranwagen wollen, können sie das Programm als Unterstützung und Berechnungshilfe nutzen. Mit allen Programmen aus dem Handel besteht die Möglichkeit, am Ende der Eingaben die gewohnten Papierformulare auszudrucken. Das Steuerprogramm führt Sie Schritt für Schritt durch den Steuerdschungel.

Meist wird bei den Steuerprogrammen auf eine „Hilfehotline" hingewiesen. Diese Hotline kümmert sich jedoch nur um programmtechnische Probleme. Die Softwarehersteller können und dürfen keine Hilfe bei Steuerfragen leisten.

Hilfe in Steuersachen dürfen nur Steuerberater und Lohnsteuerhilfevereine geben. Bei Lohnsteuerhilfevereinen ist allerdings die Beratungsbefugnis nach § 4 Steuerberatungsgesetz begrenzt. Es ist erstaunlich, wie arglos Freunde, Bekannte, Nachbarn, Vereinskollegen und Verwandte mitunter ihre Hilfe bei der Erstellung Ihrer Steuererklärung anbieten. Sie machen sich damit sogar strafbar, selbst wenn sie die Hilfe unentgeltlich leisten. So wie man einen gültigen Führerschein haben muss, um sich im öffentlichen

In guten Händen
Ulrich Danner ist Diplom-
kaufmann und stellvertre-
tender Vorstand des Aktuell
Lohnsteuerhilfevereins e. V.:
„Lohnsteuerhilfevereine bieten Arbeit-
nehmern, Beamten, Rentnern und Unter-
haltsempfängern, die Vereinsmitglieder
sind, ganzjährig Hilfe bei der Einkommensteuer, wenn nur Einkünfte aus nichtselbstständiger Arbeit, Renten oder Unterhaltsleistungen vorliegen und bei zusätzlichen Einkünften aus Vermietung
oder Kapitalvermögen die Einnahmen
einen Betrag in Höhe von 13.000 € bei Alleinstehenden oder 26.000 € bei Ehegatten nicht übersteigen. Für Vereinsmit-
glieder mit solchen Einkünften werden
die Einkommensteuererklärungen erstellt, die voraussichtliche Steuerbelastung berechnet, die Einkommensteuerbe-
scheide geprüft und erforderlichenfalls
Rechtsbehelfe eingelegt, ohne dass hier-
durch weitere Kosten entstehen. Lohnsteuerhilfevereine üben ihre Beratungs-
tätigkeit in Beratungsstellen aus, die bun-
desweit verteilt und tätig sein können,
was besonders bei einem Umzug eines
Vereinsmitglieds eine umfassende Beratung sicherstellt."

Straßenverkehr zu bewegen, braucht es auch
eine entsprechende Zulassung, um in Steuersachen zu beraten. Es darf schließlich auch
nicht jeder, der sich berufen fühlt, eine Arzt-
praxis eröffnen. Selbstverständlich kann je-
dermann seine eigenen Krankheiten auch
selbst behandeln; eine „Arztpflicht" gibt es
nicht. So darf auch jeder Steuerpflichtige
seine eigene Steuererklärung selbst fertigen
und beim Finanzamt einreichen. Gleichwohl
ist es ratsam bei schwerwiegenden Erkran-
kungen einen Arzt zu konsultieren – bei
schwierigen Steuerangelegenheiten eben
dann den Steuerberater oder Lohnsteuerhilfeverein.

Die Steuerberater rechnen – ähnlich wie
Rechtsanwälte und Notare – ihre Kosten in
der Regel nach der Steuerberatungs-Gebüh-
ren-Verordnung ab, und zwar jede einzelne
Leistung separat. Bei Lohnsteuerhilfevereinen zahlen Sie nur einmal jährlich einen
Jahres-Mitgliedsbetrag, der nach Höhe Ihres
Einkommens gestaffelt ist. Damit sind dann
alle in diesem Jahr anfallenden Kosten für
Erstellung der Steuer, Bescheid-Prüfung, Einspruch (falls nötig) und die ganzjährige Beratung abgegolten. Die entstandenen Kosten
sind im Folgejahr teilweise als Werbungskosten (Betriebsausgaben) steuerlich absetzbar.
Das betrifft sowohl Steuerberaterrechnun-

gen als auch Mitgliedsbeiträge zum Lohnsteuerhilfeverein. Bedenken Sie auch, dass bei Steuerberatern und Lohnsteuerhilfevereinen bei Beratungsfehlern deren Berufs-Haftpflichtversicherung eintritt. Die hat Ihr Nachbar nicht.

Ein breites Netz
Uwe Rauhöft ist Geschäftsführer des Bundesverbands Lohnsteuerhilfevereine e.V. (BVL): „Lohnsteuerhilfevereine existieren seit mehr als 50 Jahren. Der Bedarf ist so groß, dass im gesamten Bundesgebiet rund 800 Lohnsteuerhilfevereine mit etwa 13.000 Beratungsstellen ihre Leistung anbieten. Um die Interessen der Vereine und der betreuten Mitglieder noch besser vertreten zu können, haben sich viele Lohnsteuerhilfevereine im Bundesverband Lohnsteuerhilfevereine e. V. (BVL) zusammengeschlossen. Der in Berlin ansässige BVL vertritt mehr als 300 Vereine mit rund 9.000 Beratungsstellen und mehr als 3 Millionen Mitgliedern. Der Verband ist anerkannter Sachverständiger bei vielen Gesetzgebungsverfahren zum Arbeitnehmer-Steuerrecht."

ELSTER-online

Die Abgabe von Steuererklärungen wurde bereits in vielen Bereichen umgestellt und ist zum Beispiel bei Feststellungserklärungen, bei Selbstständigkeit, Gewerbebetrieb oder Land- und Forstwirtschaft (kurz LuF) nur noch elektronisch möglich. Zwar können Einkommenssteuererklärungen noch nach wie vor „per Hand" mithilfe der Papiervordrucke erstellt werden, aber auch hier gewinnt die elektronische Übermittlung immer mehr Bedeutung.

Wenn Sie das viel beworbene ELSTER-online nutzen wollen, sollten Sie rechtzeitig beginnen, sich damit zu beschäftigen. Bevor es losgehen kann, ist es im ersten Schritt notwendig, dass Sie sich auf der Homepage www. elster.de registrieren, ein Benutzerkonto erstellen und aktivieren (→ Abbildung rechts).

Dazu wählen Sie nach Aufruf von ELSTER-online in dem Feld „Für wen ist ELSTER?" links die Rubrik „Benutzergruppen" und dann „Privatpersonen" aus. Sie gelangen dann auf die Seite mit weiteren ausführlichen Hinweisen und können sich unter „Mein ELSTER" per Klick auf die hellblaue Schrift „zur Registrierung" anmelden. Folgen Sie dann den Anweisungen:

Im nächsten Schritt tippen Sie Angaben zu Ihrer Person und Ihrem Benutzerkonto in die Eingabemasken. Kurze Zeit danach erhalten Sie eine E-Mail vom elster.portal mit weiteren Anweisungen. Sie müssen Ihre Registrierung online bestätigen und bekommen dann ebenfalls per E-Mail eine Registrierungsbestätigung. Hat alles geklappt, schickt Ihnen die Finanzverwaltung per Post etwa eine Woche später einen Brief mit Ihrem **Aktivierungscode**. Erst jetzt können Sie sich erneut online einwählen, Ihre **Zertifikatsdatei** herunterladen und mit dem Ausfüllen Ihrer Steuererklärung beginnen. Sie klicken die einzelnen Sachgebiete wie die verschiedenen Anlagen, zum Beispiel „R" für Rentner oder „V" für Vermietung, an und füllen alles sorgfältig aus. Ihre Eingaben können Sie speichern und jederzeit wieder aufrufen und weiterbearbeiten. In unserem Ratgeber können Sie auch zwischendurch einzelne Fachbegriffe immer wieder nachlesen. Haben Sie all Ihre Angaben eingetippt und nochmals geprüft, senden Sie die elektronische Erklärung an das Finanzamt. Belege werden nur noch in Ausnahmefällen angefordert.

Gut zu wissen: Neben der kostenlosen ELSTER-Software des Finanzamts bietet der Handel eine Vielzahl von Steuerprogrammen an. Sogar im Discounter bekommen Sie zum Jahreswechsel recht gute Steuer-CDs für kleines Geld. Die meisten Steuerprogramme sind leicht verständlich und bieten eine Menge an Zusatzinformationen und Erläuterungen. Mit PC-Grundkenntnissen, ein wenig Geduld und Übung ist die Erstellung der Steuerer-

klärung kein Hexenwerk. Mithilfe dieses Ratgebers kennen Sie Ihre individuellen Steuersparmöglichkeiten. Und wenn Sie sich noch nicht an die elektronische Übermittlung heranwagen wollen, können sie das Programm als Unterstützung und Berechnungshilfe nutzen. Mit allen Programmen aus dem Handel besteht die Möglichkeit, am Ende der Eingaben die gewohnten Papierformulare auszudrucken. Das Steuerprogramm führt Sie Schritt für Schritt durch den Steuerdschungel, darf aber keine fachliche Beratung leisten (→ Seite 212).

Vorausgefüllte Steuererklärung

Viel die Rede ist auch von der sogenannten „vorausgefüllten Steuererklärung". Wer jetzt erwartet, alles sei bereits automatisch ausgefüllt, wird enttäuscht sein. Denn es sind nur die Daten eingetragen, die dem Finanzamt bereits elektronisch übermittelt wurden. Das sind in erster Linie die Einnahmen, Altersvorsorgebeträge, Vermögenswirksame Leistungen (VL) und einige Versicherungsbeiträge. Sie müssen also nach wie vor Ihre sämtlichen Ausgaben wie beispielsweise Werbungskosten, Kinderbetreuung, außergewöhnliche Belastungen, haushaltsnahe Dienstleistungen und Spenden selbst eintragen. Die „vorausgefüllte Steuererklärung" wird Ihnen nur über das Elster-Online-Portal vom Finanzamt zur Verfügung gestellt. Zusätzlich zu der Registrierung (→ Seite 175) müssen Sie einen „Abrufcode" für Ihre Daten beantragen und können dann die Werte elektronisch übernehmen. Sind Sie steuerlich beraten (Lohnsteuerhilfeverein oder Steuerberater), beantragt häufig Ihr Berater für Sie diesen sogenannten Freischaltcode. Allerdings kann Ihr Berater nur mit Ihrer Zustimmung auf die Daten zugreifen. Dazu müssen Sie eine vorgelegte Vollmacht unterschreiben. Ihr Berater beantragt für Sie beim Finanzamt den Freischaltcode; allerdings sendet das Finanzamt diesen dann immer per Post an Ihre Meldeanschrift – und **nicht** an den Berater. Aus Datenschutzgründen müssen Sie selbst den Code Ihrem steuerlichen Berater mitteilen. Haben Sie bereits eine eigene Elster-Online-Registrierung, ist es zusätzlich notwendig, dass Sie auch dort dem Zugriff des Beraters zustimmen.

Anhang

Adressen

→

ADRESSEN DER VERBRAUCHER-ZENTRALEN

**Verbraucherzentrale
Baden-Württemberg e. V.**
Paulinenstraße 47
70178 Stuttgart
Telefon: 07 11/ 66 91-10
Fax: 07 11/66 91-50
www.verbraucherzentrale-bawue.de

Verbraucherzentrale Bayern e. V.
Mozartstraße 9
80336 München
Telefon: 0 89/5 52 79 4-0
Fax: 0 89/53 75 53
www.verbraucherzentrale-bayern.de

Verbraucherzentrale Berlin e. V.
Hardenbergplatz 2
10623 Berlin
Telefon: 0 30/2 14 85-0
Fax: 0 30/2 11 72 01
www.verbraucherzentrale-berlin.de

**Verbraucherzentrale
Brandenburg e. V.**
Babelsberger Straße 12
14473 Potsdam
Telefon: 03 31/2 98 71-0
Fax: 03 31/2 98 71-77
www.verbraucherzentrale-brandenburg.de

Verbraucherzentrale Bremen e. V.
Altenweg 4
28195 Bremen
Telefon: 04 21/1 60 77-7
Fax: 04 21/1 60 77 80
www.verbraucherzentrale-bremen.de

Verbraucherzentrale Hamburg e. V.
Kirchenallee 22
20099 Hamburg
Telefon: 0 40/2 48 32-0
Fax: 0 40/2 48 32-290
www.vzhh.de

Verbraucherzentrale Hessen e. V.
Große Friedberger Straße 13–17
60313 Frankfurt/Main
Telefon: 0 69/97 20 10-900
Fax: 0 69/97 20 10-40
www.verbraucherzentrale-hessen.de

**Verbraucherzentrale
Mecklenburg-Vorpommern e. V.**
Strandstraße 98
18055 Rostock
Telefon: 03 81/2 08 70-50
Fax: 03 81/2 08 70-30
www.verbraucherzentrale-mv.eu

**Verbraucherzentrale
Niedersachsen e. V.**
Herrenstraße 14
30159 Hannover
Telefon: 05 11/9 11 96-0
Fax: 05 11/9 11 96-10
www.verbraucherzentrale-niedersachsen.de

**Verbraucherzentrale
Nordrhein-Westfalen e. V.**
Mintropstraße 27
40215 Düsseldorf
Telefon: 02 11/38 09-0
Fax: 02 11/38 09-216
www.verbraucherzentrale.nrw

**Verbraucherzentrale
Rheinland-Pfalz e. V.**
Seppel-Glückert-Passage 10
55116 Mainz
Telefon: 0 61 31/28 48-0
Fax: 0 61 31/28 48-66
www.verbraucherzentrale-rlp.de

**Verbraucherzentrale des
Saarlandes e. V.**
Trierer Straße 22
66111 Saarbrücken
Telefon: 06 81/5 00 89-0
Fax: 06 81/5 00 89-22
www.verbraucherzentrale-saarland.de

Verbraucherzentrale Sachsen e. V.
Katharinenstraße 17
04109 Leipzig
Telefon: 03 41/69 62 90
Fax: 03 41/6 89 28 26
www.verbraucherzentrale-sachsen.de

**Verbraucherzentrale
Sachsen-Anhalt e. V.**
Steinbockgasse 1
06108 Halle
Telefon: 03 45/2 98 03-29
Fax: 03 45/2 98 03-26
www.verbraucherzentrale-sachsen-anhalt.de

**Verbraucherzentrale
Schleswig-Holstein e. V.**
Hopfenstraße 29
24103 Kiel
Telefon: 04 31/5 90 99-0
Fax: 04 31/5 90 99-77
www.verbraucherzentrale.sh

Verbraucherzentrale Thüringen e. V.
Eugen-Richter-Straße 45
99085 Erfurt
Telefon: 03 61/5 55 14-0
Fax: 03 61/5 55 14-40
www.vzth.de

_____

**Verbraucherzentrale
Bundesverband e. V.**
Markgrafenstraße 66
10969 Berlin
Telefon: 0 30/2 58 00-0
Fax: 0 30/2 58 00-518
www.vzbv.de

Stichwortverzeichnis
→

Bildnachweis

Seite 7: Patrick Temme, Dortmund
Seite 32: tonon-fotodesign.de

123RF

S. 14: alphaspirit / S. 31: Taina Sohlman / S. 41: Jens Ickler /
S. 42: Eugene Sergeev / S. 56: goodluz / S. 88: Bogdan
Mircea Hoda / S. 105: Ivan Kruk / S. 121: ferli / S. 125: Pawel
Kazmierczak / S. 134: Csaba Peterdi / S. 147: Bernard Bodo/
S. 150: Tobias Arhelger / S. 155: matimix / S. 160 Cathy
Yeulet / S. 180: joseasreyes / S. 187 William Perugini /
S. 210: Chompoonut Bua-ngern

iStock

S. 39: archiplay77 / S. 51: AleksandarNakic / S. 59: Cecilie_
Arcurs / S.64: ThitareeSarmkasat / S. 77: altmodern /
S. 82: courtneyk / S. 108: Nikada / S. 116: Solstock /
S. 123: Umkehrer / S. 137: PeopleImages / S. 140: saiko3p /
S. 144: twpixels / S. 152: HT-Pix / S. 158: Filippo Bacci /
S. 183: AJ_Watt / S.209: Rob Daly

shutterstock

S. 22: Cienpies Design / S. 26: upslim / S. 35: alicja neu-
miler / S. 44: Nattakorn_Maneerat / S. 54: Jamie Farrant /
S. 71: FotoDuets / S. 78: HALCHYNSKA KSENIIA / S. 95:
haveseen / S. 97: F.Schmidt / S. 100: bogdanhoda /
S. 110: AstroStar / S. 126: lassedesignen / S. 131: bbernard /
S. 165: Marcos Mesa Sam Wordley / S. 170: Eugene Mynzul/
S. 173: Fotokostic / S. 174: Halfpoint / S. 178: YAKOBCHUK
VIACHESLAV/ S. 184: kitzcorner / S. 188: Africa Studio /
S. 198: Allexxandar / S. 203: pathdoc

Jasmin Cheema

S. 17, 19, 28, 47, 66, 85, 113, 129, 168, 190

Umschlagfoto

iStock – Rouzes

Impressum

Herausgeber
Verbraucherzentrale
Nordrhein-Westfalen e. V.
Mintropstraße 27, 40215 Düsseldorf
www.verbraucherzentrale.nrw

Text
Gabriele Waldau-Cheema, Arnsberg

Lektorat
Heike Plank, Werl

Fachliche Beratung
Ingrid Wenisch, Eggenfelden

Koordination
Frank Wolsiffer

Gestaltungskonzept
Lichten Kommunikation und
Gestaltung, Hamburg
www.lichten.com

Layout und Satz
Dagmar Herrmann für two-up,
Düsseldorf / www.two-up.de

Umschlaggestaltung
Ute Lübbeke, Köln
www.LNT-design.de

Druck
optimal-media GmbH, Röbel/Müritz
www.optimal-media.com

Gedruckt auf 100 % Recyclingpapier
Redaktionsschluss: Februar 2019

1. Auflage, Februar 2019

ISBN 978 3 86336 112 9
Printed in Germany